Sabine Krueger

Sprachen leichter lernen

Mit Vokabelbildern verblüffend schnell
und nachhaltig Wortschatz aufbauen –
plus 10-Tage-Trainingsprogramm

Sabine Krueger

Sprachen leichter lernen

Mit Vokabelbildern
verblüffend schnell und nachhaltig
Wortschatz aufbauen –
plus 10-Tage-Trainingsprogramm

GABAL

Bibliografische Information der Deutschen Nationalbibliothek

Die Deutsche Nationalbibliothek verzeichnet diese Publikation in der Deutschen Nationalbibliografie; detaillierte bibliografische Informationen sind im Internet unter http://dnb.d-nb.de abrufbar.

ISBN 978-3-86936-560-2

Lektorat: Anja Hilgarth, Herzogenaurach
Zeichnungen: Sabine Krueger, Essen
Umschlaggestaltung: Martin Zech Design, Bremen | www.martinzech.de
Umschlagfoto: kbuconi/shutterstock und Joop Hoek/Fotolia
Satz und Layout: Lohse Design, Heppenheim | www.lohse-design.de
Druck und Bindung: Salzland Druck, Staßfurt

www.gabal-verlag.de
www.facebook.com/Gabalbuecher
www.twitter.com/gabalbuecher

Inhalt

Vorwort

„Wie viele Sprachen sprechen Sie denn – bei Ihrem Talent?“ Diese Frage wird mir in meinen Sprachen-Seminaren immer wieder gestellt. Es wird Sie vielleicht freuen zu hören und zuversichtlich stimmen, dass ich kein außergewöhnliches Sprachtalent habe. Was ich habe, ist eine geniale Methode, die ich ganz gut beherrsche. Gerade das Vokabellernen hat mir früher schon während der Schulzeit immer viel Mühe und Frust bereitet. Irgendwann habe ich es dann gänzlich aufgegeben, da die Vokabeln nur mühevoll in den Kopf hineingingen, ihn dafür aber umso schneller wieder verließen. Wäre mir damals ein Buch wie dieses in die Hände gefallen oder hätte es eine Schulung dazu gegeben, es hätte mein Sprachelernen grundlegend verändert.

Als ich vor knapp zehn Jahren in die Mnemotechniken – die Techniken der Gedächtniskunst – eingeführt wurde, war ich vom ersten Moment an fasziniert. Die Mengen, die sich damit schnell, leicht und auch noch mit guter Stimmung nachhaltig einprägen ließen, waren schon verblüffend. Aus dieser Begegnung erwuchs eine Leidenschaft und bald experimentierte ich auch mit der Übertragung auf alltägliche wie fachspezifische Themen und mit der Weiterentwicklung der Techniken herum. Besonders interessiert hat mich dabei immer wieder die Schlüsselwortmethode, das Memo-Werkzeug zum Vokabellernen. Aus der praktischen Anwendung und dem Experimentieren mit dieser Methode entwickelte sich das Sprachen-Seminar und aus dem Seminar und weiteren Forschungen, Tests und methodischen Entwicklungen nun dieses Buch.

Es beinhaltet neben den Grundlagen zur Schlüsselwortmethode eine Menge fortgeschrittener Trainingseinheiten und liefert Antworten auf

Fragen, die sich beispielsweise erst bei intensiverer Anwendung in der Praxis ergeben. Darüber hinaus stelle ich Ihnen einige verwandte Merktechniken für ausgewählte Spezialthemen des Fremdsprachenlernens vor. Einige Kapitel, wie z. B. „Gehirnforschung", „Studien" oder „Wer hat's erfunden?", eröffnen Ihnen tiefere Einblicke in Hintergründe zur Schlüsselwortmethode, die bislang wenig bekannt oder gänzlich neu bzw. neu entwickelt sind.

Das größte Anliegen dieses Buches jedoch ist, dass Sie erstaunliche Fähigkeiten in sich entdecken, entwickeln und eine persönliche Verbesserung Ihrer Merkfähigkeit erleben. Und das ist unabhängig vom Alter möglich! Merkfähigkeit liegt nicht (nur) in der Verteilungswillkür der Natur, sondern hat größtenteils mit Methode und Training zu tun.

Zuhörer sind manchmal überrascht, wenn sie hören, dass ich einen künstlerischen, musikalischen Background habe. Wie findet man die Brücke von der Musik, dem einen Bereich meiner beruflichen Tätigkeit, zum Gedächtnistraining und zum Sprachenlernen via Vokabelbild-Methode? Da gibt es viele Brücken: Sprachenlernen und Sprache der Musik, Reich der Emotionen, Methoden gehirngerechten Lernens und Übens, Auswendiglernen, Gedächtniskunst, Mentaltraining und Vorstellungskraft, Kreativität und Fantasie, ... Es gibt viele Bereiche und trainierte Fähigkeiten, die ineinandergreifen. Jetzt höre ich schon, wie einige Leser denken: „Aber ich bin überhaupt nicht kreativ veranlagt." Das, was Sie für die Methode brauchen, kann man sich in kurzer Zeit aneignen, das ist ja das Schöne daran.

Leider wurde und wird uns in der Schul-, Studien- oder Ausbildungszeit selten vermittelt, wie wir lernen sollen, sondern nur, was wir lernen sollen, und das nicht zu knapp. Noch vor ein paar Tagen erzählte mir eine Bekannte, dass ihre 11-jährige Tochter vom einen auf den anderen Tag 80 Vokabeln aufbekommen hat, um am nächsten Tag einen Test darüber zu schreiben. Irgendwelche methodischen Lerntipps mitbekommen? Fehlanzeige. Zeit für Wiederholungen? Auch nicht. Ein Wahnsinn!

Die Größe unseres Lernerfolgs hängt in hohem Maße von der Lernmethode und der Lernatmosphäre ab. Beide Faktoren vereint die Schlüsselwortmethode auf ideale Art und Weise.

Ich möchte Sie nun mit dieser Methode zum Vokabellernen bekannt machen, die weltweit zu den effektivsten und erfolgversprechendsten gehört. Und ich hoffe, dass der Funke der Begeisterung auf Sie überspringt. Wenn Sie dieses Buch ausgelesen haben, werden Ihr Sprachenlernen und Ihre Merkfähigkeit nachhaltige und positive Veränderung erfahren haben. Auf dem Weg dahin wünsche ich Ihnen viel Vergnügen.

Sabine Krueger

Piktogramme zur schnelleren Orientierung

Tipp

Hinweis

Infokasten

1 Lernen Sie eine faszinierende Merktechnik kennen

Wenn ich in meinen Seminaren eine Vorstellungsrunde mache und die Teilnehmer erzählen, welche Erwartungen Sie an das Seminar haben, passiert oftmals etwas Amüsantes: Sobald der erste Teilnehmer von seinem Frust berichtet, dass er sich an mühsam gelernte Vokabeln bereits nach zwei Wochen nicht mehr erinnern kann, protestiert ein anderer: „Nach zwei Wochen??? Ich schon nach 2 Tagen!" Und schon ruft der Nächste: „2 Tage??? Ich schon nach 2 Stunden!" „Ha, 2 Minuten!" „2 Sekunden, quasi sofort", bietet schließlich der Letzte mit Kopfnicken und lachender Zustimmung anderer. Finden Sie sich darin wieder? Mir ging es beim Vokabellernen in der Schulzeit ganz ähnlich: lustlose Paukerei und Frust über das ständige Vergessen. Und heute ... lerne ich 10 absolut fremde Vokabeln in 3 Minuten, dauerhaft, und habe auch noch Spaß dabei. Ja, Sie haben richtig gelesen. Und das können SIE auch! Den Schlüssel zu dieser Erinnerungstechnik halten Sie gerade in Ihren Händen.

„Schlüsselwortmethode" heißt der Schlüssel zum Erinnern. Er existiert schon seit Hunderten von Jahren, doch nur wenigen war er zugänglich, da es keine umfassende Anleitung zur selbstständigen Anwendung dieser Methode gab. Diese Anleitung halten Sie nun in Ihren Händen. Wer mit diesem Schlüssel umzugehen weiß, den packt die Begeisterung über die eigenen unvermuteten Kapazitäten, die sich damit erschließen lassen.

Viel zitierte Studien des amerikanischen Lern-Psychologen *Prof. Atkinson* mit zwei Versuchsgruppen an der Stanford University zeigten bemerkenswerte Behaltensleistungen. Stellvertretend seien hier die Ergebnisse einer Studie von 1977 genannt. Für 120 spanische Vokabeln, gelernt an 3 Tagen à 40 Vokabeln, ergab der Abfragetest nach 4 Tagen: Die Testgruppe der „Pauker" (auswendig lernen durch Wiederholung) merkte sich 28 %, die Testgruppe „Schlüsselwortmethode" hingegen konnte sich 88 % der Vokabeln merken.

Die Erinnerungsleistung betrug also etwa das Dreifache der üblichen Erinnerungsleistung – oder anders ausgedrückt: etwa 200 % mehr!

Bevor wir weiter über diese fantastische Technik reden, lade ich Sie ein zu einer ersten Entdeckungsreise ins Reich dieser Erinnerungskunst.

Testen Sie die Schlüsselwortmethode

Lernen wir gemeinsam 10 Vokabeln aus vier verschiedenen Sprachen. Die erste Sprache dürfte Ihnen völlig fremd sein.

Erste Runde: 10 Vokabeln Sprachenmix blitzschnell gelernt

- Auf Kisuaheli (ostafrikanische Sprache) heißt:
  Scheck – hundi [Aussprache: HUNDI]
  Die Vokabel „hundi" klingt ähnlich wie das deutsche Wort Hund. Stellen Sie sich vor, wie Sie gerade einen **Scheck** einlösen wollen und ein ***Hund(i)*** schnappt ihn sich und läuft damit fort.

Tisch – meza [Aussprache: MESA]
Stellen Sie sich vor, wie im **Tisch** ein ***Messer*** steckt.

- Nehmen Sie sich für jedes Vokabelbild 5 bis 10 Sekunden Zeit.
- Betrachten Sie nicht nur amüsiert die Schwarz-Weiß-Zeichnungen, sondern stellen Sie sich die kleinen Szenen lebendig und so deutlich wie möglich vor Ihrem inneren Auge vor. Das innere Vorstellen/Visualisieren ist sehr wichtig für das Gelingen!
- Es hilft, wenn Sie jeweils die Augen kurz schließen.

Stellen Sie sich die kulinarische Szene 10 Sekunden (mit geschlossenen Augen) lebendig vor.

sehr – sana [Aussprache: SANA]
Stellen Sie sich vor, dass das Essen heute allen **sehr** gut schmeckt, weil die Köchin überall ***Sahne*** hineingekippt hat.

- Auf Englisch heißt:

Birne – pear [Aussprache: PIER]
Sie wollen gerade in eine **Birne** beißen, da fällt sie Ihnen in ein Glas ***Bier***.

besetzt – engaged [Aussprache: ENGÄIDSCHD]
Die Toilette ist **besetzt** und Sie klopfen und rütteln ***engagiert*** an der Türe, weil Sie so dringend müssen. Drinnen ruft einer **„besetzt!!“.** (Bitte wieder 5 bis 10 Sekunden vor dem geistigen Auge vorstellen!)

Wasserschlauch – hose [Aussprache: HOUS]
Sie haben sich aus einem **Wasserschlauch** eine enge ***Hose*** gemacht.

Auf Spanisch heißt:
Unterschrift – firma [Aussprache: FIRMA]
Da hat wohl jemand etwas falsch verstanden und seine **Unterschrift** direkt auf die ***Firma*** gesetzt.

Schuppen – caspa [Aussprache: KASPA]
Die **Schuppen** fliegen ***Kasper*** nur so aus dem Haar, weil er sich so wild schüttelt.

Mund – boca [Aussprache: BOKKA]
Stellen Sie sich vor, wie ein Ziegen***bock*** Ihnen über den **Mund** leckt.

Diese Szene stellen Sie sich wieder nur in Ihrer Fantasie vor. Was hören Sie? Was fühlen Sie??

Auf Finnisch heißt:
Mücke – hyttynen [Aussprache: HÜTTÜNEN]
Da steht eine ***Hütte*** auf den ***Dünen***. Sie öffnen die Türe und lauter **Mücken** schwirren heraus.

Wenn Sie sich jede Szene vorgestellt haben, fragen Sie sich gleich mit dem folgenden Check ab.

Erfolgs-Check

Beginnen wir gleich mit der schwereren Seite vom Deutschen auf das fremdsprachige Wort. Kümmern Sie sich jetzt noch nicht um die genaue Rechtschreibung, mit dem Thema beschäftigen wir uns später noch. Es geht zunächst darum, dass Sie die Vokabel verbal wiedergeben können.

eBook-Reader benutzen bei den Übungen bitte Zettel und Stift.

Scheck heißt auf Kisuaheli ____________________

Tisch heißt auf Kisuaheli ____________________

sehr heißt auf Kisuaheli ____________________

Wenn Sie nicht gleich darauf kommen, überlegen Sie, in welchem Zusammenhang Sie das Wort „sehr" benutzen.
Etwas schmeckt sehr gut, weil ...

Birne heißt auf Englisch ____________________

besetzt heißt auf Englisch ____________________

Wasserschlauch heißt auf Englisch ____________________

Unterschrift heißt auf Spanisch ____________________

Schuppen heißt auf Spanisch ____________________

Mund heißt auf Spanisch ____________________

Mücke heißt auf Finnisch ____________________

War das einfach? Dann machen Sie gleich in umgekehrter Richtung weiter, vom fremdsprachigen Wort ins Deutsche.

Das kisuahelische Wort **hundi** bedeutet ______________________

Das kisuahelische Wort **meza** bedeutet ______________________

Das kisuahelische Wort **sana** bedeutet ______________________

Das englische Wort **pear** bedeutet ______________________

Sprechen Sie „pear" [PIER] etwas weicher aus, dann kommen Sie auf das Schlüsselwort, also das ähnlich klingende deutsche Wort. Und was passierte damit? Was sehen, was hören Sie?

Das englische Wort **engaged** bedeutet ______________________

Das englische Wort **hose** bedeutet ______________________

Das spanische Wort **firma** bedeutet ______________________

Das spanische Wort **caspa** bedeutet ______________________

Das spanische Wort **boca** bedeutet ______________________

Das finnische Wort **hyttynen** bedeutet ______________________

Auswertung

Sie haben 16 oder mehr Antworten richtig? Gigantisch! Das sind 80 %, herzlichen Glückwunsch! Machen Sie weiter mit diesem Buch und lernen Sie, diese Technik selbstständig anzuwenden. Sie werden sehr davon profitieren.

Sie sind nicht ganz zufrieden mit sich? Ich bin mir sicher, Sie haben viel mehr Vokabeln behalten, als Sie normalerweise bei ein- oder zweimaligem Durchlesen behalten hätten! Setzen Sie sich bitte nicht unter Druck. Sich an alles perfekt erinnern zu wollen hemmt letztendlich sogar das Einprägen und Erinnern und Sie können sich weniger merken als mit einer entspannten Einstellung.

Die gute Nachricht aber ist: Sie stehen jetzt am Anfang einer völlig anderen Lerntechnik. Die Fähigkeiten, wie z. B. lebendige innere Vorstellungskraft, entwickeln und trainieren Sie mit diesem Trainingsprogramm, sodass Sie bald mehr Leichtigkeit erreichen werden und Ihre Merkfähigkeit steigt.

Tipp für die nächsten Vokabeln: Anfangs ist es hilfreich, jeweils die Augen kurz zu schließen. Dadurch sind Sie nicht abgelenkt durch andere visuelle Eindrücke und erlangen eine tiefere Vorstellung von den beschriebenen mentalen Bilder bzw. Szenen.

Lernen Sie die wenigen nicht gewussten Vokabeln einfach nach, indem Sie sich das jeweilige Vokabelbild noch einmal gut vorstellen. Schauen Sie die 10 Vokabeln dann bitte nicht mehr an und machen Sie morgen beide Abfragetests noch einmal. Vergleichen Sie das Ergebnis mit Ihrer üblichen Behaltensmenge an gelernten Vokabeln. Wenn Sie ca. 80 % behalten (also 16 richtige Antworten gegeben) haben, liegen Sie genau im Trend der Standford-Studie. Aber vergleichen Sie sich nicht zu sehr mit anderen, insbesondere nicht mit in diesem Falle lerngeübten, jungen Studenten. Nur Ihre ganz persönliche Steigerung ist von Bedeutung!

Das hat Sie verblüfft und auch noch Spaß gemacht? So sollte Vokabellernen sein. Also auf zu einer zweiten Runde. Diesmal sehen Sie keine gezeichneten Bilder, sondern Sie stellen sich die beschriebenen Bilder bzw. kleinen Szenen selbst vor Ihrem geistigen Auge vor.

- **Sprechen Sie vorher die jeweilige Vokabel einmal richtig aus.**
- **Aktivieren Sie Ihr Kopfkino. Denken Sie bewegt und farbig.**
- **Tun Sie dies immer für 5 bis 10 Sekunden, am besten mit geschlossenen Augen.**

Zweite Runde: 10 Vokabeln Englisch

Kofferraum – boot [BUD]
Sie eröffnen in Ihrem **Kofferraum** eine ***Bud***e. Sehen Sie sich in Ihrer Kofferraum-Bude, einer Art Kiosk, allerlei Snacks, Zeitungen usw. verkaufen.

Miete – rent [RENT]
Als er hört, wie hoch die **Miete** ist, ***rennt*** der potenzielle Mieter erschrocken davon.

Nebel – fog [FOG]
Stellen Sie sich vor, wie plötzlich aus dem **Nebel** das berühmte Segelschiff Gorch ***Fock*** auf Sie zukommt.

schmoren – to stew [STJU]
Die gesundheitsbewusste ***Stew***ardess serviert ge**schmortes** Gemüse als Snack. Malen Sie die Szene in Ihrer Fantasie ruhig ein bisschen aus: die verwunderten Fluggäste, der Duft.

Akten – records [RÄKORDS]
Stellen Sie sich vor, dass Sie **Akten** aufeinanderstapeln, um einen Guinness-***Rekord*** zu erreichen.

spotten – to mock [MOKK]
Alle **spotten** über Sie, weil Sie wieder einen ***Mokk***a über Ihrer Kleidung verschüttet haben.

Bierkrug – tankard [TANKERT]
Der ***Tank*(w)*art*** bringt Ihnen den Sprit im **Bierkrug**.

Kaution – bail [BÄIL]
Die **Kaution** für den Häftling wird kistenweise mit „***Bail***ey's" bezahlt.

Metzgerei – butcher's [BADSCHÄS]
Als Sie die **Metzgerei** betreten, sehen Sie: Der Metzger nimmt ein ***Bad*** und hört ***Jazz***. (Stellen Sie im Geiste eine Jazzband um die Badewanne.)

überweisen – to remit [RIMIT]
Das ***Reh*** geht ***mitt***ernachts Geld **überweisen**.

Fahren Sie erst weiter fort, wenn Sie sich jede Szene wirklich vorgestellt haben. Wir nennen das im Gedächtnis- und Mentaltraining das Visualisieren.

Erfolgs-Check: Deutsch – Englisch
Falls Sie nicht auf Anhieb auf Ihr Bild und damit auf die englische Vokabel kommen, lesen Sie bitte die jeweils rechts danebenstehende Starthilfe. Sollte Ihnen die englische Schreibweise nicht geläufig sein, notieren Sie einfach die ungefähre Aussprache bzw. die verdeutschte Lautschrift.

Kofferraum	–	______________________	(Was sehen Sie in Ihrem Kofferraum?)
Miete	–	______________________	(Was tut der Mieter, als er von der Höhe der Miete erfährt?)
Nebel	–	______________________	(Sie sehen im Nebel etwas auf Sie zukommen.)
schmoren	–	______________________	(Geschmortes Gemüse, wer verteilte das?)
Akten	–	______________________	(Sie stapeln die Akten zu einem Turm, um ...)
spotten	–	______________________	(Warum spotten die Leute über Sie?)
Bierkrug	–	______________________	(Wer bringt Ihnen den Bierkrug mit Sprit?)
Kaution	–	______________________	(Womit wird die Kaution bezahlt?)

Metzgerei – ______________________ (Als Sie die Metzgerei betreten, sehen Sie ... und hören ...)

überweisen – ______________________ (Wer ging zum Überweisen? Und zu welcher Tageszeit?)

Erfolgs-Check: Englisch – Deutsch

Rufen Sie über Ihr vorgestelltes Bild das gesuchte Wort ab.

boot [BUD] – ______________________

rent [RENT] – ______________________

fog [FOG] – ______________________

to stew [STJU] – ______________________

records [RÄKORDS] – ______________________

to mock [MOKK] – ______________________

tankard [TANKERT] – ______________________

bail [BÄIL] – ______________________

butcher's [BADSCHÄS] – ______________________

to remit [RIMIT] – ______________________

Alternativ-Sprachen

Falls Sie Englisch so gut sprechen, dass Ihnen die vergangenen Vokabeln schon bekannt waren, finden Sie hier und auch bei den späteren Trainingsvokabeln immer eine weitere Sprache als Alternative. Sie können diese zu Trainingszwecken natürlich auch zusätzlich machen, denn Sie kennen ja bestimmt den berühmten Spruch von der Übung und dem Meister.

Da Sie gerade so gut in Fahrt sind, kommen hier 10 weitere Vokabeln, die Sie in wenigen Minuten gelernt haben werden. Damit Sie die Methode gut austesten können, greifen wir diesmal zu einer Sprache, in der Sie wahrscheinlich keine Vorkenntnisse mitbringen: Schwedisch.

- **Sprechen Sie die schwedische Vokabel einmal laut aus.**
- **Stellen Sie sich das Bild/die Szene 5 bis 10 Sekunden möglichst intensiv – wie im Kopfkino – vor.**

Dritte Runde: 10 Vokabeln Schwedisch

Eimer – hink [HINGK]
Stellen Sie sich vor, ein **Eimer** ist Ihnen auf den Fuß gefallen, Sie ***hink***en.

Lenkrad – ratt [RATT]
Stellen Sie sich vor, wie sich in Ihrem **Lenkrad** eine ***Ratt***e festbeißt.

See – sjö [SCHÖH]
Stellen Sie sich vor, wie Sie am **See** stehen und schwärmen, wie schön Sie ihn finden, ach so ***schnööh***.

Tasse – kopp [KOPP]
Ihr Kollege trägt seine **Tasse** auf dem ***Kopp***.

schlafen – sova [SOHWA]
Beim **Schlafen** fallen Sie vom ***Sofa*** (sprechen Sie ruhig: „Ich falle vom SOHWA"), na so was.

Butter – smör [SMÖHR]
Sie schmieren kräftig **Butter** auf'***s Möhr***chen.

Sahne – grädde [GRÄDDE]
Uuh, in der **Sahne** ist eine große **Gräte** (sprechen Sie: „... große **Grädde**").

grüßen – hälsa [HÄLSA]
Die Schweden **grüßen** sich, indem sie mit den ***Hälse***n wackeln (***sa***chte).

Eis – glass [GLASS]
Da schmiert einer **Eis** ans (Fenster-)***Glas***.

Ente – anka [ANKA]
Die **Ente** kackt den ***Anker*** voll.

Nicht erschrecken! Denken Sie ruhig ein bisschen frech. Eine Ente, die brav auf dem Anker sitzt, merken Sie sich nicht so gut wie die Ente, die den Anker vollkackt.

Haben Sie sich alle Szenen wieder gut vorgestellt? 5 bis 10 Sekunden? Sonst tun Sie es jetzt bitte, bevor Sie sich abfragen.

Erfolgs-Check: Deutsch – Schwedisch

Eimer	______	Butter	______
Lenkrad	______	Sahne	______
See	______	grüßen	______
Tasse	______	Eis	______
schlafen	______	Ente	______

Erfolgs-Check: Schwedisch – Deutsch

Wenn Ihnen die deutsche Bedeutung nicht gleich wieder in den Sinn kommt, überlegen Sie, auf welches ähnliche deutsche Wort Sie die Vokabel bringt: hink → hinken: Sie hinken, weil Ihnen *was* auf den Fuß fiel?

hink [HINGK]	____________	**smör** [SMÖHR]	____________
ratt [RATT]	____________	**grädde** [GRÄDDE]	____________
sjö [SCHÖH]	____________	**hälsa** [HÄLSA]	____________
kopp [KOPP]	____________	**glass** [GLASS]	____________
sova [SOHWA]	____________	**anka** [ANKA]	____________

Insgesamt waren das jetzt 30 Vokabeln, also 60 Fragen. Ein sehr großer Happen für die paar Lernminuten. Wenn Sie ca. 80 % (48 richtige Antworten) oder mehr haben – und das bei nur einem einzigen Lerndurchgang –, ist das richtig gut!

Darüber hinaus sehen Sie es bitte locker, wenn Ihnen die eine oder andere Vokabel doch abhandengekommen ist. Erinnern Sie sich an zwei Tatsachen: Ohne die mentalen Bilder hätten Sie sich an bedeutend weniger Vokabeln erinnert oder viel mehr Lernzeit benötigt, und durch Training nehmen Vorstellungsvermögen und Aufnahmekapazität zu. Übrigens funktioniert es mit selbst hergestellten Bildverknüpfungen/Szenen noch besser als mit den Ideen anderer Leute. Aber dazu kommen wir später.

Vielleicht kommen Ihnen jetzt schon direkt ein paar Fragen oder Bedenken zu der Schlüsselwortmethode. Aus den Fragen, die mir meine Seminarteilnehmer regelmäßig nach ihren ersten Selbstversuchen stellen, habe ich Ihnen hier die „Top 5“ zusammengestellt. Wir werden uns mit diesen Themen in späteren Kapiteln noch ausführlicher befassen, aber vorab möchte ich Ihnen ein paar Kurzantworten auf Ihre brennendsten Fragen geben.

Die TOP 5 der Fragen

TOP 1: „Faszinierend! Aber wie komme ich selber auf solche skurrilen Merkbilder, woher nehme ich die Fantasie?"

Die Frage ist berechtigt, denn das kommt den meisten erst einmal unerreichbar vor. Mit diesem Trainingsprogramm, das Schritt für Schritt Ihr schlummerndes Kreativitätspotenzial wecken wird, schaffen Sie das in ein paar Tagen. Das ist in der Tat eine Kunst, die man erst lernen muss. Dann ist es nur noch Übungssache. Nach Beendigung dieses Trainingsprogramms sollten Sie für die meisten Vokabeln leicht mentale Merkbilder erstellen können. Lassen Sie sich einfach überraschen.

TOP 2: „Da muss ich mir ja noch mehr Informationen zu einer Vokabel merken. Ist das Gehirn da nicht bald überlastet?"

Da kann ich Sie wirklich beruhigen. Unser gigantischer Speicher Gehirn merkt sich Bilder besonders gut, schnell und unbegrenzt. Durch wissenschaftliche Untersuchungen ist dies schon lange nachgewiesen. Sie müssen sich übrigens gar nicht mehr *merken*. Sie stellen sich einfach ein Bild vor – und das geht ganz leicht, wie Sie auf den ersten Seiten erlebt haben. In diesem Bild ist alle Information enthalten. Die Verknüpfung der Vokabel mit einer originellen Bildszene macht das Merken und Abrufen sogar weniger anstrengend, dafür aber amüsant für Ihr Gehirn.

TOP 3: „Präge ich mir damit nicht die falsche Aussprache oder Schreibweise ein?"

Unser Gehirn hat einen natürlichen Korrekturmechanismus (bestehend aus natürlichem Gedächtnis und Verstand), der es durch Ihre korrekte Aussprache beim Einprägen übernimmt, die Vokabel auch korrekt abzuspeichern, also als „*hyttynen*" und nicht als „*hytte-dynen*" oder „*hüttdünen*". Das ähnlich klingende Schlüsselwort hilft in vielen Fällen sogar, sich gerade die vom Schriftbild abweichende Aussprache einzuprägen. Und mit einem weiter hinten erklärten simplen Kniff wird dann auch die richtige Rechtschreibung klar sein. Diesen beiden Themen widme ich später noch zwei Extrakapitel. Nur um Missverständnissen vorzubeugen: Mit der Schlüsselwortmethode alleine können Sie natürlich keine neue Sprache lernen. Grundkenntnisse in der Schreibweise, Aussprache, Satzbau usw. lernen bzw. lernten Sie mit einem Sprachlehrer oder Selbstlern-Kurs. Aber für den Aufbau Ihres Wortschatzes ist die Schlüsselwortmethode ein hocheffektives Werkzeug.

TOP 4: „Ist das im Sprachgebrauch nicht umständlich, immer über ein mentales Bild zu gehen?"

Nein, denn das Gehirn denkt viel schneller in Bildern als in Worten. Auch ein komplexeres Gedankenbild kann im Bruchteil eines Augenblicks abgerufen werden. Aber Sie werden nicht immer über das Bild gehen. Das ist meist bei den ersten 1 – 2 Wiederholungen der Fall, dann „sitzt" die Vokabel, und Sie wissen sie auf Anhieb. Manchmal sitzt sie auch sofort. Das Merkbild ist jedoch eine große Hilfe, um sich die Vokabel schneller einzuprägen. Wird es nicht mehr benötigt, verzieht es sich in den Hintergrund und bleibt dort auf „Stand-by". Wenn Sie nach längerer Zeit dann nicht mehr sofort auf die Vokabel kommen, können Sie so über das mentale Bild doch noch das Tor zur Erinnerung finden. Das zusätzlich Gute ist: Sie binden sich nicht so stark an Ihre Ausgangssprache (Deutsch) wie beim Lernen von Wortgleichungen (Fremdwort = Übersetzung). Indem Sie zu den Vokabeln Bilder *sehen*, kann es das *Denken* in der Fremdsprache erleichtern.

TOP 5: „Ist die Methode auch für Kinder bzw. Schüler geeignet?"

Absolut ja! Gerade Kinder sind noch enger verbunden mit der Fantasiewelt als wir Erwachsenen. Kindern fällt es überhaupt nicht schwer, sich vorzustellen, dass z. B. ein Auto knatternd die Wand hochfährt oder der Esel goldene Eier legt und damit jongliert. Mit vorgegebenen Vokabelbildern oder zumindest vorgegebenen Schlüsselwörtern (Ähnlichkeitswörtern) können sich Schulkinder fast jeden Alters Vokabeln leichter und schneller merken. Bei der eigenständigen Schlüsselwortfindung muss man jedoch offen sagen, dass alters- und entwicklungspsychologisch natürliche Grenzen gesetzt sind. Ein 9-jähriges Kind verfügt in der Regel noch nicht über einen so großen muttersprachlichen Wortschatz wie ein 13-jähriges. Je größer der Wortschatz, umso leichter das Finden von ähnlichen Wörtern. Wortschatz ist aber nicht das einzige Kriterium. Manchmal staunt man, welche Kreativität und welches Wortfindungstalent gerade jüngere Kinder entwickeln, die sich dafür begeistern lassen. Probieren Sie es einfach gemeinsam aus – der früheste sinnvolle Zeitpunkt ist bei jedem Kind individuell.

Kleine Vokabel-Meister

Bei den nationalen Gedächtnis-Meisterschaften „Memo Masters" gibt es eine Disziplin, bei der es Aufgabe ist, sich bis zu 80 fiktive Vokabeln in nur 5 Minuten einzuprägen.

Gewinner 2012 der 8- bis 12-Jährigen: Lucy mit 27 Vokabeln
Gewinner 2012 der 13- bis 17-Jährigen: Jan mit 39 Vokabeln
Weltrekord (2011): Anna (16/17 Jahre) mit 67 Vokabeln
Angewandte Lerntechnik: die Schlüsselwortmethode

Doch bevor Sie jetzt seufzen über Ihre eigene Merkfähigkeit oder die Ihrer Kinder, lassen Sie sich beruhigen mit der Information, dass in diesem Wettbewerb beim schriftlichen Abfragen die fremden Vokabeln vorgegeben werden und „nur" die deutsche Bedeutung gewusst werden muss. Wenngleich das natürlich trotzdem noch eine Spitzenleistung ist. Umgekehrt jedoch, sich also an das genaue und komplette Fremdwort zu erinnern, wäre es deutlich schwieriger. Da würde sich letztlich auch die Anzahl der in 5 Minuten gelernten Vokabeln etwas reduzieren. Aber immer noch grandios im Vergleich zum Pauken, oder?

Die Schlüsselwortmethode: genial einfach – einfach genial!

Sie haben es schon gemerkt: Bei dieser Methode geht es um das Vokabellernen über Bildverknüpfungen, die Ihrer Fantasie entspringen. Sie schaffen eine Verknüpfung (Assoziation) zwischen der Vokabel und ihrer deutschen Übersetzung. Diese gehirngerechte Art des Lernens beteiligt verstärkt Ihre überwiegend kreativ und visuell arbeitende rechte Gehirnhälfte am Lernprozess und ermöglicht so die unmittelbare Steigerung Ihrer persönlichen Merkfähigkeit.

Tatsächlich ist das Prinzip der Schlüsselwortmethode so einfach, dass es in zwei Sätzen erklärt ist:

1. Ersetzen Sie die Vokabel durch ein oder zwei Schlüsselwörter aus Ihrer Muttersprache, also durch Wörter, die so ähnlich klingen wie die zu lernende Vokabel.
2. Verknüpfen Sie diese mit der deutschen Bedeutung der Vokabel zu einem originellen mentalen Bild.

Bsp. Spanisch: **la boca** [BOKKA] – **der Mund**

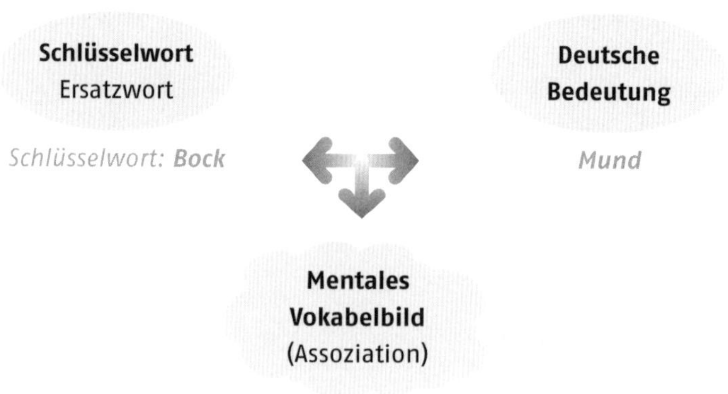

*Ein (Ziegen-)**Bock** leckt über meinen **Mund**.*

Damit ist alles gesagt. Warum dann ein ganzes Buch? Weil die Praxis gezeigt hat, dass es mit dieser Erklärung und mit vielleicht weiteren drei oder vier Praxis-Tipps, die Sie mittlerweile auch auf diversen Internetseiten finden, nicht getan ist.

Mit schriftlich vorgegebenen Merkbildern wie in den ersten drei Übungen (Sprachenmix, Englisch, Schwedisch) klappt das Vokabellernen natürlich auf Anhieb und Sie können sofort dabei erleben, wie leicht und schnell Sie sich die Vokabeln einprägen. In verschiedenen Publikationen, wie unter anderem in der von *Dr. M. Gruneberg* (Linkword Language System), wird die Schlüsselwortmethode auch ausschließlich auf diese Art präsentiert, was gerade in den Turbo-Sprachkursen des genannten Autors auch einen Sinn macht. Sobald aber viele Leser oder Seminarteilnehmer von Gedächtnistrainings zu Hause an ihre „eigenen" Vokabeln gehen und die Technik selbstständig anwenden möchten, sobald sie selbst Schlüsselwörter und mentale Bildverknüpfungen suchen, kommen sie nicht mehr weiter und legen dieses fantastische Werkzeug beiseite.

Darum ist dieses Buch geschrieben. In diesem Buch lernen Sie in kurzer Zeit, die Methode *selbst!* anzuwenden und Vokabeln *selbst* zu verbildern!

Das ist mir anfangs übrigens selbst so ergangen, als ich vor Jahren die Schlüsselwortmethode im Rahmen meiner Beschäftigung mit der altgriechischen Mnemotechnik kennenlernte. Mit den speziell ausgewählten und leicht zu verbildernden Vokabeln des Buchautors oder Seminarleiters klappte es immer mühelos. Sobald ich dann aber zu Hause tiefer in die Praxis einsteigen wollte, lief es doch nicht mehr so rund. Heute ist mir klar, dass der Grund dafür der ist, dass zu Hause unwissentlich meist direkt in die Kiste der schwierigen Vokabeln (Mittel- und Oberstufe dieses Buches) gegriffen wird. Dort befinden sich die harten Nüsse mit vielen Silben, fremden Lauten und Buchstabenfolgen oder die abstrakten Begriffe. Das kann kaum funktionieren ohne gewachsene Kreativdenkfähigkeiten und das entsprechende Know-how.

Und genau diese vermittle ich Ihnen in meinem 10-Tage-Programm, einem Trainingskonzept, das ich im Laufe der letzten Jahre im Rahmen meiner Seminartätigkeit entwickelt habe. Es ist ein Training, das Sie systematisch und zügig kreativer, ideenreicher und schneller in dieser Art des Lernens macht. Es führt Sie dahin, bald selbst *eigene* visuelle Assoziationen zu (fast) jeder Vokabel finden zu können.

Abgesehen davon will dieses Buch auch Nachschlagewerk und Problemknacker für alle Anwendungsfragen sein, die sich im Zusammenhang mit der Schlüsselwortmethode ergeben. Die Kniffe sind in der Praxis erprobt und leicht nachvollziehbar mit praktischen Fallbeispielen und Trainingsvokabeln gespickt.

Mnemotechnik(en) / *engl. Mnemonics*

Nein, kein Schreibfehler. Dieses Wort ist griechischen Ursprungs.
Es leitet sich her von
μνήμή [MNIMI] = Erinnerung, Gedächtnis
τέχνη [TECHNI] = Kunst
und wird folglich mit *Gedächtniskunst* übersetzt.

Wie spricht man's aus? Griechisch richtig [MNIMO], eingebürgert hat sich das verdeutschte [MEMO].
Die Definition ist nicht ganz einfach, denn der Inhalt ist vielschichtig. Ich versuche eine kurze Zusammenfassung:
die Kunst, Dinge (Infos) durch die Bildung von Gedankenbrücken (Assoziationen, z. B. Bilder oder Verse) abrufsicher im Gedächtnis zu verankern.
Diese assoziativen Techniken reichen von kleinen Eselsbrücken bis hin zu sehr komplexen Systemen, die viel Übung erfordern. Eine Schlüsselrolle spielt dabei die bildhafte Vorstellung.

Ihre 4 Gewinne

Mit dieser Methode, die Sie schon kurz kennenlernen konnten, können Sie ein persönliches Lerntempo und eine Nachhaltigkeit erreichen, die Sie nie für möglich gehalten hätten. Die Aneignung dieser Lerntechnik und der damit verbundenen mentalen Fähigkeiten hält vier wertvolle Gewinne für Sie bereit:

Erster Gewinn: Langzeiteffekt – kaum Wiederholungen

Bei jeder Ihrer 5 bis 6 Wiederholungen, verteilt über 6 Monate, sitzen die Vokabeln noch und Sie haben sie dauerhaft im Langzeitgedächtnis gespeichert.

Sie werden feststellen, dass die meisten Vokabeln schon beim ersten Einprägen „sitzen" und Sie danach nur noch geringe Wiederholungen benötigen. Warum das so ist, werden wir uns gleich im Exkurs „*Gehirngerechtes Vokabellernen*" anschauen. Das gewohnte Prozedere von schnell vergessen, neu lernen, vergessen, wiederholen ... können Sie sich sparen. Allein das ist schon das Erlernen der Technik wert, denn dieser Nachlern- und Wiederholungsmarathon kostet uns die meiste Zeit und Nerven und damit haben die meisten Sprachenlerner den größten Frust. Sie erinnern sich an die eingangs beschriebene Vorstellungsrunde „Wer vergisst am schnellsten". Lesen Sie hier noch ein paar typische Erfahrungsberichte:

In meinen Schulungen, in denen es darum geht, sich leichter Namen, Fakten, Argumente oder freie Reden einzuprägen, kommt immer mal wieder ein Teilnehmer in der Pause, begeistert von den gerade erlebten Möglichkeiten durch die vorgestellten Mnemotechniken und fragt: „Gibt es da vielleicht auch was, wie man besser Vokabeln behalten kann? Kaum habe ich sie gelernt, habe ich sie auch schon wieder vergessen. Es bleibt einfach nichts hängen." Aber auch jungen Menschen ergeht es nicht viel besser. Pauline, eine 13-jährige gute Schülerin, erzählte mir: „Das Problem ist: Ich lerne die Vokabeln alle für den Test, aber drei Tage danach habe ich die meisten schon wieder vergessen." Ein 41-jähriger Manager erzählte im Seminar, wie er die Zeit auf dem Fahrrad zur Arbeit nutzen wollte: „Ich höre über den iPod Vokabeln und spreche sie auch nach. Aber wenn ich nach einer halben Stunde ankomme, stelle ich fest, dass ich mich an fast nichts mehr erinnere."

Diesen Frust können Sie zum Glück mit der Schlüsselwortmethode ad acta legen. Den Effekt, dass es endlich hängen bleibt, merken Sie sofort. In Zukunft heißt es also nicht mehr „80 Prozent vergessen", sondern „80 Prozent behalten".

Zweiter Gewinn: Tempo – 30, 50 oder 80 Vokabeln pro halbe Stunde?

Sie können 10 bis ... Vokabeln in 10 Minuten lernen – und zwar so, dass Sie die meisten auch am nächsten Tag noch wissen.

Sie werden zunehmend schneller und sparen Zeit schon beim ersten Einprägen der Vokabeln. Sie möchten jetzt bestimmt Zahlen wissen, wie viele Vokabeln Sie dann pro Stunde lernen können? Das kann Ihnen leider niemand prognostizieren. Es hängt neben persönlichen Faktoren insbesondere von den zu lernenden Vokabeln ab.

Meine anfangs erwähnte Lernzeit von 3 Minuten bei 10 Vokabeln sollten Sie daher nicht zum Anlass nehmen für die kühne Hochrechnung: 10 Vokabeln in 3 Minuten = 100 Vokabeln in 30 Minuten = 200 Vokabeln in 1 Stunde. Es gibt vorübergehende Kapazitätsgrenzen der Aufnahmefähigkeit! Und: Es gibt durchaus Unterschiede bei den zu lernenden Vokabeln, z. B. ob die Vokabel 2 oder 6 Silben hat oder ob sie dem Reise- oder dem Fachwortschatz entnommen ist. Auch mir passiert es mal, dass ich ganze 2 Minuten über einer einzigen schwierigen Vokabel überlege, bis ich Schlüsselwörter und Bildverknüpfung gefunden habe. Doch wir sind uns sicher einig: Das ist immer noch besser, als diese Vokabel paukend zu lernen und möglicherweise 20-mal wiederholen zu müssen, weil man sie immer wieder vergisst! Lernen Sie nicht mit der Stoppuhr. Sehen Sie einfach Ihre ganz persönlichen Fortschritte. Letztendlich geht es ja nicht darum, dass Sie Rekorde aufstellen, sondern darum, dass Sie einfach leichter, nachhaltiger und entspannter lernen können. Das Tempo stellt sich von selbst ein.

Dritter Gewinn: Lernlust statt Lernfrust

Das Vokabellernen empfinden Sie nicht mehr als Last, das Vokabellernen macht Ihnen Spaß!

Stupides Pauken ruft oft Gefühle von Langeweile, Frust und Ärger, Desinteresse und Stress hervor. Diese Gefühle blockieren das Gehirn beim Lernen, aktivieren negative Körperchemie bzw. aktivieren die benötigten Botenstoffe für den Zugang zu unserem Gedächtnisspeicher nicht. Letztlich tun sie auch dem Selbstwertgefühl und der Einstellung zum Lernen allgemein nicht gut. Negative, gar selbstzerstörerische Glaubenssätze wie „ich kann das nicht", „ich bin unbegabt", „mein Gedächtnis ist schlecht", „Sprachen lernen liegt mir nicht" usw. entstehen und blockieren das Gehirn. Ein Kreislauf.

Lernen mit Kreativität, mit Fantasie, mit Schmunzeln und mit Einsatz der Sinne bedeutet auch vernetztes Lernen in entspannter, schöpferischer Atmosphäre. Es bewirkt eine positive Einstellung. Und so funktioniert Lernen immer am besten. Die unmittelbaren Lernerfolge schaffen Vertrauen in die eigene Leistungsfähigkeit, in das eigene Gedächtnis, und heben das Selbstwertgefühl. Lernpsychologen wissen: Positive Emotionen gehören zu den wichtigsten Erfolgsfaktoren beim Lernen.

Vierter Gewinn: Kopf eines Schnell- und Querdenkers

Ihr Gehirn wird fitter, auch wenn Sie über 30 sind.

Beim Aneignen und Entwickeln dieser mentalen Fähigkeiten und regelmäßigem Training kommen Prozesse in Gang und die Feinstruktur des Gehirns verändert sich – unabhängig vom Alter. Die geistige Fitness wird gefördert durch stärkere Vernetzung der Nervenzellen und die allgemeine Leistungsfähigkeit des Gehirns steigt (siehe Kapitel „Gehirngerechtes Vokabellernen").

Ihre gesteigerte Kreativität und Fantasie, Ihre gewonnene Vorstellungskraft und Flexibilität im Denken beschränken sich nicht nur auf das Vokabellernen, sondern können sich auch in anderen Lebensbereichen bemerkbar machen. Es könnte zum Beispiel passieren, dass Sie fernab von traditionellen Denkmustern Sachverhalte oder Probleme besser von anderen Seiten aus betrachten können, neue oder ungewöhnliche Lösungsansätze finden und schneller Ideen entwickeln.

Was führt nun dazu, dass eine Methode solche Wirkungen hat?

Im folgenden Kapitel erfahren Sie, was beim Vokabellernen auf die eine oder andere Art in dem 1,4-kg-Biocomputer in unserem Kopf geschieht. Dieses Hintergrundwissen ist hilfreich, jedoch nicht zwingend notwendig für das Aneignen der Schlüsselwortmethode. Wenn Sie lieber sofort mit der Praxis beginnen wollen, können Sie auch gleich zum 10-Tage-Programm in Kapitel 3 springen. Ansonsten folgen Sie mir in den Exkurs ...

Exkurs: Gehirngerechtes Vokabellernen und die aktuellen Erkenntnisse der Gehirnforschung

2

Das komplexe Thema der Lern- und Gehirnforschung auf nur wenigen Seiten zu vermitteln, kann seinem Anspruch nicht gerecht werden und dieses vielschichtige Thema nur ankratzen. Da ich aus meinen Seminaren aber weiß, dass sich viele Sprachenlerner mit dieser Materie noch gar nicht beschäftigt haben, will ich dennoch den Versuch unternehmen, einige wichtige neurobiologische Vorgänge, die gerade für das Vokabellernen und das Verständnis der Wirkmechanismen der Schlüsselwortmethode von Bedeutung sind, etwas vereinfacht darzustellen. Zudem hilft ein wenig Hintergrundwissen, beim Vokabellernen nicht wieder in alte Büffelgewohnheiten zurückzufallen. (*Pauken* oder *Büffeln* bezeichnet hier und im Folgenden das permanent wiederholende Durchlesen, bis man den Lernstoff auswendig gelernt hat.) Es macht verständlich, warum „Pauken" die am wenigsten geeignetste Lernmethode ist und unterm Strich mehr Zeit und Mühe kostet als das zunächst geistig anstrengendere kreative Lernen. Für weitere Grundlagen rund um unseren Biocomputer verweise ich den interessierten Leser auf die große Auswahl an aktueller (!) Fachliteratur.

Die Verarbeitungszentrale für Vokabeln

Wo ist nur die Vokabel geblieben?

Das haben Sie sich sicher auch schon oft gefragt: Wo ist nur die Vokabel geblieben, die eben noch da war? Und warum weiß ich diese suahelische Vokabel *Scheck – hundi* auch Tage später noch, obwohl mich Suaheli eigentlich gar nicht interessiert?

Das Langzeitgedächtnis ist kein geheimnisvoller Speicherbehälter, sondern ein fortwährender Prozess, eine sich ständig verändernde Struktur, eine Art Dauerbaustelle. Die Vokabel, wie auch sonstiges Wissen, ist in unserer Großhirnrinde in Form von Verbindungsstärken zwischen den Nervenzellen (Neuronen) gespeichert. Genauer gesagt zwischen den Enden der Nervenzellenverästelungen, den Synapsen.

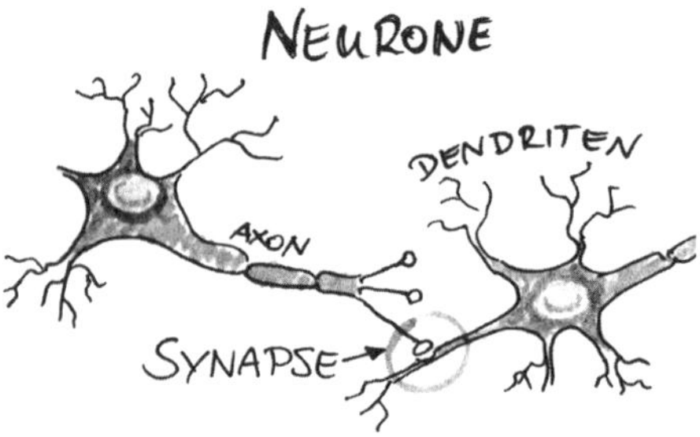

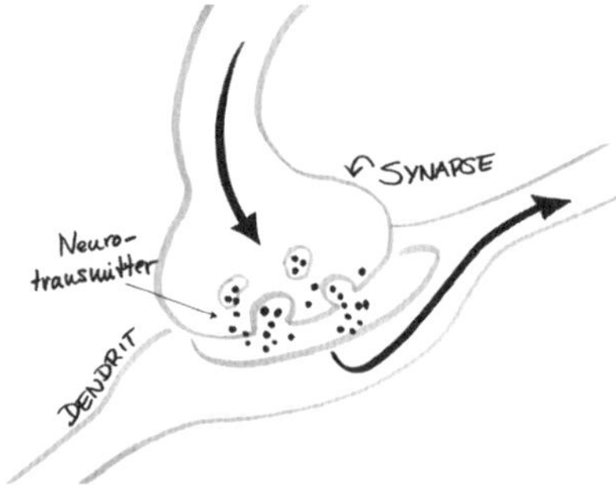

Diese sind einem ständigen Prozess von Stärkung und Schwächung unterworfen – je nachdem, ob sie gebraucht werden oder nicht. Das bedeutet, wenn wir eine neue Vokabel lernen, erscheint sie als elektrischer Reiz, der von einer Synapse zur nächsten durch Nervenbotenstoffe (Neurotransmitter) über den Spalt geleitet wird. Je nachdem, wie Sie die Vokabel gelernt haben, bricht nach einiger Zeit der Reiz wieder ab. Das war's. Die Vokabel ist vergessen und die nächste Suchanfrage läuft ins Leere.

Welchen Einfluss hat die Art und Weise unseres Vokabellernens auf die Gedächtnisleistung? Werfen wir einen Blick in die Verarbeitungszentrale.

Rationelle Hirnhälfte, kreative Hirnhälfte – ein Mythos?

Ja und nein. Das sogenannte Hemisphären-Modell ist ein in den letzten fünf Jahrzehnten oft verwendetes, mittlerweile von Fachleuten kontrovers diskutiertes Modell zur Arbeitsweise und Aufgabenverteilung unseres Gehirns und zum Verständnis schlechter oder weltmeisterlicher Gedächtnisleistung. Es basiert auf den Split-Brain-Forschungen des amerikanischen Neurologen *Roger W. Sperry*. Eine daraus abgeleitete Annahme ist die, dass beide Großhirnhälften unterschiedlich spezialisiert sind: Während die linke Hirnhälfte (Hemisphäre) seriell arbeitet, die logische, rationale, verbale, analytische Seite ist, arbeitet die rechte Hemisphäre eher kreativ, emotional, intuitiv, räumlich, sinnlich und vor allem bildhaft.

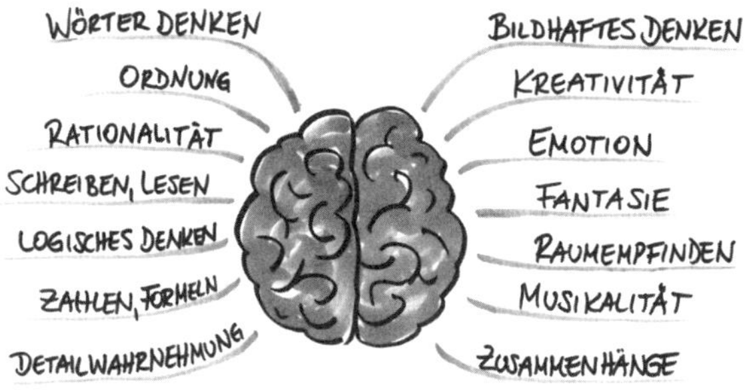

Die daraus gefolgerte These, dass die meisten Menschen beim Lernen und Arbeiten die linke Hirnhälfte benutzen, während die rechte quasi untätig sei (Folge: schlechte Gedächtnisleistung), sowie die Annahme der strengen Rechts-links-Aufteilung in exklusive Zuständigkeiten gelten mittlerweile als überholt.

Gehirnforscher haben in den letzten Jahrzehnten Erkenntnisse zum Teil bestätigt, widerlegt und geradezu auf den Kopf gestellt. Nach derzeitigem Forschungsstand geht man davon aus, dass die Hirnhälften spezialisiert sind und Information schwerpunktmäßig unterschiedlich ähnlich der Abbildung oben verarbeiten. Es findet jedoch ein reger Datenaustausch beider Hirnhälften über den Verbindungsbalken, das Corpus Callosum, statt, sodass praktisch nie eine alleine arbeitet.

Durch bildgebende Verfahren (Kernspintomografen) kann man dem Gehirn heute quasi beim Denken zuschauen. Bedeutend für das Verständnis von „Lernen“ ist dabei die Beobachtung, dass je nach Denk- oder Verarbeitungsaufgabe (z.B. planen, Tastempfindungen verarbeiten, sehen usw.) immer ein paar bis mehrere Dutzend Zentren im Gehirn gleichzeitig aktiv sind und interagieren. Indem wir mit mentalen Bildern und Sinneswahrnehmungen arbeiten, setzen wir Verarbeitungsschwerpunkte in Zentren, die vorher nur leicht oder gar nicht aktiv waren. Wir können also durch die Art und Weise des Lernens Zentren der rechten oder linken Hemisphäre bewusst aktivieren und verstärken. Für uns bzw. die Schlüsselwortmethode ist jedoch gar nicht so wichtig, wo diese Arbeitsprozesse stattfinden. Vielmehr ist wichtig, dass wir nicht nur die logisch-analytischen Verarbeitungszentren ansprechen, sondern besonders die visuell-kreativen Verarbeitungsprozesse aktivieren.

Allein das Bildersehen, also die Abbildung eines Hauses mit der Überschrift m a i s o n – H a u s, bewirkt bei Vokabeln kaum eine bessere Merkleistung, sonst hätten wir ruck, zuck ein visuelles Wörterbuch im Kopf. Wir haben höchstens alle Bilder nicht bewusst abrufbar im Kopf, denn der Mensch hat tatsächlich ein hervorragendes Bildergedächtnis, was durch Tests mit 2500 Bildern nachgewiesen wurde, die der französische Neurologe *Dr. B. Croisile* beschreibt. Was bei dem Haus-Bild jedoch fehlt, ist das entscheidende Abspeichern des dazugehörigen Fremdworts. Bilder alleine können der ausschlaggebende Faktor als Merkturbo also nicht sein.

Je mehr Gehirnaktivität, umso besser also ist die Speicherung. Beim intensiven Beschäftigen mit einer eingehenden Information (Vokabel) unter verschiedenen Aspekten wird sie von vielen verschiedenen Gehirnarealen im Arbeitsgedächtnis zugleich erfasst und interaktiv verarbeitet.

Dadurch laufen mehr Impulse über die Verbindungsstellen, die Synapsen. Diese wiederum verändern sich daraufhin und werden stärker und größer. Stärkere Verbindungen wiederum bedeuten stärkeres Speichern, besseres Lernen.

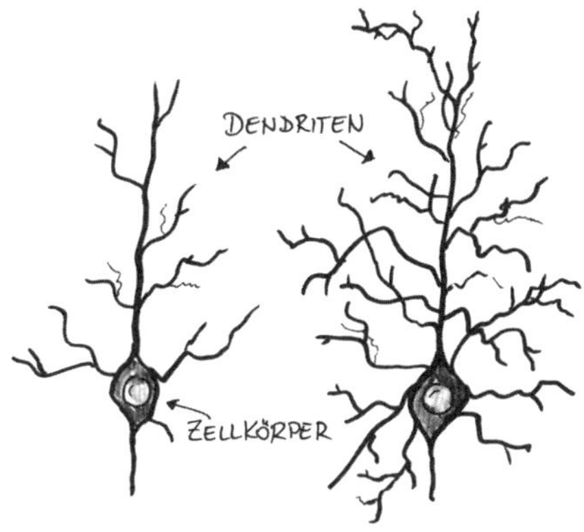

Lernen wir kreativ und mit allen Sinnen, kurbelt das auch das Wachstum neuer Nervenästchen und Synapsen an, an denen wieder andere Verbindungen entstehen können. Das ist Lernen. Das Netzwerk wächst, die Anzahl der Nervenverbindungen nimmt zu, der Geist wird fitter, das Lernen und Erinnern leichter. Diese Entwicklung, das Wachstum der Nervenverbindungen, geschieht übrigens genauso auch im Alter.

Die Rechnung für jeden lautet also:
mehr Verarbeitungstiefe = bessere Gedächtnisleistung.

Anders herum bedeutet dies aber auch: Je oberflächlicher die Verarbeitung, desto weniger Synapsen werden im Gehirn aktiviert, umso weniger wird abgespeichert, gemerkt, gelernt. Betrachten wir die beiden Lernmethoden.

Pauken versus Schlüsselwortmethode – was geschieht?

Verarbeitungstiefe ergibt sich verständlicherweise kaum beim bloßen Durchlesen von Vokabeln. Dies ist nur ein oberflächliches Verarbeiten von Information, da nur sehr kurz bei einer Information (Vokabel) verweilt wird, der Lerninhalt einseitig aufgenommen und immer auf dieselbe Art wiedergekäut wird. Der Kopf wird nicht sehr gefordert, darum beteiligen sich auch nicht viele Bereiche an der Speicherung. Die Folge: Es wird schlechter gelernt, schlechter gespeichert. Diese Erkenntnis können Sie im Grunde auf das Lernen *jeglichen* (Wissens-)Stoffs übertragen, seien es Vokabeln, Prüfungsstoff oder eine Rede.

Um dem folglich raschen Vergessen entgegenzuwirken, muss man wiederholen und wiederholen und wiederholen ..., damit der Reiz stärker und die Verbindung stabiler wird. Diese Methode kennen wir alle: Pauken und Büffeln. Das ist aufwendig, nicht gerade spannend und oft auch nicht sehr erfolgreich, nämlich dann nicht, wenn man mit der nächsten Wiederholung ein bisschen zu lange gewartet hat. Pauken hilft also ... etwas. Zum Glück gibt es bessere Methoden der Speicherung bzw. des Lernens.

Die Schlüsselwortmethode schiebt ganz andere Prozesse im Gehirn an. Viele Areale werden zur Verarbeitung der Vokabel aktiviert, denn mit Fremdwort, Schlüsselwort, Bedeutung und mentalem Assoziationsbild modelliert und bearbeitet sie die Vokabel nach allen Regeln der Kunst. Das Drehen und Wenden, Vergleichen, Verändern, Verknüpfen, das Über-die-Vokabel-Nachdenken und geistige Hantieren mit ihrer Bedeutung kurbelt ein Umbilden und Vernetzen der Synapsen an und legt damit breite, starke Gedächtnisspuren an, die den Reiz lange stabil halten. Es ist also echt was los im Gehirn.

Die Folge: schnelles Lernen und besseres Merken.

Ohne Wiederholung läuft hier gar nichts

Doch auch wenn etwas im sogenannten Langzeitgedächtnis gespeichert ist, steht es nicht auf ewig abrufbereit. Das Gedächtnis ändert sich laufend mit seinem Gebrauch und gezielte Wiederholungen sind extrem wichtig. Da beim Wiederholen die Impulse immer wieder über dieselben Synapsen laufen, geschieht an ihnen eine nachhaltige Veränderung, sie werden umgebaut und größer und die Verbindung stärker und stabiler.

Aber auch der Widerstand wird schwächer, das heißt, die Impulse werden immer schneller weitergeleitet und die Vokabel ist blitzschnell da. Die Datenübertragung zwischen den Zellen flutscht. Es werden Gedächtnisspuren zu Trampelpfaden und zu immer breiteren Wegen ausgebaut. Datenschnellstraßen entstehen, die durch Nichtbenutzung allerdings auch allmählich wieder abgebaut werden können.

Da Wiederholung alleine nicht ausreicht, sondern es auch auf den richtigen Rhythmus ankommt, gibt es ein Wiederholungssystem, das im Kapitel „Vokabeln nie mehr vergessen“ beschrieben ist.

Für das Verständnis und um nie wieder Vokabeln zu büffeln, reicht dieses Grundwissen schon aus. Machen Sie einfach hier mit gutem Gewissen Schluss. Sie wissen jetzt schon mehr als die meisten Sprachenlerner. Wenn Sie allerdings zu den besonders Wissensdurstigen gehören, die das menschliche Gehirn einfach spannend finden, dann folgen Sie mir in das nächste Kapitel ...

Was merkwürdige Vokabelbilder im Gehirn bewirken

Wenn wir unser Vokabelbild schließlich gefunden und visualisiert haben, sind in unserem Gehirn verschiedene Vorgänge abgelaufen, die ich wie folgt unterscheide:

- **Schlüsselwortsuche: dicke Gedächtnisspuren**

Neurowissenschaftler wie der Psychiater und Gehirnforscher *Prof. Dr. Manfred Spitzer* oder der amerikanische Psychologe *Prof. Dr. David Myers* beschreiben in ihren Publikationen Experimente, in denen Testpersonen zu kurz aufblitzenden Wörtern jeweils eine von drei verschiedenen Fragen beantworten mussten (z.B. Groß- oder Kleinbuchstaben? Substantiv oder Verb? Passt es in den Satz?). Für jede Frage stand die gleiche Denkzeit von 2 Sekunden zur Verfügung. Beim Abschlusstest wurde abgefragt, an welche Wörter sich die Probanden noch erinnerten. Es zeigte sich, dass die Wörter mit der oberflächlichsten gedanklichen Verarbeitung am wenigsten erinnert wurden. Je intensiver man durch die jeweilige Fragestellung in den 2 Sekunden über sie nachgedacht hatte, umso stärker blieben sie hängen. Die Gedächtnisleistung hing also davon ab, wie die Wörter zuvor im Kopf bearbeitet wurden.

Das Suchen nach einem Schlüsselwort ist gerade zu Anfang manchmal eine ziemliche geistige Anstrengung. Aber genau dieses Umgraben und Beleuchten der Vokabel bringt Ihnen eine Belohnung in Form von

Verarbeitungstiefe. Besonders deutlich wird dies im Oberstufenkapitel mit den langen russischen Wörtern zu spüren sein. Durch das Entschlüsseln und das Jonglieren mit der abstrakten Buchstabenfolge verankert sich das fremde Wort schon x-mal tiefer im Gedächtnis und hinterlässt dickere Gedächtnisspuren als durch simples Durchlesen.

■ Assoziation: einknüpfen ins gigantische Wissensnetz

Nicht einfach Bilder (wie im visuellen Wörterbuch), sondern *Assoziations*-Bilder sind der erstaunliche Merkturbo. Unser Wortschatz mit seinen zigtausend Wörtern ist in unserem Wissensgedächtnis, dem sogenannten semantischen Gedächtnis, gespeichert – einem gigantischen Wissensnetz. Wörter und ihre Bedeutungen liegen dort nicht unverbunden vor, sondern sind in einem Netzwerk natürlicher Assoziationen gespeichert, in dem sie nach Ähnlichkeit und Zusammengehörigkeit bzw. Kontrast abrufbar sind (*Elefant-Säugetier-groß-Rüssel-trompeten-gutes Gedächtnis-Afrika-Elfenbeinschmuggel* bzw. *Elefant-Maus, schwarz-weiß*).

Diese assoziative, netzwerkartige Speicherstruktur übertragen wir auf das Vokabellernen. Da es zwischen der fremden Buchstabenfolge *m a i s o n* und der Bedeutung *Haus* keine natürliche Assoziation gibt, wird mithilfe des Schlüsselworts und der Fantasie eine bewusste Verknüpfung hergestellt. Die Vokabel steht nun nicht mehr isoliert da oder fällt durch das Netz. Durch das Assoziationsbild *(Meise+Haus)* wird die Buchstabenfolge (*maison*) quasi in ein Netz von schon bekannten Inhalten bzw. Wörtern (*Haus, Kachelboden, buntes Federtier*) des Assoziationsgedächtnisses eingeknüpft. Das macht die gehirngerechte Lernmethode aus.

Eine *visuelle* Assoziation (im Gegensatz zu Merksätzen) ist der stärkste Abrufreiz, den wir schaffen können, um wieder an die Vokabel heranzukommen. Neben unserem hervorragenden Bildergedächtnis bewirken Bilder mehr und besonders wichtige Gehirnaktivitäten, wie wir im nächsten Abschnitt sehen werden.

Der Nebeneffekt des Bauens solcher Gedankenbrücken im Geist (Assoziationsbilder): Durch das Herumspielen mit der entschlüsselten Information (Vokabel) und ihrer Bedeutung, um eine originelle Verknüpfung zu bauen, haben Sie den Inhalt so intensiv und neu durchdacht, dass wieder der erwünschte Effekt eintritt: Verarbeitungstiefe.

Emotionen und Spannung: freie Fahrt ins Langzeitgedächtnis

Was für das Memorieren wichtig ist, fasst der Mediziner und Wissenschaftsjournalist *Dr. Schwebke* zusammen: „News und Emotionen wecken den Kopf. Die Kriterien, nach denen das Gehirn als wichtig einstuft, sind ihre emotionale Bedeutung und ihr Newsgehalt (der Überraschungsfaktor)“ (Schwebke 2002). Beides erfüllen Sie durch Ihre mentalen Bildverknüpfungen. Was Schwebke dort beschreibt, sind zwei Organe, die Teil des sogenannten *limbischen Systems* sind und bei der Speicherung von Informationen (Lernen) eine wichtige Schlüsselrolle spielen.

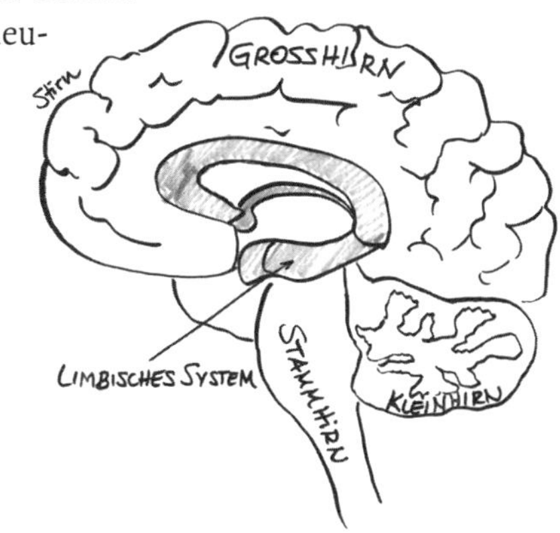

Das limbische System liegt in den tieferen Schichten des Großhirns, dem Zwischenhirn. Es ist unser Emotionszentrum, der Sitz unserer Gefühle. Ohne das limbische System könnte unser Großhirn und damit unser Gedächtnis nicht funktionieren. Beide sind miteinander verbunden.

Spannung: Das erste Organ ist der *Hippocampus*, der seinen griechischen Namen nach seiner mit viel Fantasie erkennbaren Seepferdchenform erhielt. Er wird auch als Neuigkeitsdetektor bezeichnet, da er alle Informationen auf ihren Newsgehalt hin bewertet. Lernen Sie eine Vokabel durch mehrfaches Durchlesen auswendig, passiert nicht sehr viel im Gehirn. Der Hippocampus langweilt sich und wird kaum aktiv, denn die Information ist weder neu noch interessant.

Anders beim Assoziationsbild. Der Hippocampus bewertet die Vokabel mit dem originellen Assoziationsbild als neu, überraschend und hoch spannend und nimmt sie sofort auf. (Darum kann Ihr Mann auch alle aktuellen Spielergebnisse der Bundesliga wiedergeben, vergisst aber die Hälfte Ihrer vierteiligen Einkaufsliste.) Was interessiert, wird registriert.

Emotionen: Mit originellen Assoziationsbildern aktivieren Sie ein für die Erinnerungsfähigkeit wichtiges Organ: die *Amygdala* oder auch: den *Mandelkern*. Sie ist das eigentliche Zentrum unserer Emotionen. Bei der Wahrnehmung einer Information, z. B. normale Vokabelgleichung (maison = Haus), oder skurriles Vokabelbild bewertet das Emotionszentrum immer. *Maison – Haus* ist langweilig und bekommt kein Prädikatssiegel. Eine *Meise* auf dem *Haus*dach ist schon netter. Aber das Bild „Da hüpfen lauter *Meisen* durch das *Haus*“ wird mit dicken Emotionen ausgestattet, bekommt das Gefühlsetikett „lustig“, „frech“ oder „süß“. Auf jeden Fall macht es irgendwie Spaß. Dies leitet das limbische System an das Großhirn weiter. Ist die Info spannend genug, wird sie längerfristig gespeichert. Das erklärt, warum wir die Meisen auf dem Hausdach zwar besser behalten als die Wortgleichung *maison – Haus*, jedoch schneller vergessen als die Meisenschar, die munter durch unser Haus hüpft. Nichts entscheidet mehr über unsere Erinnerungen als unsere Gefühle!

Fazit: Bildassoziationen bleiben zwar prinzipiell besser haften als das Denken von Wortpaaren, aber merkwürdige und emotionale Bildszenen sind in der Erinnerung unschlagbar.

Lernturbo Freude: Dopamin und Gedächtnis

In meinen Seminaren erlebe ich es öfter, dass nach anfänglicher Skepsis und kurzer Anlaufzeit bei den Assoziationsübungen dann aus allen Ecken Gelächter zu hören ist, durch alle Altersschichten hindurch. So muss es sein. Entspannung und Spaß beim Lernen und Einprägen machen das Gehirn aufnahmefähiger.

Nicht nur Hippocampus und Mandelkern sind aktiv, sondern auch das hirneigene Belohnungssystem. Es schüttet den Nervenbotenstoff Dopamin aus, der für angenehme Stimmung und Motivation sorgt, biochemisch aber auch eine bessere Speicherung im Gedächtnis bewirkt. Stress hingegen blockiert durch negative Botenstoffe die Datenübertragung. Wenn Sie über Ihre Bilder lachen oder schmunzeln müssen, haben Sie schon gelernt. Und zwar gut gelernt.

Einsatz der Sinne: Aktivierung verschiedener Zentren

Durch die lebendige geistige Vorstellung Ihres Assoziationsbildes mit seinen sinnlichen Reizen (Bewegung der Meisen, Farben und Form der Meisen, des Hauses, Geräusche wie Tapsen und Piepen usw.) werden die verschiedensten Zentren im Gehirn aktiviert – auch wenn es nur vorgestellte Wahrnehmungen, also Erinnerungen, sind. Die Vokabel wird vernetzt verarbeitet. Es entstehen neue Verbindungen zwischen den Nervenzellen und es entstehen die verschiedensten Abrufreize. Beim Abrufen wird ein ganzes neuronales Netz aktiviert.

Durch dieses Hintergrundwissen wird nachvollziehbar, was im Kapitel „Die Technik des Visualisierens (Basics 1)“ beschrieben ist: Vorstellungskraft kann geübt werden, und je intensiver und lebendiger die Vorstellung, umso stärker die Gehirnaktivität und umso größer die Merkeffekte.

■ **Innere Bilder: Einbrennen auf die Festplatte**
Ein Bild hat eine höhere Merkqualität als ein Wort oder Satz. Darum ist es so wichtig, die Assoziationen nicht nur zu denken, sondern zu visualisieren. Ein Bild nur in der geistigen Vorstellung entstehen zu lassen, ist ein aktiver schöpferischer Akt (der verschiedene Gehirnaktivitäten auslöst), während das kurze Betrachten eines vorgegebenen Bildes (wie beim TV) ein eher passiver Prozess ist.

Und so wird die Methode perfekt

Wenn wir nun noch, wie mehrfach im Buch angeregt, die Vokabel beim Bearbeiten nicht nur durchdenken, sondern auch aussprechen, und wenn wir diese wenigstens einmal per Hand aufschreiben, ist die Lernmethode perfekt. Durch das Sprechen und Schreiben aktivieren Sie zusätzlich die Sprachzentren sowie die motorischen Zentren, die für beide Tätigkeiten zuständig sind. Die Aktivität weitet sich also auch auf das Kleinhirn aus.

Nun wird auch verständlich, warum das eigene Vokabellernen mit der Schlüsselwortmethode noch nicht am Anfang, sondern erst nach ein paar Wochen so richtig fluppt. Mit dem wiederholten Arbeiten und Suchen auf diese Weise bilden sich neue Netzwerke, neue Nervenverbindungen, an denen wieder andere entstehen. Diese haben im Laufe der Zeit Verbindung mit immer mehr anderen Neuronen. Es bildet sich ein neues Netz für diese Art der Denkarbeit. Bei der nächsten Suchanfrage sind Sie einfach schneller. Wer Sudoku-Fan ist, weiß, dass man nach 100 gelösten Sudokus wesentlich schneller darin ist als bei den ersten. Darum brauchen Sie Übung und etwas Geduld für den Um- und Aufbauprozess.

Auf den ersten Seiten dieses Buches gab es ein paar Methoden-Schnelltests, die Ihnen Assoziationsideen vorgaben, anfangs sogar mit ein paar Schwarz-Weiß-Zeichnungen. Obwohl Ihnen jemand die geistige Arbeit abgenommen hatte und Sie die Vokabelbilder ganz bequem serviert bekamen, haben Sie doch eine enorme Verbesserung Ihrer Merkfähigkeit beobachten können im Gegensatz zum paukenden Lernen. Warum?

Natürlich wirken auch hier erst einmal die Assoziationen, Emotionen, der Neuigkeitsfaktor und das Bildhafte, auch wenn es nicht Ihre eigenen Ideen waren. Insbesondere da Sie dazu aufgefordert wurden, sich das Bild wirklich lebendig und sinnlich vor Ihrem geistigen Auge vorzustellen, waren Sie selbst auch aktiver, als es Ihnen vielleicht bewusst war. Sie haben etwas im Kopf damit gemacht.

Bei größeren Mengen, bei schwierigeren Vokabeln und für eine langzeitige Speicherung werden Sie mit eigenen Ideen mehr Erfolg haben, wie Sie nun erfahren haben und im folgenden Trainingsprogramm selbst erleben werden. Anfangs wird vielleicht die eine oder andere meiner vorgeschlagenen Assoziationsideen im Vergleich noch besser im Gedächtnis haften bleiben als Ihre ersten Versuche. Sobald Sie aber gelernt haben, eigene *gute* Assoziationen zu knüpfen, sind Ihre eigenen Ideen unschlagbar.

3 Das 10-Tage-Trainingsprogramm

Mein 10-tägiges Trainingsprogramm ist in drei Schwierigkeitsstufen unterteilt: Basics, Mittelstufe und Oberstufe. Die einzelnen Stufen habe ich auf 10 Tage verteilt, sodass Sie täglich gute oder knappe 30 Minuten in das Trainingsprogramm investieren.

Basics 1: Hier erlernen Sie die Fähigkeit des Visualisierens und den Einsatz sinnlicher Vorstellungen. Sie stärken Ihre geistige Vorstellungskraft.
Basics 2: Sie erlernen die Technik der Assoziation, des bildhaften Verknüpfens. Sie lernen, fernab von typischen Denkmustern zu denken und Ihre Emotionen ins Lernen einzubeziehen.
Basics 3: Im dritten Schritt geht es um das Umwandeln der Vokabel in Schlüsselwörter, ähnlich klingende deutsche Wörter. Sie erhalten viele Tipps, wie Sie schneller solche Schlüsselwörter finden. Ab dieser Stufe verbildern Sie Ihre Vokabeln nun selbst.

Mittelstufe: Sie lernen auch solche Vokabeln zu verbildern, die keine direkten Bilder liefern. Dazu gehören abstrakte Begriffe und Adjektive.

Oberstufe: Hier geht es um die „harten Nüsse" wie besonders schwierige oder lange oder zusammengesetzte Vokabeln.

Das „Abschluss-Examen" rundet das Trainingsprogramm ab.

Zu jedem Thema gibt es Tipps und Kniffe mit praktischen Beispielen und Trainingsvokabeln mit Lösungsideen, sodass Sie alles sofort selbst ausprobieren und damit noch besser verinnerlichen können.

Trainingsvokabeln – die Sprachauswahl. In jedem Kapitel finden Sie Trainingsvokabeln zum jeweiligen Thema. Diese sind jeweils in Englisch und einer weiteren Sprache angeboten, weil die meisten Menschen in erster Linie Englisch lernen wollen bzw. müssen. Wenn Sie schon über einen großen Englisch-Wortschatz verfügen, werden Ihnen möglicherweise viele Vokabeln schon bekannt sein. Damit auch Sie die Methode richtig erlernen und austesten können, werden zusätzlich Vokabeln aus verschiedensten Sprachen angeboten.

Darüber hinaus können Sie die Ihnen schon bekannten Vokabeln natürlich trotzdem bearbeiten, um sich in der Schlüsselwortmethode zu üben. Das ist ein hervorragendes Kreativitätstraining und bringt Sie schneller entscheidende Schritte weiter.

Vereinfachte Lautschrift. Da hier eine Palette von unterschiedlichen Sprachen geboten wird, die meisten Leser jedoch die internationale Lautschrift nicht beherrschen werden, ist eine stark vereinfachte, aber sofort nachvollziehbare deutsche Umschrift angegeben. Denn es geht hier ja nicht darum, Vokabeln aus fünfzehn Sprachen zu lernen, sondern die Merk-Technik.

Die „Bedienungsanleitung" zum 10-Tage-Trainingsprogramm

Das folgende 10-Tage-Programm ist ein Trainingskapitel, kein Lesekapitel. (Es ist übrigens auch keine Kopiervorlage oder Fundgrube für Abschriften, liebe Trainerkollegen! ☺) Bitte nehmen Sie sich selbst nicht die Chance auf Entwicklung eigener Ideen und Fähigkeiten, indem Sie sofort alle Lösungsvorschläge der Trainingsseiten lesen. Auch wenn es Sie in den Fingern juckt, weil Sie sie so amüsant finden. Wer nur fremde Ideen reproduziert, wird die Technik nicht selbst zu beherrschen lernen. Sie gewinnen, wenn Sie erst Ihre eigene Kreativität wecken und dann vergleichen.

Sie können das 10-Tage-Programm in kürzerer Zeit durchlaufen oder es über ein paar Tage mehr strecken. Ich möchte Ihnen jedoch empfehlen, gerade in der Anfangsphase, im Entstehen und Aufbau neuer Fähigkeiten, nicht zu viele Tage Pause zwischen den Übungseinheiten zu machen.

Am meisten profitieren Sie, wenn Sie das Training von Basis- bis Oberstufe „step by step" absolvieren. Alle Schritte dieses Trainingsprogramms sind aufeinander abgestimmt und vielfach getestet. Die Themen, Übungen und Vokabeln nehmen im Schwierigkeitsgrad zu und bauen direkt auf Ihren erlangten Trainingserfolgen auf. Mit jedem Trainingstag steigen Sie Stufe für Stufe ein Stück höher. Daher wäre es für den Neuling in der Schlüsselwortmethode kontraproduktiv, Übungen in Basis- und Mittelstufe zu überspringen und drei Schritte auf einmal nehmen zu wollen. Gönnen Sie sich die Zeit und machen Sie's gleich richtig.

Als Schlüsselwort-Erfahrener werden Sie herausgreifen wollen, was gerade für Sie von Interesse ist. Ihnen wird dieses Buch, so hoffe ich, sowohl als Sammlung alter und neuer Lösungskniffe als auch als Nachschlagewerk hilfreich sein.

1. Tag

Das Trainingsprogramm

Wir beginnen das Programm mit dem grundlegendsten Element, der Basis der Schlüsselwortmethode wie auch aller weiteren Techniken, die ich Ihnen in diesem Buch vermittle: dem Denken in Bildern.

Basics 1: Die Technik des Visualisierens

Trainieren Sie Ihr bildhaftes Vorstellungsvermögen

„Visualisieren" bezeichnet in der Gedächtniskunst das Einsetzen Ihrer bildlichen Vorstellungskraft. Die Technik des Visualisierens beruht auf der einzigartigen Fähigkeit des Menschen, imaginäre Bilder und Szenen vor seinem geistigen Auge entstehen zu lassen. Die Vorstellungskraft ist eine Fähigkeit, die bei jedem Menschen sehr individuell ausgeprägt, jedoch gut trainierbar ist.

Mentaltraining ist im Spitzensport seit den 90er-Jahren nicht mehr wegzudenken. Sei es, um die Bewegungsabläufe zu verinnerlichen oder um mentale Nervenstärke zu erlangen. Was weniger bekannt ist: In der professionellen Musikausübung (auch eine Art Hochleistungssport) ist mentales Training schon viele Jahre früher bekannt gewesen. Natürlich ist die Musik eine Kunst, bei der sich ohnehin vieles mental, also über die musikalische Vorstellung, innerliches Hören und Empfindungen abspielt. Doch wird die innere Vorstellungskraft auch eingesetzt, um sich detailliert Bewegungsabläufe oder Unmengen von Noten einzuprägen und sie noch tiefer und sicherer im Gedächtnis zu verankern.

> Eines der berühmtesten Beispiele für unvorstellbare Höchstleistungen durch Vorstellungskraft ist die Anekdote von Artur Rubinstein, einem Ausnahmepianisten und Klaviervirtuosen des 20. Jahrhunderts. Rubinstein selbst erzählte, dass er in den 1920er-Jahren zwei Tage vor einem Konzert vom Dirigenten gebeten wurde, die Symphonischen Variationen von César Franck mit ihm zu spielen, die beim Publikum sehr beliebt waren. Er hatte sie nie zuvor gespielt. Rubinstein erzählte, dass er den Klavierpart auf der langen Bahnfahrt von Paris nach Madrid lernte, indem er ohne Hilfe eines Instruments die Fingerpositionen in die Noten schrieb und schwierige Passagen auf die Oberschenkel trommelte. In der direkt folgenden Generalprobe spielte er, da Kritiker anwesend waren, übermütig und etwas dürftig auswendig, und hatte dann noch 6 Stunden, um sich Einzelheiten des 43 Seiten langen Stückes einzuprägen. Das Konzert am selben Abend wurde ein voller Erfolg.
>
> (nach BMG Classics, Artur Rubinstein, Saint-Saëns/Franck)

Doch zurück zur Gedächtniskunst und zur Schlüsselwortmethode. Hier wird Mentaltraining eingesetzt, um über die Vorstellungskraft Wissen jeglicher Art durch Bildverknüpfungen zu memorieren und die Merkfähigkeit um ein Vielfaches zu steigern. Mentaltraining geht noch über das reine Visualisieren hinaus. Es umfasst die ganze Bandbreite der Vorstellungskraft: das Vorstellen von Bildern, sinnlichen Wahrnehmungen, Bewegungsabläufen, Gefühlen und Empfindungen.

Drei Grundübungen des Visualisierens – 3 x 1 Minute

Visualisieren ist das deutliche innere Sehen von Farben, Formen, von Details und von Bewegung. Können Sie sich Farben innerlich vorstellen? Können Sie Details eines vorgestellten Gegenstandes genau vor Ihrem inneren Auge sehen? Probieren wir es gemeinsam aus:

1. Übung: Der Graffiti-Künstler in Ihnen – Farben sehen
(Übungsdauer: ca. 1 Minute)

Visualisieren Sie die Farbe Blau. Stellen Sie sich vor, wie Sie mit einem dicken Pinsel einen blauen Strich auf eine große Leinwand malen. Oder, wenn Ihnen das besser gefällt, sprayen Sie eine schwungvolle blaue Linie imaginär auf eine Wand – als Graffiti. Können Sie es innerlich sehen? Lassen Sie sich ruhig als neuzeitlicher Künstler an dieser Wand oder Leinwand aus, malen Sie Linien und Formen.

Die Farben-Imaginationsübung beenden Sie, indem Sie sich einen Gegenstand vorstellen, der überwiegend aus Blautönen besteht, beispielsweise eine Kornblume. Betrachten Sie sie genau vor Ihrem inneren Auge. Sehen Sie Details, nicht alle Blütenblätter haben die gleiche Farbe und Form, vielleicht sind Wassertropfen darauf, vielleicht entdecken Sie auch einen Käfer ... Wiederholen Sie diese Visualisierungsübung jetzt oder später mit einer weiteren Farbe.

> **Kommen Sie auch ruhig später im Training immer mal wieder auf diese einfachen Grundübungen zurück. Das kann ganz nebenbei geschehen, z. B. in Wartezeiten oder auch in der Phase des Einschlafens. Je öfter Sie dies tun, umso klarer und deutlicher werden Ihre mentalen Bilder vor Ihrem geistigen Auge erscheinen.**

2. Übung: Der Pfirsich – Aktivierung aller Sinne
(Übungsdauer: ca. 1 Minute)

Schließen Sie bitte die Augen und stellen Sie sich einen Pfirsich vor. Sehen Sie ihn sich genau an. Wie sieht Ihr Pfirsich aus, welche Farben sehen Sie? Sieht er frisch oder schrumpelig aus? Zoomen Sie ihn heran und sehen Sie sich ihn genau an. Tun Sie dies jetzt.

Gehen Sie einen Schritt weiter und aktivieren Sie Ihre weiteren Sinne: Wie fühlt es sich an, wenn Sie ihn halten, wie fühlt sich die Schale an, ist der Pfirsich knackig fest oder weich? Und jetzt stellen Sie sich vor, Sie beißen hinein. Was hören Sie? Stellen Sie sich die Geräusche vor. Was schmecken Sie? Zum Schluss versuchen Sie sich noch vorzustellen, welche Atmosphäre entsteht, wenn Sie ihn in Scheiben schneiden, auf süßem Sahnequark anrichten, mit Mandelsplittern überstreuen und in den Backofen schieben. Tun Sie dies jetzt – imaginär meine ich. Obwohl ...

Die Fähigkeit, sich sinnliche Wahrnehmungen vorzustellen, die über das Sehen hinausgehen, ist unterschiedlich ausgeprägt. Das Vorstellen von Geräuschen fällt leichter als das Vorstellen von Geschmack. Das mentale Aktivieren des Tastsinns ist leichter als das des Geruchssinns. Es ist ein Aktivieren von Erinnerungen an sinnliche Wahrnehmungen. Auch das ist in gewissem Grad trainierbar.

Nehmen Sie sich hin und wieder einen Sinnesbereich vor und spüren Sie Ihren Sinneswahrnehmungen nach. Stellen Sie sich z. B. Geräusche vor. Können Sie sich vorstellen, wie es klingt, wenn Ihre Türglocke läutet? Wenn ein Orchester sich einstimmt? Wie ein Elefant trompetet? Oder Gefühle: Rufen Sie sich das Gefühl in Erinnerung, wenn Sie Eiswürfel in der Hand halten. Gerüche: Wie riecht es, wenn Sie an einem Fischstand vorbeikommen? Oder an einer Hähnchenbude?

Können Sie sich geistig an einen anderen Ort versetzen? Ihre mentalen Bildszenen werden einprägsamer und wirklichkeitsnaher, wenn Sie diese nicht nur wie im Kino aus der Ferne sehen, sondern sich vorstellen, Sie seien selbst mittendrin. Setzen Sie sich sozusagen eine 3-D-Brille auf und begeben Sie sich in der folgenden Übung in die Szenerie.

3. Übung: Die Reise – versetzen Sie sich an Orte

(Übungsdauer: 2 x 30 Sekunden)

Stellen Sie sich nun vor, wie Sie gerade auf einer belebten Kreuzung an einer Ampel stehen. Die Autos rauschen an Ihnen vorbei, Sie spüren den Luftzug. Was hören Sie? Was riechen Sie? Was sehen Sie alles? Nehmen Sie sich ein paar Sekunden dafür Zeit. Und wie fühlen Sie sich?

Verlassen wir diesen Ort schnell wieder. Bilder sprechen unser Gefühlszentrum an und verursachen Emotionen in uns – ein Grund, warum wir uns Information über Bildverknüpfungen so verblüffend gut merken können.

Rufen Sie sich nun einen für Sie besonders schönen Ort in Erinnerung. Das kann eine Landschaft oder ein Ort aus dem Urlaub sein, ein bestimmtes Seeufer, ein Konzerthaus in der ersten Reihe oder eine tolle Party, bei der Sie sich so richtig wohlfühlten. Rufen Sie sich dieses Bild mit allen seinen Eindrücken so lebendig und realistisch wie möglich in Erinnerung. Versetzen Sie sich innerlich an diesen Ort und verweilen Sie ein paar Augenblicke dort. Aktivieren Sie Ihre Sinneserinnerungen. Nehmen Sie Ihre Eindrücke wahr.

Solche imaginativen Blitzreisen stärken nicht nur Ihr Vorstelungsvermögen, sie sind zudem auch eine angenehme Kurzentspannung. Fahren Sie die nächsten Tage doch hin und wieder mal in Gedanken an den Strand, in die Berge, auf einen orientalischen Markt, genießen Sie die Atmosphäre am Tisch eines Restaurants usw. Versuchen Sie bei jeder Reise, die Szene detaillierter und klarer zu sehen, und aktivieren Sie mit dem ausführlichen Visualisieren auch alle Sinne nacheinander mit der Kraft Ihrer Vorstellung.

Sinne einsetzen – was bringt's?

Für Ihre mentalen Bilder ist das Einbeziehen der sinnlichen Wahrnehmungen ein weiterer starker Erinnerungsanker, da wir das Bild bzw. die Vokabel auf diese Weise stärker im Gehirn vernetzen und somit eine höhere Verarbeitungstiefe erreichen. Oftmals ist das vorgestellte Geräusch oder Gefühl auf der Haut der Auslösereiz, der das mentale Bild für die Vokabel wieder erscheinen lässt. Insbesondere, wenn Sie die Vokabel längere Zeit nicht gebraucht haben. Ein Beispiel zum besseren Verständnis:

„Scheck" – Sie halten ihn in den Händen und „spüren" einen Windzug, bekommen einen Schreck, weil Ihr Scheck plötzlich weg ist, ach ja, der Hund → *hundi*.

„Besetzt" – was hieß es doch gleich auf Englisch? Sie sehen das Schild am WC hängen und „hören" es scheppern und rütteln und das bringt Sie wieder auf den Menschen, der da engagiert an die Türe klopft → *engaged*.

Was hier lang beschrieben ist, läuft in der Praxis mitunter in Sekundenbruchteilen ab. Augenblicklich ist das gesamte Bild wieder da. Unser Gehirn kann alle Merkmale des Gedankenbildes, die visuellen und sinnlichen Eindrücke gleichzeitig aufnehmen und verarbeiten. Und genauso augenblicklich kann es diese beim Abruf auch wieder erscheinen lassen. Das funktioniert noch besser, wenn es Ihre eigenen Ideen und Gedankengänge waren.

Wenn wir also unsere Sinne einsetzen, um uns Bilder und Szenen intensiver vorzustellen, vernetzt sich Wissen, in diesem Falle die Vokabel, noch stärker und bleibt daher besser im Gedächtnis. Probieren Sie bei Ihren Vokabelbildern möglichst, neben dem Sehen einen weiteren Sinn in der Vorstellung zu aktivieren.

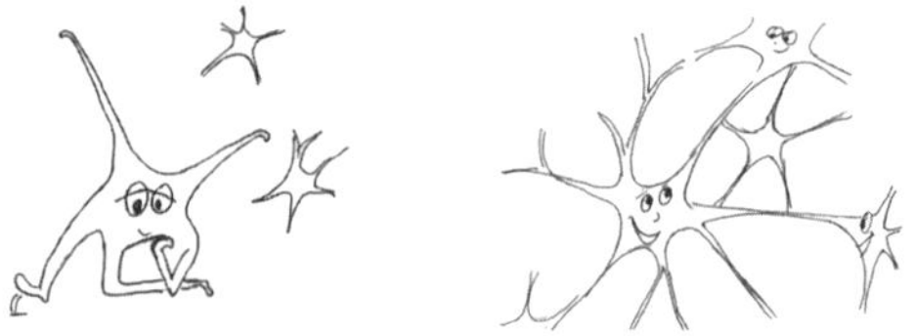

Isolierte Nervenzellen gibt es natürlich nicht. Jede Nervenzelle hat bis zu 10.000 Verbindungen!

Merken Sie sich Wörter durch Bildverknüpfungen

An was denken Sie, wenn Sie das Wort „Leckerli" hören? An eine Süßigkeit für Kinder? An das Scheibchen Mortadella, das Sie früher immer von der netten Dame an der Wursttheke bekamen? An einen Hundekeks? Eine Trainingsbelohnung? Woran auch immer Sie denken, Sie haben gerade eine spontane gedankliche Verbindung zwischen zwei Dingen hergestellt. Man bezeichnet dies allgemein als Assoziation bzw. als Assoziieren.

Sobald Ihr Gehirn eine Verbindung zwischen zwei Informationen herstellen kann, bleiben diese besser haften. Diese schon lange bekannte Erkenntnis macht sich die Schlüsselwortmethode zunutze und schafft daher eine Verknüpfung, eine Assoziation, zwischen der Vokabel und ihrer deutschen Übersetzung. Und die setzt noch einen drauf: eine bildhaft vorstellbare Verknüpfung – eine *visuelle Assoziation*.

Das wussten schon die alten Griechen und Römer

Die Technik des visuellen Assoziierens ist schon seit über 2000 Jahren bekannt und bildet die Grundlage der altgriechischen Mnemotechnik (Gedächtniskunst) und des heutigen Gedächtnistrainings. Die Assoziationstechnik wird dort eingesetzt, um sich von To-do-Listen, Zahlen, Namen oder Fach- und Faktenwissen bis hin zu Argumentationsketten und frei gehaltenen Reden alles leichter und vor allem zuverlässig merken zu können. Im Gedächtnissport werden durch diese Technik erst die gigantischen, unvorstellbaren Gedächtnisleistungen möglich. Beispielsweise stellte der Deutsche Simon Reinhard bei den Weltmeisterschaften 2011 einen neuen Weltrekord auf: In nur 15 Minuten merkte er sich mithilfe der Assoziationstechnik 300 Wörter in der richtigen Reihenfolge.

Wortpaare werden zu Bildverknüpfungen

Da beim Lernen von Vokabeln über visuelle Assoziationen immer Wörter bildhaft miteinander verknüpft werden, die in der Realität nichts miteinander zu tun haben (denken Sie an *Scheck* und *Hund*), werden wir zuerst üben, zusammenhangslose Wörter als Bild bzw. kleine Szene zu verkoppeln und zu visualisieren.

Oder wüssten Sie, wozu das finnische Wort *lääkeri* bzw. das ähnlich klingende Ersatzwort *Leckerli* gehört? Zu Bäcker? Doktor? Lehrer? Fischer? Sehen Sie, die haben in der Realität nichts miteinander zu tun, und darum stellen wir nun eine originelle bildhafte Verknüpfung zwischen dem richtigen Wortpaar *lääkeri bzw. Leckerli – Doktor* her. „Ausgerechnet die beiden", mögen Sie denken, „dazu fällt mir ja spontan am allerwenigsten ein." Und da kommt Ihre Fantasie ins Spiel. Stellen Sie sich einfach vor, wie der **Doktor** bei jedem Besuch von Ihnen ein **Leckerli** in den Mund geschoben bekommt. *Lääkeri = Doktor*. Und schon haben Sie sich die finnische Vokabel gemerkt.

Darauf wären Sie nicht gekommen? So etwas wäre Ihnen ja nie eingefallen? Keine Sorge: Das Herstellen von Assoziationen kann man lernen. Hier geht es erst einmal um das Visualisieren solcher Assoziationen. Im Folgenden finden Sie daher 12 vorgegebene Beispiele, in denen zwei zusammenhangslose Wörter bildhaft miteinander verknüpft werden.

Übungsanleitung zum Visualisieren

- Stellen Sie sich die folgenden Wortpaare (Paar-Assoziationen) als 12 kurze Szenen vor Ihrem inneren Auge vor.
- Rufen Sie sich dabei die Szene so schnell wie möglich vor Augen und verweilen Sie dann in Ruhe ca. 10 Sekunden in diesem mentalen Bild. Gehen Sie nicht zu schnell darüber hinweg. Wenn Sie es sich nicht intensiv genug vorstellen, wird es sich nicht tief genug in Ihr Gedächtnis eingraben.
- Später, mit mehr Trainingserfahrung, reicht übrigens ein wesentlich kürzerer Impuls, um dieselbe Verarbeitungstiefe zu

erlangen. Das Schließen der Augen ist gerade am Anfang hilfreich, um alle anderen realen visuellen Eindrücke auszublenden.

- Sie selbst nehmen in diesen Bildszenen entweder die Position des Beobachters oder die aktive Rolle des Akteurs ein. Welche Rolle Sie auch immer mit sich besetzen, stellen Sie es sich vor, als seien Sie gerade mittendrin in der Szenerie: Was hören Sie? Was fühlen Sie? Die kurzen Texte geben Ihnen eine Hilfe für den Einstieg.

Hier sind die 12 Wortpaare und ihre Assoziationen:

Wortpaare werden zu Bildverknüpfungen

Regen – Stehlampe

Die Stehlampe ist kaputt. Beim Anknipsen fängt es unter der **Stehlampe** immer an zu regnen. (Hören Sie es plätschern und spüren Sie den **Regen** auf Ihrer Haut.)

Gardine – Bär

Stellen Sie sich vor, wie an Ihrer **Gardine** ein **Bär** hängt, der hin und her schaukelt. (Sie hören die Gardine schon langsam reißen.)
(Hinweis: Die Filmklappe erinnert Sie daran, die Augen kurz zu schließen und sich die lebendige Szene einige Sekunden innerlich vorzustellen.)

Computer – joggen

Sie können nicht ohne Ihren **Computer** sein und nehmen ihn sogar beim **Joggen** mit. (Spüren Sie sein Gewicht auf Ihrem Rücken, Sie schwitzen vor Anstrengung.)

Stadtbesichtigung – Kerze

Sie machen eine **Stadtbesichtigung** bei Nacht. Die ganze Gruppe läuft mit **Kerzen** herum. (Schmücken Sie das Bild ruhig weiter aus, wie Sie ständig stolpern und nur schwache Umrisse bei der Stadtbesichtigung sehen, wie Sie die Kerze halten und der Wachs auf Ihre Hand tropft …)

Börse – Fallschirm

Stellen Sie sich vor, wie die **Börse** in großem Aufruhr ist, weil einige Börsenmakler mit dem **Fallschirm** dort landen.

Buchhalter – Ente

Eine **Ente** hat sich als **Buchhalter** verkleidet und betritt das Büro. (Sie sehen und hören sie watscheln und schnattern.)

hübsch – Mülltonne

Die **Mülltonne** hat sich **hübsch** gemacht (aber das ändert nichts an ihrem Geruch).

Museum – Reis

Sie stapfen durch das **Museum** und kommen kaum durch, weil alle Gänge zentimeterhoch voller **Reis** sind. (Es knirscht unter Ihren Schuhen und duftet nach Basmatireis.)

polieren – Bäcker

Der **Bäcker poliert** jedes Brötchen.

fliegen – Lippenstift

Der **Lippenstift** kann **fliegen**. (Hören Sie ihn auch surren und an Ihnen vorbeifliegen. Sie können ihn sich auch als vollautomatischen Lippenstift vorstellen, der die Besitzerin ganz alleine schminkt.)

neu – Kamin

Sie sind entsetzt: Der **Kamin** ist ganz **neu**, aber der Rauch kommt unten heraus ...

Handy – trinken

Das **Handy** ist durstig und **trinkt** aus einer Flasche.

Erfolgs-Checks und Leistungsdruck

Das war eine Menge! 24 Wörter, die nichts miteinander zu tun haben. Und nun der Erfolgs-Check. Wie schon beim ersten Vokabel-Check erwähnt: Streben Sie bitte niemals 100 % an. Wir wollen zwar immer gerne perfekt sein, jedoch setzt uns das mitunter so sehr unter Druck, dass Stresshormone unsere Nervenzellen blockieren und die Informationsübertragung nicht mehr fließt. Die Folge: Nachrichtenübertragungssperre oder einfach Blackout. Genehmigen Sie sich also bei jeder Übung von vornherein zwei bis drei Miese. 80% Behaltensleistung sind weit überdurchschnittlich.

Sie finden hier jeweils ein Wort der 12 Wortpaare wieder. Falls Ihnen das dazugehörige Wort nicht spontan einfällt, versuchen Sie sich vorzustellen, was Sie mit dem Wort visuell verbunden haben, um über Ihr Assoziationsbild wieder auf das zweite Wort zu kommen.

Gardine – ______________________

joggen – ______________________

Stadtbesichtigung – ______________________

Stehlampe – ______________________

Fallschirm – ______________________

Ente – ______________________

Museum – ______________________

Mülltonne – ______________________

Bäcker – ______________________

Lippenstift – ______________________

Kamin – ______________________

trinken – ______________________

Ist es nicht erstaunlich, wie gut unser Gedächtnis sein kann, wenn es auf diese Weise arbeitet? Was nicht mehr abrufbar war, stellen Sie sich bitte noch einmal lange genug und lebhaft vor und fragen sich ein zweites Mal ab.

Wie werden Sie noch besser?

Mit eigenen Ideen. Das Abrufen funktioniert noch besser, wenn Sie demnächst Ihre eigenen Bildverknüpfungen, Ihre eigenen Assoziationsbilder kreieren. Die eigenen Ideen bleiben immer am besten haften. Das, was aus Ihrer Fantasie durch Überlegungen, Erfahrung und Wahrnehmungen als mentales Bild entstanden ist, wird auch beim Abrufen wieder schneller gefunden, weil die Suchtrupps in Ihrem Gehirn sofort die schon einmal gefundenen Wege aufsuchen. Interessant dabei ist auch die Erfahrung, dass Ihr Gedächtnis sich in der Regel wieder an die beiden tatsächlich gemeinten Wörter erinnert, dass Sie sich wirklich an Computer und joggen und nicht an Computer und Rücken oder schwitzen erinnern. Doch bevor wir Ihre eigene Fantasie und Kreativität wecken, machen wir erst noch mit einer steigernden Visualisierungsübung weiter.

Kleine Wortketten

Manche Vokabel erfordert mehr als die Verknüpfung zweier Wörter wie Leckerli (lääkeri) + Doktor, oder Ziegenbock (boca) + Mund. Das ist immer dann der Fall, wenn es kein Ersatzwort für die komplette Vokabel gibt und Sie sie in Teile zerlegen. Sie erinnern sich: Schon bei hyttynen hatten wir eine 3-fache Wortkoppelung: Hütte – Dünen – Mücke.

Man muss allerdings vorausgreifend dazu sagen, dass es oftmals gar nicht nötig ist, die komplette Vokabel zu verbildern, oft reicht schon die erste Worthälfte, um sich an den ganzen Wortlaut zu erinnern. Im obigen Beispiel bedeutete dies also nur die Hütte mit den Mücken zu verknüpfen. Bei längeren oder schwierigen Vokabeln sind mehrere Bilder jedoch eine große Erinnerungsstütze und mit etwas Übung auch schnell gemacht.

Das Prinzip des Verknüpfens funktioniert mit drei oder vier Wörtern genauso wie bei den vorangegangenen Wortpaaren. Nehmen Sie sich für die folgende Übung pro Wortkette ruhig mehr als 10 Sekunden Zeit, um klar und lebhaft zu visualisieren. Wichtig dabei: Halten Sie die Reihenfolge der Begriffe genau ein.

Übung: Kleine Wortketten – 3er- und 4er-Kopplungen

Chor – Motorrad – Lineal

Stellen Sie sich vor, wie sich der ganze **Chor** auf das **Motorrad** schwingt und auf einem **Lineal** entlangfährt.
(Verstärkung: Hören Sie durch das Knattern des Motorrades den Chor singen und das Lineal knacken.)

Surfer – Weinberge – Gewissen

Der **Surfer** ist die **Weinberge** heruntergesurft und macht sich nun mit ziemlich schlechtem **Gewissen** davon, weil einiges kaputtging.
(Um das Bild intensiver zu erleben, stellen Sie sich in Gedanken daneben, spüren Sie den Wind, wenn der Surfer an Ihnen vorbei den Weinberg hinunterrauscht, wie Sie von einigen zerquetschten Trauben vollgespritzt werden.)

Dreirad – Gartenzaun – Würstchen

Das Kind ist mit dem **Dreirad** gegen den **Gartenzaun** gefahren. Der fällt um und stürzt auf die gegrillten **Würstchen** des Nachbarn. (Hier haben Sie vielfältige Geräusche.)

Fuchs – Brücke – Punkt – fotografieren
Sehen Sie, wie der **Fuchs** auf die **Brücke** läuft, sie voller bunter **Punkte** malt und sich dann mit seinem Werk **fotografieren** lässt. (Sie können sich z. B. den beißenden Geruch der Lackfarbe mit vorstellen.)

Aktenordner – Mittagessen – Huhn – putzen
Auf dem **Aktenordner** bereiten Sie Ihr vegetarisches **Mittagessen** zu. Ein **Huhn** sitzt dabei und **putzt** für Sie gerne das Gemüse. (Was hören Sie, riechen Sie, empfinden Sie bei der Szene?)

Erfolgs-Check
Sie sehen hier jeweils das erste Wort der Ketten. Ergänzen Sie bitte den Rest und halten Sie dabei die Reihenfolge wieder ein.

Chor – ______________________________

Surfer – ______________________________

Dreirad – ______________________________

Fuchs – ______________________________

Aktenordner – ______________________________

Entwickeln Sie Ihre Vorstellungskraft

Sie haben nun den Einstieg in die Welt des bildhaften Denkens gemeistert. Sie haben mittlerweile etwas Übung im Visualisieren und Einsetzen Ihrer sinnlichen Wahrnehmungen und haben Ihre geistige Vorstellungskraft gestärkt. Und Sie haben verblüffende Gedächtniskapazitäten entdeckt. Denken Sie nicht, dass Sie damit nun schon am Ende Ihrer Möglichkeiten wären und Ihr Potenzial voll ausgeschöpft hätten.

Wer Einblicke beispielsweise in das autogene Training hat, weiß, dass über die Vorstellungskraft, die Kraft der Gedanken, vieles möglich ist.

Voraussetzung dafür: verstärkte Vorstellungskraft durch Training. Sie können sich vorstellen, das geht nicht schon nach einem Trainingstag, das sind Fähigkeiten, die wachsen müssen. Auch in Bereichen der Psychologie und, wie wir eingangs schon feststellten, in der Musik und im Sport macht man sich die Kraft der Vorstellung durch mentales Training zunutze. Sie kennen vermutlich den Sportler-Spruch: „Erfolg ist Kopfsache." Starke Vorstellungskraft entsteht durch Training, und die erlangten Fähigkeiten nach ein paar Wochen sind nicht vergleichbar mit denen der ersten Tage. Auch im Business ist ein gewachsenes Vorstellungsvermögen Voraussetzung für kreatives Schaffen und das Entwickeln neuer, innovativer Ideen. Neben aller Begabung und Veranlagung, die es dabei natürlich gibt: Jeder hat Potenzial in sich, das sich innerhalb dieses Trainings und darüber hinaus entwickeln kann. Mit der Zeit werden Sie merken, dass Ihre inneren Bilder immer schneller, fast wie von selbst, erscheinen.

Zum Abschluss möchte ich Ihnen noch zwei weitere Alltagsübungen aufzeigen, die Sie ohne große Zeitinvestition zwischendurch machen können. Sie dauern nur etwa eine Minute und schulen Vorstellungskraft, Wahrnehmung und fotografisches Gedächtnis enorm. Wie bei den vorangegangenen Übungen aktivieren und trainieren Sie dadurch Ihre kreative, emotionale rechte Gehirnhälfte. Vielleicht können Sie diese ein- oder zweimal in der Woche einschieben; so etwas geht auch bei der Arbeit, z. B. als Mini-Pause.

1. Übung: Schulen Sie Ihr fotografisches Gedächtnis
(Übungsdauer 1 Minute)

Suchen Sie sich einen Gegenstand aus dem Raum aus, in dem Sie sich gerade befinden. Schließen Sie die Augen und stellen Sie sich ihn genau vor. Zoomen Sie ihn wie mit einem Teleobjektiv heran und stellen Sie sich auch die Details vor. Zum Beispiel das Buch, das auf dem Couchtisch liegt. Wo steht der Name des Autors? Rechts oder links? In Großbuchstaben oder normal? Wo steht der Verlagsname? Oder ist Ihnen nur der Buchtitel ins Auge gesprungen? Welche Farben haben die Schriften, welche Abbildungen sehen Sie? Beschreiben Sie das Cover ganz genau. Oder die Digitaluhr, die auf dem Schreibtisch steht. Welche Knöpfe gibt es und wo? Was zeigt das Display alles an? Oder die Kaffeemaschine, die Sie jeden Morgen bedienen, wie sieht die eigentlich genau aus ... okay, die nimmt man meist nur etwas schläfrig wahr, aber dafür 365-mal im Jahr. Vergleichen Sie dann Ihr vorgestelltes Bild mit dem realen Gegenstand.

Dieses fotografische Gedächtnistraining lässt sich auch gut zu zweit „spielen“. Beschreiben Sie Ihrem Partner Gegenstände und lassen Sie ihn Fragen dazu stellen.

2. Übung: Surrealismus – verkehrte Welt

(Übungsdauer 1 Minute)

Wie Sie bereits erlebt haben, ist die Vorstellung absurder Bildszenen, die einer surrealistischen Welt entspringen, der Bestandteil der Methode, der die Vokabelbilder gerade so amüsant und damit merk-würdig macht.

Kommen wir noch einmal auf unsere Spraydose vom Anfang und den Elefanten zurück. Nehmen Sie Pinsel oder Spraydose und malen Sie ihn blau an. Können Sie sich das vorstellen? Jetzt lassen Sie ihn neben sich schrumpfen, so klein, bis er kaum höher als Ihr Fußknöchel ist. Heben Sie ihn auf und setzen Sie ihn in eine Tasse und beobachten Sie ihn kurz. Vielleicht protestiert er gerade in Ihrer Fantasie. Dann setzen Sie ihn wieder auf den Boden und lassen ihn wachsen, nicht bis zur Originalgröße, nein, darüber hinaus. Lassen Sie ihn so groß werden wie Ihr Haus. Nachdem er wieder Normalgröße erlangt hat, stellen Sie sich das Spektakel vor, wie er mit Hunderten von weiteren Elefanten Ihre Straße entlangläuft.

Mit dieser zweiten Übung, die nur ein paar Sekunden dauert, schulen Sie Ihr Vorstellungsvermögen in besonderer Weise. Um das imaginäre Übertreiben und das Vorstellen surrealistischer Bilder wird es morgen, an Tag 2 des Trainingsprogramms, gehen, in dessen Verlauf Sie Ihre Bildassoziationen nun selbst entwickeln. Betreten Sie die verkehrte Welt ...

2. Tag

Basics 2: Die Kunst der Assoziation

Werden Sie Regisseur Ihres eigenen Kopfkinos

Mittlerweile haben Sie schon so viele Eindrücke guter Assoziationen gewonnen, dass Sie damit beginnen können, selbst originelle Bildverknüpfungen zu kreieren. Was sind die Merkmale einer guten Assoziation?

Wie schon in Kapitel 2 gezeigt, wird jede Information von unserem Gehirn, genauer gesagt vom limbischen System, emotional beurteilt. Bilder rufen sofort Emotionen in uns hervor. Vor allem ungewöhnliche Bilder wecken starke Emotionen und sind für unser Gehirn interessant. Und: Alles, was interessiert, wird registriert. Alles, was wir uns mit Emotionen merken, alles, was wir mit starken Emotionen – positiven wie negativen – erleben, bleibt dauerhaft im Gedächtnis verankert. An besonders lustige, peinliche oder bewegende Erlebnisse können Sie sich auch Jahre später noch gut erinnern und meist auch an viele dazugehörige Nebensächlichkeiten.

Also: Werden Sie Regisseur Ihres eigenen Kopfkinos und inszenieren Sie Ihre Bildszenen skurril, lustig, originell, frech, erotisch, dramatisch, brutal, geheimnisvoll, gruselig, albern, actionreich, übertrieben oder surrealistisch. Kurz: Machen Sie Ihre Bildverknüpfungen möglichst MERKwürdig.

Abgesehen davon ist eine gewöhnliche Bildverknüpfung natürlich immer noch besser und haltbarer als gar kein Bild und stupide Wortwiederholungen.

Ein Beispiel soll dies verdeutlichen. Besser, als die Wortgleichung „Tisch – table, Tisch – table, Tisch – table“ im Vokabelheft repetierend zu pauken, ist die realistische und langweilige, aber eben bildhafte Vorstellung: Auf dem Tisch steht ein **Table**tt. (**TABLE**TT dient hier als Ersatzwort für **TABLE**, diesmal wegen der sehr ähnlichen Schreibweise, weniger des Klanges wegen.)

Wie könnte das Assoziationsbild vom Tisch und Tablett origineller, merkwürdiger werden? Haben Sie eine Idee? Überlegen Sie bitte einen Augenblick, bevor Sie weiterlesen.

- Das Tablett fällt krachend vom Tisch.
- Der Tisch steht auf dem Tablett.
- Der Tisch ist ein riesiges Tablett mit vier Beinen.
- Der Kellner läuft gegen den Tisch und lässt das Tablett fallen.
- Wir türmen alle Tabletts auf dem Tisch zu einem wackeligen Turm auf.
- In diesem Restaurant werfen die Kellner das Tablett mit dem Essen auf den Tisch.
- Die hungrigen Gäste hauen mit den leeren Tabletts rhythmisch auf den Tisch.
- Der verärgerte Kellner zerschlägt ein Tablett auf dem Tisch.
- …

Sie verstehen, was ich meine? Action!

Verknüpfen Sie die folgenden Wortpaare also möglichst merkwürdig und stellen Sie sich Ihre Assoziation wieder lebhaft vor. Lassen Sie sich Zeit für das Finden einer guten Assoziation und ihrer Visualisierung. Es geht hier nicht um Geschwindigkeit, sondern um die Qualität der Verknüpfung. Machen Sie's absurd, lustig, surrealistisch, actionreich. Anfangs werden Sie vielleicht manchmal denken: „Mir fällt nichts ein“ oder „Mir fällt nur was Normales ein“. Keine Sorge, mit der Zeit und zunehmender Erfahrung wird Ihr Einfallsreichtum wachsen.

Am effektivsten kann man seine Verknüpfungskreativität entwickeln, wenn man seine eigenen Ideen mit denen eines Fortgeschritteneren vergleicht. Daher habe ich für Sie im Anschluss an die Übung Lösungsvorschläge aufgeführt, die Sie aber bitte erst anschauen, nachdem Sie alle Verknüpfungen selbst erstellt, sich eingeprägt und abgefragt haben. Dann können Sie auch feststellen, warum ein Assoziationsbild vielleicht nicht so gut haften geblieben ist, und es gegebenenfalls optimieren.

Wie Sie auf merk-würdige Assoziationen kommen

Es gibt ein paar Tricks, um gute, merk-würdige Bildverknüpfungen zu entwickeln: Verabschieden Sie sich von Logik und Realität und übertreiben Sie Ihr Bild maßlos. Die Hinweise vor den folgenden Wortpaaren leiten Sie an, alle Tricks, alle Möglichkeiten der Übertreibung einmal durchzuspielen.

Sie finden hier übrigens absichtlich keine Zeilen, um Ihre Ideen zu notieren, damit Sie sich daran gewöhnen, nicht erst alles aufzuschreiben, sondern gleich im Kopf zu assoziieren und abzuspeichern. Sie wollen doch Zeit sparen und schneller werden. Trauen Sie das Ihrem Gedächtnis einfach zu.

Übung: 10 merk-würdige Assoziationen – alle Tricks

- Machen Sie Ihre Verknüpfungen verrückt, wirklichkeitsfremd, z. B. surreal, wie in einem Fantasy-Film:
  Bratpfanne – Pinguin
  Taxifahrer – Segelschiff
  Pferd – Mauer – Zeitung

- Zweckentfremden: Ersetzen Sie hier das eine Wort durch das andere:
  Schuh – Mütze
  Staubsauger – Krokodil

- Übertreiben Sie in Größe oder Menge:
  Spülmaschine – Gänseblümchen – Zange
  Eiffelturm – Handschuh

- Vergeben Sie Arme und Beine, hauchen Sie Gegenständen Leben ein:
  Mischpult – Kürbis
  Obststand – Orchester

- Bringen Sie Bewegung und Action ins Bild:
  Astronaut – Ameise

Erfolgs-Check

Haben Sie alle Ihre Assoziationsbilder 5 bis 10 Sekunden lang intensiv und lebhaft vor Ihrem geistigen Auge visualisiert? Dann können Sie den Check machen.

Pinguin – ____________________

Taxifahrer – ____________________

Pferd – ____________________

Mütze – ____________________

Krokodil – ____________________

Spülmaschine – ____________________

Handschuh – ____________________

Mischpult – ____________________

Orchester – ____________________

Ameise – ____________________

Wenn Ihnen ein Assoziationsbild entfallen ist, benutzen Sie es als Assoziations-Optimierer, von dem Sie nun lernen können. Überlegen Sie, ob das Bild/die Szene MERKwürdig genug war, ob es/sie Ihre Emotionen angesprochen hat und ob dies eine Verknüpfung war, in der beide Begriffe wirklich miteinander in Aktion treten. Zur Optimierung finden Sie hier ein paar Vorschläge für gute Assoziationsbilder.

Meine Assoziationsideen zu den Wortpaaren

- wirklichkeitsfremd, surreal:

Bratpfanne – Pinguin

Der **Pinguin** brät sich in der **Bratpfanne** seinen Fisch.
Ein **Pinguin** sitzt in der **Bratpfanne** – ist schön warm.
Die **Pinguine** streiten sich und hauen sich die **Bratpfannen** über die Köpfe.

Taxifahrer – Segelschiff

Der **Taxifahrer** fährt mit dem Taxi gegen ein **Segelschiff**.
Der **Taxifahrer** fährt die Fahrgäste mit dem **Segelschiff** durch die Straßen.

Pferd – Mauer – Zeitung

Das **Pferd** sitzt auf der **Mauer** und liest **Zeitung**.
Eigentlich brachte ein **Pferd** die Berliner **Mauer** zum Einsturz. Das steht jetzt mit Bild in der **Zeitung**.

- zweckentfremden, ersetzen:

Schuh – Mütze

Sie tragen die **Mütze** an den ***Füßen*** (***als Schuhersatz***).
Sie ziehen den **Schuh** statt der **Mütze** über den Kopf.

Staubsauger – Krokodil

Sie packen das **Krokodil** am Schwanz und benutzen es als **Staubsauger**.
Im **Krokodil**-Terrarium stehen nur **Staubsauger** herum.

- in Größe/Menge übertreiben:

Spülmaschine – Gänseblümchen – Zange

Als Sie die **Spülmaschine** öffnen, ist sie voller **Gänseblümchen** und Sie holen sie mit der **Zange** heraus.

Eiffelturm – Handschuh

Da steckt ein riesiger **Handschuh** über dem **Eiffelturm**.
Es hängen lauter **Handschuhe** am **Eiffelturm**.

■ Arme und Beine vergeben:

Mischpult – Kürbis

Ein Kürbis **„DJ Kürbis"** bedient das **Mischpult**.

Obststand – Orchester

Stellen Sie sich **Äpfel, Birnen, Bananen** als **Orchester** vor.

■ Action und Tempo reinbringen:

Astronaut – Ameise

Der **Astronaut** hat **Ameisen** im Anzug. (Den Rest überlasse ich Ihrer Fantasie.)

Oder auf dem Planeten wird der **Astronaut** von riesigen **Ameisen** verfolgt.

Kitzeln Sie Ihre Kreativität heraus: Querdenken

Jetzt müssen Sie wirklich „um die Ecke denken". Die folgenden Wortpaare gehören im wirklichen Leben irgendwie zusammen und sollen nun möglichst absurd verknüpft werden. Also bitte nicht beim Beispiel „Hund – Baum": „Der Hund pinkelt an den Baum", sondern: „Der Hund sitzt oben auf dem Baum" oder „Der Hund frisst den Baum", „Der Baum bellt", oder Sie haben ein laufendes Bäumchen an der Leine, oder, wenn der Hund schon an den Baum pinkelt, dann schlägt der Baum heftig zurück, oder der Hund pinkelt und der Baum fällt um.

Übung: 10 Assoziationen
Querdenken – für eine geballte Ladung Kreativität und Fantasie

Hund	– Baum	Schere	– Hecke
Tor	– Ball	Auto	– Reifen
Dirigent	– Taktstock	Flügel	– Tasten
Fenster	– Griff	Zelt	– Wiese
Kuchen	– Teller	Geldautomat	– Geldscheine

Erfolgs-Check

Das war schon etwas schwieriger. Wenn Sie Ihre Assoziationen visualisiert haben, fragen Sie sich bitte ab. Schreiben Sie nicht nur das fehlende, hier eben logisch passende Wort hin, sondern rufen Sie sich Ihre Bildverknüpfung ins Gedächtnis. Denn letztendlich könnte zu Dirigent auch Orchester, Pult, Frack, Partitur, Sinfonie usw. passen.

Baum – ______

Ball – ______

Dirigent – ______

Griff – ______

Kuchen – ______

Schere – ______

Auto – ______

Tasten – ______

Wiese – ______

Geldscheine – ______

Da die Wortpaare auch ohne Bild eine nachvollziehbare Verbindung darstellen, ist es hier leicht, wieder darauf zu kommen. Da die Aufgabe aber lautete, eine möglichst originelle Assoziation zu erstellen, sehen Sie die Begriffe noch einmal durch, wo Sie vielleicht Schwierigkeiten hatten, eine wirklich originelle, merkwürdige Assoziation zu kreieren. Für den Zweck finden Sie hier wieder einige Assoziationsvorschläge zur Optimierung.

Meine Ideen für visuelle Assoziationen: Querdenken

Tor – Ball

Der riesige Ball ist zu groß für das Tor. Stellen Sie sich vor, wie ein riesiger **Ball** gegen das **Tor** rollt.

Oder Hunderte von **Bällen** hängen und liegen im **Tor**.

Dirigent – Taktstock

Der **Dirigent** stochert mit dem **Taktstock** in seiner Nase herum.
Oder dem **Dirigenten** fliegt sein **Taktstock** aus der Hand und trifft einen Musiker.

Fenster – Griff

Das **Fenster** hat einen riesigen **Griff**, der die ganze Sicht versperrt.
Oder als Sie den **Griff** des **Fensters** umstellen wollen, haben Sie ihn in der Hand.

Kuchen – Teller

Die **Teller** sind auf dem **Kuchen** aufgetürmt.
Oder Ihr **Teller** quillt über vor **Kuchen**.

Schere – Hecke

Die **Hecke** besteht aus lauter aufgestellten **Scheren**.

Auto – Reifen

Das **Auto** fährt in einem Auto**reifen** (wie im Hamsterlaufrad).
Oder das **Auto** hat riesige **Reifen**,
oder als Sie das **Auto** starten wollen, sind alle **Reifen** platt.

Flügel – Tasten

Als der Pianist den **Flügel** öffnet, staunt er nicht schlecht:
Alle **Tasten** fehlen.
Oder die **Tasten** liegen haufenweise übereinander.

Zelt – Wiese

Das **Zelt** ist schon mit **Wiese** überwachsen.

Geldautomat – Geldscheine

Der **Geldautomat** ist kaputt und wirft ununterbrochen **Geldscheine** aus.

3. Tag

Visualisieren und verknüpfen Sie Verben

Um Verben visuell vorstellbar zu machen, benötigen Sie in der Regel ein konkretes Substantiv, am besten ein Lebewesen, welches diese Tätigkeit ausführt. Ist in der Verknüpfung keines vorhanden, lassen Sie einen Menschen oder ein Tier auftreten. Machen Sie sich auch die Wortverwandtschaft bewusst, nämlich dass es zu vielen Verben auch ein dazugehöriges Substantiv gibt. Beispiele: joggen → Jogger, lesen → der Lesende usw.

Sie haben ebenso die Möglichkeit, einen Gegenstand die Tätigkeit ausführen zu lassen. Erinnern Sie sich: In Ihrer Fantasie kann auch ein Handy, dem gerade der Saft ausgeht, Arme und Beine bekommen und ein Glas Orangensaft trinken. Und natürlich kann der Leuchter strahlen, die Heizung brummen, die Vase wackeln usw.

Verknüpfen Sie die folgenden Begriffe wieder bildhaft miteinander. Visualisieren Sie jedes Assoziationsbild direkt nach bzw. beim Verknüpfen ein paar Sekunden lang. Denken Sie daran, sich hin und wieder sinnliche Wahrnehmungen mit vorzustellen.

Übung: 10 Assoziationen – Verben

Zunächst ein Beispiel für Sie:

golfen – Segelboot

Stellen Sie sich vor, wie Sie auf einem Segelboot golfen.

Oder wie beim **Golfen** alle mit einem **Segelboot**-Golfcar über die Wiese fahren.

Oder beim **Golfen** trifft Ihr Ball ein **Segelboot** und versenkt es.

Nun sind Sie dran:

schreiben	– Salbe	kitzeln	– Aufzug
reparieren	– Berggipfel	lesen	– Einbrecher
erschrecken	– Chef	einladen	– Trommel
freuen	– Brille	schwimmen	– Bahngleise
quietschen	– Kopfkissen		

Erfolgs-Check:

Segelboot – ______________________________

Salbe – ______________________________

Berggipfel – ______________________________

Chef – ______________________________

Brille – ______________________________

Kopfkissen – ______________________________

Aufzug – ______________________________

Einbrecher – ______________________________

Trommel – ______________________________

Bahngleise – ______________________________

Meine Ideenliste für visuelle Assoziationen der Verben

schreiben – Salbe

Sie **schreiben** mit der **Salbe** eine Nachricht, z. B. auf den Spiegel.

reparieren – Berggipfel

Ein Bergsteiger macht sich daran, den zerklüfteten **Berggipfel** zu **reparieren**. Sehen und hören Sie ihn hämmern und schleifen.

erschrecken – Chef

Der **Chef** erlaubt sich einen Spaß und **erschreckt** alle Mitarbeiter. Oder die Mitarbeiter erlauben sich einen Spaß ...

freuen – Brille

Der Brillenträger **freut** sich so sehr, dass ihm die **Brille** von der Nase rutscht.

quietschen – Kopfkissen

Bei jeder Bewegung fängt das **Kopfkissen** nachts an zu **quietschen**.

kitzeln – Aufzug

Als die Türe zum **Aufzug** aufgeht, sehen Sie alle Fahrgäste darin sich **kitzeln**.

lesen – Einbrecher

Der **Einbrecher** findet beim Einbruch ein interessantes Buch, in dem er (zu) lange **liest**.

einladen – Trommel

Sie wollen Gäste einladen. Um das kundzutun, laufen Sie mit der **Trommel** durch die Straßen und **laden ein**.

schwimmen – Bahngleise

Die **Bahngleise** sind so überschwemmt, dass man darauf **schwimmen** kann.

Trainings-Tipp für den Alltag: Wenn Sie sich weiter im Assoziieren verbessern möchten, um schneller und kreativer zu werden, üben Sie einfach nebenbei im Alltag, indem Sie sich kurze Listen von Einkäufen oder Erledigungen auf diese Weise abspeichern.
Wie würden Sie z. B. Brot und Kaffee kaufen und zur Post fahren, also „Brot – Kaffee – Post", verknüpfen?
Oder „E-Mail beantworten – Kinder abholen – Erde kaufen"?

Verbildern Sie Ihre ersten Vokabeln

Nachdem Sie das Assoziieren zweier oder dreier zusammenhangsloser Begriffe gemeistert haben, sind Sie optimal vorbereitet für die ersten Vokabeln. Das Prinzip ist hier dasselbe. Damit Sie sich in dieser Phase ganz auf das Kreieren Ihrer bildhaften Verknüpfung, Ihrer Assoziation konzentrieren können, habe ich Ihnen die Schlüsselwörter zu den 10 italienischen Vokabeln diesmal noch vorgegeben.

Schmücken Sie Ihre Bilder oder kleinen Szenen anfangs ruhig ein bisschen üppiger aus, mit Farbe, Action, Emotionen, sinnlichen Wahrnehmungen. Nehmen Sie sich ausreichend Zeit für das Visualisieren. Später, auf fortgeschrittenem Trainingslevel, reicht ein kurzer Reiz zum Einprägen und Erinnern.

Übung: 10 Vokabeln „parlano italiano"

- Verknüpfen Sie das Schlüsselwort der fremdsprachigen Vokabel mit der deutschen Bedeutung.
- Sprechen Sie die echte italienische Vokabel hörbar aus.
- Visualisieren Sie, stellen Sie sich jede Szene gut vor. Aktivieren Sie Ihr Kopfkino.

(Die Aussprache im Italienischen ist übrigens ähnlich wie im Deutschen, nur c wie k und das r immer vorne auf der Zunge.)

Vokabel	Schlüsselwort	dt. Bedeutung
panna	Panne	Sahne
colonna	Putzkolonne	Säule
bussare	Bussard	klopfen
scodella	Skoda + Delle	Schlüssel
pullman	Pulle, pullern + Mann	Reisebus
cranio	Kran oder Kranich	Schädel

canotto	Kanne + Otto	Schlauchboot
pappa	Papa	Brei
parlare	Parlament, Reh	sprechen
camera	(Foto-)Kamera	Zimmer

Erfolgs-Checks

Haben Sie alle Assoziationen visualisiert? Dann rufen Sie sich Ihre Assoziationsbilder ins Gedächtnis. Versuchen Sie, über das Bild wieder auf die Vokabel zu kommen. Probieren Sie es aus:

panna	______	cranio	______
colonna	______	canotto	______
bussare	______	pappa	______
scodella	______	parlare	______
pullman	______	camera	______

Sahne	______	Schädel	______
Säule	______	Schlauchboot	______
klopfen	______	Brei	______
Schlüssel	______	sprechen	______
Reisebus	______	Zimmer	______

Haben Sie 80 % oder mehr wiedergeben können? Wunderbar! Sie sind auf dem besten Wege. Waren es bedeutend weniger oder sind Sie nicht ganz zufrieden, lesen Sie bitte die Checkliste weiter unten „Wenn es irgendwo gehakt hat“. Assoziieren Sie dann die Vokabeln noch einmal durch, bis Sie alle wiedergeben können.

Das war schon etwas schwieriger, aber Sie haben die Aufgabe bestimmt gemeistert. Verzweifeln Sie nicht, wenn Ihre Bildverknüpfung mal nicht so richtig ausgefallen sein will. Eine wenig originelle Assoziation ist immer noch besser als gar kein mentales Bild!

Verstärken Sie einfach Ihr „normales" Assoziationsbild, indem Sie es übertreiben und es sich sehr lebhaft vorstellen.
Sehen wir uns das Beispiel camera – Zimmer daraufhin an. Aus dem normalen Bild „Im Zimmer liegt eine Kamera" wird: „Im Zimmer liegt eine riesige Kamera, Sie kommen kaum hinein." Oder: „Im Zimmer hängen Hunderte von Kameras an den Wänden."

Seien Sie im Moment auch großzügig mit Ihren kleinen Ungenauigkeiten in Aussprache und Schreibweise der ständig wechselnden Sprachen, die Sie zudem gar nicht lernen. Natürlich muss man grundlegende Kenntnisse in der Aussprache und Schreibweise einer Sprache haben, der üblichen maskulinen und femininen Endungen usw., was dann auch der Fall ist, wenn man eine Sprache ernsthaft lernt. Für unsere Zwecke des Lernens der Schlüsselwortmethode soll dies so genügen.

Über ein Assoziationsbild lassen sich die Vokabeln immer von jeder Seite aus abrufen, von der deutschen wie auch der fremdsprachigen Seite. Wenn Sie gar nicht mehr auf das Assoziationsbild oder die dazugehörige Vokabel kamen, schieben Sie das nicht grimmig Ihrem Gedächtnis in die Schuhe. Freuen Sie sich über jeden Fehler. Warum? Weil Sie ihn sofort als Assoziations-Optimierer nutzen können. Checken Sie folgende Punkte:

Checkliste: Wenn es irgendwo gehakt hat

Finden Sie Ihre Assoziations-Optimierer:

✔ Haben Sie das Bild intensiv genug (5 bis 10 Sekunden) visualisiert, oder sind Sie zu schnell darüber hinweggegangen? Geschlossene Augen könnten helfen.

- ✔ Haben Sie wirklich bildlich verknüpft oder eher einen schönen Satz gelernt?
- ✔ Fangen Sie am besten so an: „Ich sehe, wie ..." oder „Ich stelle mir vor, dass ..."
- ✔ Haben Sie auch etwas gehört oder gefühlt? (sinnliche Wahrnehmungen)
- ✔ Haben Sie die Vokabel auch einmal ausgesprochen, um sie richtig abzuspeichern?
- ✔ Sind die beiden Bilder (Schlüsselwort und deutsche Bedeutung) wirklich in Aktion miteinander getreten? Also eine sichtbare, fühlbare Verbindung miteinander eingegangen? Es heißt verknüpfen, nicht nebeneinanderstellen.
- ✔ War Ihr Assoziationsbild MERKwürdig? Spannend, lustig, skurril? Übertreiben Sie Ihr Bild noch etwas mehr, übertreiben Sie maßlos.
- ✔ Unten finden Sie immer meine Assoziationsvorschläge, um eventuell das eine oder andere Vokabelbild optimieren zu können.
- ✔ Haben Sie sich zu sehr unter Leistungsdruck gesetzt? Sie wissen ja: Subtiler Stress beeinflusst das Einprägen negativ und blockiert das Erinnern. Gehen Sie locker an die Sache heran!

Assoziations-Optimierung: Meine Ideenliste für die italienischen Vokabeln

Sahne – panna

Stellen Sie sich mit der (Sprüh-)**Sahne** die typische ***Panne*** vor: Die Sahne spritzt in alle Richtungen.

Säule – colonna

An der großen **Säule** stehen alle Arbeiterinnen der Putz***kolonne*** Schulter auf Schulter, um sie bis oben zu putzen.

klopfen – bussare

Es **klopft** an ihre Türe, Sie öffnen, da steht ein ***Bussard***.

Schlüssel – scodella
Sie sehen jemanden, der drückt mit dem **Schlüssel** in einen ***Skoda*** eine ***Delle***.

Reisebus – pullman
Da ***pullert*** ein ***Mann*** mitten in den **Reisebus**.

Schädel – cranio
Der große Dino-**Schädel** wird an einem ***Kran*** hochgezogen.
Sie sehen einen ***Krani***ch mit einem riesigen **Schädel**.

Schlauchboot – canotto
Mit einer ***Kann***e gießt ***Otto*** (der Komiker) Wasser in das **Schlauchboot**, bis es sinkt.

Brei – pappa
Der **Brei** fliegt ***Papa*** ins Gesicht, als er versucht, den Kleinen damit zu füttern.

sprechen – parlare
Heute **spricht** im ***Parla***ment ein ***Reh***.

Zimmer – camera
Sie fühlen sich etwas beobachtet, denn im **Zimmer** hängen lauter ***Kameras.***

Sicher kann man immer die eine oder andere Vokabel auch logisch herleiten, z. B. *camera – Zimmer*. Von *camera* leitet sich *Kammer* ab, und das ist bekanntlich ein kleines *Zimmer*. Wenn Sie die Vokabel ableiten können und sie auch auf diese Weise behalten und unmittelbar *von beiden Seiten abrufbar haben*, dann tun Sie das unbedingt. Was sich einem logisch erklärt, das braucht man nicht zu lernen. Auch dort, wo Sie Analogien zu anderen Sprachen entdecken, entfällt das Lernen. Beispiel: *arrivare (it.) → arrive (engl.) → ankommen*.

4. Tag

Basics 3: Das Geheimnis des Dekodierens

Im letzten Schritt des Basistrainings geht es um das Umwandeln des abstrakten fremdsprachigen Wortes (Vokabel) in ein ähnlich klingendes Wort aus unserer Muttersprache: das *Schlüsselwort*. Abstrakt ist das fremdsprachige Wort für unser Gehirn, da es zunächst eine unbekannte, sinnlose Abfolge von Vokalen und Konsonanten darstellt, ein unbekanntes Klangbild, und darum auch schnell wieder vergessen wird. Ich nenne den Vorgang des Verwandelns in ein klangähnliches deutsches Wort auch gerne „*Dekodieren*", weil Sie die abstrakte Buchstabenfolge aufschlüsseln in etwas konkret Bekanntes.

Danach wird dieses Ähnlichkeitswort (Schlüsselwort) mit der deutschen Bedeutung der Vokabel zum Assoziationsbild verknüpft, wie Sie es schon im vorherigen Kapitel getan haben. Im folgenden Beispiel verwenden wir zwei Schlüsselwörter (SW):

Italienisch für **Schlauchboot** ist ***canotto***
Mögliche Schlüsselwörter (SW): **Kan**ne, **Kahn**, **Otto** (der Komiker), **L**otto
Assoziationsbild: Mit der ***Kan***ne schüttet **Otto** Wasser ins **Schlauchboot**, bis es sinkt.

Das Dekodieren, das Entdecken von ähnlich klingenden Wörtern, ist der zentrale Schlüssel dieser Methode. Wenn Sie erst etwas Übung darin haben, werden Sie in der Lage sein, auch so etwas flott zu entschlüsseln und zu verbildern:

objašnjavati *(kroat.)* – erklären

Doch beginnen wir nicht gleich in der Oberstufe ...

Entschlüsseln Sie Vokabeln – der Idealfall

Im Idealfall haben Sie eine Vokabel vor sich, bei der das gesamte fremdsprachige Wort äquivalent zu einem deutschen Wort ist. Das war bei den vorherigen italienischen Vokabeln oft der Fall, z. B.:

Zimmer	–	la camera	→ SW: Kamera
Schädel	–	il cranio	→ SW: Kran, Kranich
klopfen	–	bussare	→ SW: Bussard

Im Folgenden finden Sie 10 weitere Beispiele für ideale Vokabeln aus verschiedenen Sprachen. Bearbeiten Sie sie ruhig zum Aufwärmen als Umwandlungsübung. Die Schlüsselwörter (SW) können Sie rechts notieren. Die Artikel bleiben bei der Schlüsselwortfindung unberücksichtigt, Aussprache in Klammern.

Übung: 10 Trainingsvokabeln (Idealfall)

Schlüssel *(frz.)*	–	(la) clé [KLE]	→ SW: ____________
Kohl *(frz.)*	–	(le) chou [SCHU]	→ SW: ____________
Katze *(engl.)*	–	cat [KÄTT]	→ SW: ____________
kurz *(engl.)*	–	brief [BRIEF]	→ SW: ____________
Licht *(hebr.)*	–	or [OR]	→ SW: ____________
Toilettenspülg. *(hebr.)*	–	niagára [NIAGARA]	→ SW: ____________
Hupe *(türk.)*	–	korna [KORNA]	→ SW: ____________
Honig *(türk.)*	–	bal [BAL]	→ SW: ____________
Wasser *(griech.)*	–	(to) neró [NERO]	→ SW: ____________
Badehose *(griech.)*	–	(to) majó [MAJO]	→ SW: ____________

Der Rest ist klar. Um sich die Vokabel zu merken, verknüpfen Sie wie gehabt Schlüsselwort und Bedeutung: „*Als Sie Ihre **Badehose** anziehen wollen, ist sie voller **Mayo**.*"

Bilden Sie Ihre Assoziationen bitte nun im Kopf – ohne sie zu notieren.

Meine Assoziationsideen und Schlüsselwörter zu „Idealfall"

Schlüssel *(frz.)* **– (la) clé** → SW: Klee
Der **Schlüssel** fällt Ihnen in den dichten ***Klee***.

4. Tag

Kohl *(frz.)* **– (le) chou** → SW: Schuh
Sie finden einen **Kohl**kopf in Ihrem ***Schuh***.

Katze *(engl.)* **– cat** → SW: Kette
Die **Katze** trägt eine schicke ***Kett***e.

kurz *(engl.)* **– brief** → SW: Brief
Sie bekommen einen ganz **kurz**en ***Brief***, es steht nur „Brief" darauf.

Licht *(hebr.)* **– or** → SW: Ohr
Sie sehen einen Menschen, bei dem **Licht** aus dem ***Ohr*** scheint.

Toilettenspülung *(hebr.)* **– niagára** → SW: Niagarafälle
Die **Toilettenspülung** ist so heftig wie die ***Niagara***fälle.
Oder stellen Sie sich vor, wie beim Betätigen der **Spülung** das ganze Bad wie von ***Niagara***fällen überflutet wird.

Hupe *(türk.)* **– korna** → SW: Korn, Körner
Diese **Hupe** versprüht immer ***Körner***, wenn man sie betätigt.

Honig *(türk.)* **– bal** → SW: Ball
Ein ***Ball*** fällt in den **Honig**.
Oder Sie schmieren **Honig** auf den ***Ball***.

Wasser *(griech.)* – **(to) neró** → SW: Kaiser Nero
Kaiser ***Nero*** schmückt sich beim Auftritt mit den tollsten **Wasser**-Spielen.

Badehose *(griech.)* – **(to) majó** → SW: Mayonnaise
Als Sie Ihre **Badehose** anziehen wollen, ist sie voller ***Mayo***.

Diese Schlüsselwörter sind so naheliegend, dafür brauchen Sie kein Training, das ergibt sich von selbst. Als abschließendes Beispiel der Idealfälle einen Klassiker der Schlüsselwortmethode. Alle Gedächtnistrainer lieben es, da es perfekt zwei deutsche Schlüsselwörter und eine einfache, witzige Assoziation liefert.

liegen heißt auf Latein **cubare** → SW: Kuh, Bahre
Assoziationsbild: „Die ***Kuh*** **liegt** auf der ***Bahre***."
(Assoziationsbeispiel erstmals 1974 vom Lernpsychologen und Gedächtnistrainer Günther Beyer veröffentlicht.)

Solche idealen Assoziationen gibt es jedoch nicht oft. Meist passt es nicht ganz so perfekt und Sie müssen etwas großzügiger mit der Vokabel umgehen. Wie Sie das tun, darum geht es im nächsten Teil.

Entschlüsseln Sie Vokabeln – der Normalfall

Der Normalfall ist der, dass Sie mit einzelnen Wortteilen der Vokabel arbeiten. Dass bedeutet: Schauen Sie, welcher Teil der Vokabel so ähnlich klingt oder aussieht wie ein deutsches Wort. Wandeln Sie also die Silben oder Wortteile um in ähnlich klingende deutsche Wörter, die Ihnen den Klang der Vokabel in Erinnerung rufen.

Betrachten wir noch einmal das letzte Beispiel. Es stecken noch viel mehr Schlüsselwörter in *cubare*. Was entdecken Sie an ähnlich klingenden deutschen Wörtern? Da wären also:

cubare *(lat.)* – **liegen**
Neben ***Kuh*** und ***Bahre*** auch ***Kuba*** und ***Reh, cube*** (Würfel), ***Kuppe, Bar***.

bussare *(it.)* **– klopfen**
Darin stecken neben ***Bussard*** auch noch die Wörter: ***Bus, sah*** und ***Reh***.

colonna *(it.)* **– Säule**
Neben der ***Kolonne*** auch der ***Kohl*** und ***Lohn***, aber auch ***Cola*** und ***Cologne*** (Köln) taugen zu Schlüsselwörtern.

Entschlüsseln Sie die folgenden Vokabeln. Machen Sie Ihr Denken völlig frei von korrekter Silbentrennung und gehen Sie mit den Buchstaben und Silben ganz frei um. Lassen Sie Buchstaben weg oder geben Sie neue dazu, um ein ähnliches deutsches Wort zu erhalten.

Schauen Sie sich die Vokabeln an und notieren Sie daneben alle Ideen für ähnliche deutsche Wörter, die Sie darin entdecken: Wörter, die so ähnlich klingen, wie auch solche, die so ähnlich geschrieben werden wie die Vokabel bzw. ein Teil der Vokabel. Manchmal wird es vielleicht nur eine Idee sein. Hauptsache, Sie finden irgendetwas, was Sie an die Vokabel oder an einen Teil der Vokabel erinnert.

Ab jetzt ist die verdeutschte Lautschrift nur noch angegeben, wenn die Aussprache stark vom Schriftbild abweicht.

Übung: 5 spanische Vokabeln „Normalfall"

Spanisch	**Schlüsselwörter (SW)**
rebanda	______________________
plato	______________________
ganga	______________________
robar	______________________
contrabando	______________________

Wählen Sie jeweils das beste Schlüsselwort bzw. bei den längeren Vokabeln vielleicht auch zwei Schlüsselwörter aus. Erstellen Sie nun Ihr Assoziationsbild, indem Sie Schlüsselwort und deutsche Bedeutung miteinander verknüpfen – möglichst originell.

Scheibe (Brot)	-	rebanda	stehlen	–	robar
Teller	–	plato	Schmuggel	–	contrabando
Sonderangebot	-	ganga			

Denken Sie daran, Ihre Assoziationen je 5 bis 10 Sekunden zu visualisieren. Dann fragen Sie sich bitte in beide Richtungen ab. Wo es haken sollte, intensivieren Sie Ihr mentales Bild durch Übertreibung oder vergleichen und optimieren es anhand der folgenden Vorschläge.

Meine Assoziationsideen und Schlüsselwortlisten

Scheibe (Brot) – rebanda ⟶ SW: Reh, Rebe, Band, Bande, da
An meiner (Brot-)**Scheibe** knabbert eine ***Reh-Bande***.

Teller – plato ⟶ SW: Platte, Platon, Plateau-Schuhe, platt, Platz
Statt auf dem **Teller** wird mir das Essen auf einer alten (Schall-***Platte*** serviert.
Oder: Die Serviererin mit den hohen ***Plateau***-Schuhen strauchelt und lässt alle **Teller** fallen.

Sonderangebot – ganga ⟶ SW: Gang, Gang (Bande), Lady Gaga
Weil es **Sonderangebote** gibt, kommen Sie kaum durch den ***Gang***.

stehlen – robar ⟶ SW: Robbe, Roboter, roh, Robe, Bar, Ober
Eine ***Rob***be an der ***Bar*** **stiehlt** den Leuten die Geldbörsen.

Schmuggel – contrabando ⟶ SW: Kontrabass, Konto, Rabe, Band, Bande, Trabant, traben
Der **Schmuggel** wird in einem ***Kontraba***ss vollzogen (und die ganze ***Bande*** steht unschuldig drum rum).
Oder: Der **Schmuggel** wird mit ***(con)*** einem ***Trabant*** vollzogen.

Auch wenn Ihnen einige der folgenden englischen Vokabeln schon bekannt sind, können Sie diese bearbeiten. Sehen Sie es einfach als Dekodierungs- und Assoziationsübung und nicht primär, um Ihren Vokabelschatz zu erweitern.

Übung: 5 englische Vokabeln „Normalfall"

Englisch	**Schlüsselwörter**
rosehip [ROUSHIP]	______________
creep [KRIEP]	______________
spectacle case [SPEKTÄIKL KÄIS]	______________
mistress [MISTRISS]	______________
alienate [ÄILIENÄIT]	______________

4. Tag

Erstellen Sie Ihr Vokabelbild durch Verknüpfung:

Hagebutte	–	rosehip [ROUSHIP]
kriechen	–	to creep [KRIEP]
Brillenetui	–	spectacle case [SPEKTÄIKL KÄIS]
(Haus-)Herrin	–	mistress [MISTRISS]
vergraulen	–	to alienate [ÄILIENÄIT]

Stellen Sie sich auch hier wieder Ihre kleinen Szenen lebendig, bildhaft vor! Wenn Sie das noch nicht gemacht haben, tun Sie es jetzt. Fragen Sie sich dann bitte ab.

Meine Assoziationsideen und Schlüsselwortlisten

Hagebutte – rosehip → SW: Rose, roh, Ross, Hippie, hipp, hipp, hurra, Hipp-Babynahrung

Es genügt die Vorstellung, wie an der **Hagebutte** ***Rosen*** blühen.

Um den gesamten Wortlaut mit ins Bild zu nehmen, hier Vorschläge:

An der **Hagebutte** blühen lauter ***Rosen***, die ein ***Hip***pie bewundert. Oder Sie freuen sich darüber: ***Hipp,*** hipp, hurra!

kriechen – to creep → SW: Krippe, Krepp, Jeep, Crêpes
Brrr, da **kriecht** etwas über die ***Crêpes.***
Die Besucher **kriechen** alle zur Weihnachts-***Krip***pe.

Brillenetui – spectacle case → SW: Speck, Spektakel, Theke, Käse
Als Sie das **Brillenetui** öffnen, finden Sie darin ***Speck*** und ***Käse***.

Herrin – mistress → SW: Mist, Mister, Miss, Stress, Dress, Riss
Die **Hausherrin** hat im Haus lauter ***Mist*** und deswegen ***Stress***.

vergraulen – to alienate → SW: Alien, nett, näht, (It)alien
Ein ***Alien näht*** in der Schneiderei, das **vergrault** alle Kunden.
Zwar ist der ***Alien nett***, trotzdem **vergrault** er alle Leute.

Übung: 5 französische Vokabeln „Normalfall"

Französisch (letzte Silbe betont)	**Schlüsselwörter**
soupape [SSUPAP]	________________
acheter [ASCHETEE]	________________
lavabo [LAWABO]	________________
pommade [POMAAD]	________________
palmes [PALM]	________________

Erstellen Sie Ihr Vokabelbild durch Verknüpfung:

Ventil	–	(la) soupape [SSUPAP]
kaufen	–	acheter [ASCHETEE]
Waschbecken	–	(le) lavabo [LAWABO]
Salbe	–	(la) pommade [POMAAD]
Schwimmflossen	–	(les) palmes [PALM]

Visualisieren Sie und fragen Sie sich in beide Richtungen ab.

Meine Assoziationsideen und Schlüsselwortlisten

Ventil – (la) soupape → SW: Suppe, super, Pappe, Papa
Als Sie das Reifen-**Ventil** öffnen, fliegt lauter ***Sup***pe heraus (und ***Pap***a ins Gesicht).

kaufen – acheter → SW: Asche, Tee, Teer
Sie **kaufen** ***Asche-Tee***, was ganz Neues.

Waschbecken – lavabo → SW: Lava, Larve, Bon, Boden, Abo
Das **Waschbecken** ist voller ***Lava,*** auf den ***Bo***den tropft sie schon.

4. Tag

Salbe – (la) pommade → SW: Pommes, Po, Made, (T)omate
Sie servieren **Salbe** zu den ***Pomm***es (f***ad*** schmeckt es).
Ein komisches Essen: **Salbe** auf ***Pom***mes mit ***Made***n.

Schwimmflossen – (les) palmes → SW: Palme, Alm
Als **Schwimmflossen** benutzen Sie Blätter von der ***Palme***.
Oder an der ***Palme*** hängen lauter **Schwimmflossen**.

5. Tag

14 Schlüssel zum Entschlüsseln: die besten Kniffe zum Finden von Schlüsselwörtern

Nachdem Sie gestern erste Erfahrungen im Dekodieren, im Finden von Schlüsselwörtern, gemacht haben, beginnen wir heute mit einer besonderen Trainingseinheit. Nehmen Sie sich ein Wörterbuch oder Lehrbuch Ihrer Lernsprache und entschlüsseln und verbildern Sie einige Vokabeln. Moment! Damit Sie nicht gleich in die Mittelstufe stolpern, gibt es noch ein paar wichtige Hinweise!

Übung: Entschlüsseln Sie 15 „eigene" Vokabeln Ihrer Lernsprache

Gehen Sie dafür wie folgt vor:

- Notieren Sie sich 10 – 15 Vokabeln, also das fremdsprachige Wort und die deutsche Übersetzung, auf ein separates Blatt.
- Achten Sie bitte bei Ihrer Wortauswahl im Moment noch darauf, keine abstrakten Wörter zu nehmen, sondern konkret vorstellbare (was die deutsche Übersetzung betrifft!). Kein falscher Ehrgeiz bitte an dieser Stelle ☺. Gut für diesen Zweck sind konkrete Substantive und Verben.
- Dann gehen Sie Ihre Liste durch und notieren überall, wo Ihnen recht schnell etwas einfällt, das Schlüsselwort und erstellen Ihr Assoziationsbild.
- Die übrigen Vokabeln lassen Sie erst einmal aus, darauf kommen wir später zurück!

Super, wenn Sie schon ein paar eigene Ideen hatten! Oder haben Sie ein bisschen grimmig mit den Hufen gescharrt, weil Ihnen zu einigen Vokabeln kein brauchbares Schlüsselwort einfallen wollte? Nur Geduld, Sie stehen ja gerade ganz am Anfang ihrer Schlüsselwortfindungs-Karriere! Nach ein paar Tagen werden Sie merken, Sie werden geschickter im Umgang mit Lauten und Silben, im Querdenken, dem Entdecken von Ähnlichkeiten, dem großzügigen Abwandeln und Umwandeln. Vielleicht ist Ihnen diesmal sogar bei den meisten Vokabeln noch kein Schlüsselwort eingefallen, und das ist jetzt sogar gut für Sie. Warum? Die Auflösung folgt.

Damit die Suchtrupps Ihres Gehirns nicht mit leeren Händen wiederkommen, erfahren Sie in diesem Kapitel wertvolle Tipps und Kniffe, mit denen Sie das Finden von Schlüsselwörtern meistern werden: die Schlüssel zum Entschlüsseln.

Wenn Sie die vorangegangene Praxis-Aufgabe versucht haben zu lösen, sind Sie nun besonders aufnahmebereit für die jetzt folgenden Tipps. Das war der Sinn der ungelösten Vokabel-Fälle. Falls gar keine ungelösten übrig geblieben sind: Gratulation! Aber dann suchen Sie sich jetzt bitte noch ein paar Vokabeln, bei denen Ihnen spontan keine Schlüsselwörter einfallen.

Lesen Sie zunächst alle Schlüssel samt Beispielen durch, um sich einen Überblick zu verschaffen. Dann probieren Sie nacheinander aus, welche der Kniffe Sie auf Ihre noch nicht gelösten Vokabeln anwenden können.

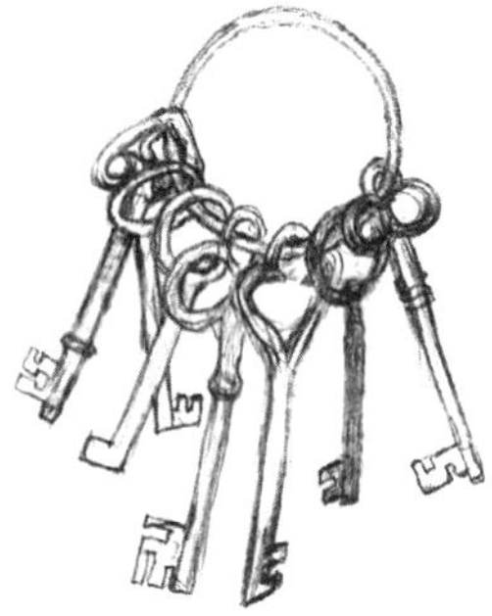

Die 14 Schlüssel

1. Schlüssel: Schreiben Sie … die deutsche Aussprache!

Wenn Sie spontan kein deutsches Wort in der Vokabel entdecken, schreiben Sie sich einmal die verdeutschte Aussprache auf. Manchmal fällt es Ihnen dann wie Schuppen von den Augen. Das ist insbesondere hilfreich bei Sprachen mit völlig anderem Schriftbild, als wir es von der Muttersprache her gewöhnt sind. Oftmals kommen Ihnen dann Teilstücke des verdeutschten Schriftbildes bekannt vor und bringen Sie direkt auf ein Schlüsselwort.

~~SCH~~ bezeichnet ein stimmhaftes SCH wie in Gage [GA~~SCH~~E].

jumelles *(frz.)* **– Fernglas**
Wenn Sie sich die deutsche Aussprache ~~SCH~~ÜMELLE notieren, erinnert Sie das sofort an das deutsche Wort schummeln. Oder auch Schemel oder Schimmel. Auch Schuh und Mehl oder Kamelle wären denkbar.

Sie ***schummel***n in der Prüfung und schauen bei den anderen mit dem **Fernglas** ab.

Sie haben damit also in erster Linie sofort die Aussprache parat und können sich verständigen.

crayon *(frz.)* **– Bleistift**
Aussprache: KRÄHJO, das erinnert Sie an Krähe und vielleicht noch an Jo, Jojo, jodeln.
Die ***Krähe*** klaut einen **Bleistift**.

Als ich auf einer längeren dienstlichen Zugfahrt war und französische Vokabeln für meine Seminarunterlagen heraussuchte, ergab sich dieser Kniff von selbst. Da ich damals die internationale Lautschrift noch nicht flüssig lesen konnte, schlug ich öfter in der Lauttabelle nach, um die korrekte Aussprache der jeweiligen Vokabel zu ermitteln und schrieb sie mir verdeutscht hinter die Vokabel. Die Wirkung dieser eigenen Ausspracheschrift war frappierend. Schon sprudelten bei vielen Vokabeln die Ideen, wo es vorher noch klemmte.

2. Schlüssel: Murmeln Sie!

Murmeln Sie das fremdsprachige Wort vor sich hin. Alleine durch Denken kommen Sie oft nicht weit. Sie müssen es hören, dann fallen Ihnen schneller Ähnlichkeiten auf als nur durch das Lesen. Liest man ausschließlich innerlich, ist man manchmal wie blockiert, da man nur auf die abstrakte Buchstabenfolge fixiert ist. Bewegen Sie die Lippen! Das hilft dem Gehirn auf die Sprünge.

3. Schlüssel: Klangbild oder Schriftbild?

Grundsätzlich haben Sie immer zwei Möglichkeiten der Umwandlung. Entweder Sie gehen den phonetischen Weg und wählen ein ähnlich **klingendes** Ersatzwort oder Sie schauen auf das Schriftbild und nehmen ein ähnlich **geschriebenes** Wort. Bei Sprachen, die nicht auf unserem lateinischen Buchstabensystem basieren, können Sie zum Finden eines Schlüsselwortes ausschließlich den phonetischen Weg gehen.

кровáть [KRAWAT] *(russ.)* – **Bett**

Das **Bett** liegt voller ***Krawatten***.

Generell ist die Wahl des *klang*ähnliches Schlüsselwortes die weitaus bessere, da Sie damit sofort die Aussprache parat haben. Manchmal bietet sich das Schriftbild jedoch so sehr an, oder es lässt sich schwerlich etwas klangähnlich Brauchbares finden, dass Sie auch gut darauf zurückgreifen können. Wenn Sie die Sprache lernen, wissen Sie, wie der Klang des Schriftbildes ist. Beispiel:

5. Tag

table [TEEIBLE] *(engl.)* – **Tisch**

Hier drängt sich das ähnliche Schriftbild von ***Table***tt geradezu auf. Phonetisch assoziiert hätten Sie natürlich auch ein Bild aus Tee und blau machen können:

Sie verschütten ***Tee*** auf den ***bl***auen **Tisch**.

4. Schlüssel: zwei Wörter

Suchen Sie nicht nach einem einzigen Schlüsselwort, um die ganze Vokabel zu ersetzen bzw. umzuwandeln. So etwas ist nur in wenigen Idealfällen wie in unserem Beispiel *bussare (it.)* → SW: *Bussard* möglich. Suchen Sie für den ersten Wortteil ein ähnlich klingendes deutsches Wort, dann für den zweiten Wortteil. Beispiel:

il contadino *(it.)* – **Bauer** → SW: **Konta**ktlinse, **Dino**saurier

Der **Bauer** stolpert über die riesige ***Konta***ktlinse, die der ***Dino*** verloren hat.

5. Schlüssel: die erste Worthälfte. Nur so viel, wie Sie brauchen

Mühen Sie sich nicht immer, die komplette Vokabel in Schlüsselwörtern auszudrücken. Sie werden sehen, meist reicht Ihnen die erste Worthälfte, um auf das Gesamte zu kommen. Manchmal benötigt es beim Einprägen eine Wiederholung mehr für den genauen Wortlaut, macht das Assoziationsbild dafür aber einfacher und klarer. Dabei ist es deutlich effektiver, den ersten Vokabelteil zu verbildern, als nur den Mittel- oder Schlussteil. Beispiel:

nuissance [NJUSNS] *(engl.)* – **Plag**e

Als ähnlich klingendes Schlüsselwort könnte z. B. *Nuss* dienen. Bevor Sie sich den Kopf zerbrechen, wie Sie den Rest der Vokabel, den Laut *ns* oder *sns*, umwandeln, lassen Sie es dabei und stellen Sie sich die Szene vor:

Nach den 10 ägyptischen **Plagen** kommt noch eine elfte, bei der massenweise ***Nüsse*** vom Himmel fallen.
Oder eine echte Eichhörnchen-**Plage**, weil Sie ständig ***Nüsse*** zwischen Ihren Blumen finden.

(Falls es Sie jetzt doch nicht loslässt: Als Ähnlichkeitswort für den Rest der Vokabel könnte die Sens(e) dienen oder der Zins.)

Eine ebenfalls gute Variante ist der Vokabelanfang und irgendein Wortteil, der sich nicht direkt anschließt. Beispiel:

ταχυδρόμος [TACHIDRÓMOS] *(gr.)* – **Briefträger** → SW: Tach (Guten Tag), Moos
Der seltsame **Briefträger** sagt immer gut gelaunt *„**Tachi**!"*
und bringt ***Moos***.

6. Schlüssel: Bildhaftes, Sichtbares, Konkretes

Je bildhafter und konkreter Ihre Schlüsselwörter sind, umso besser lassen sie sich auch in ein vorstellbares Vokabelbild fassen.

Statt *mit* besser → *Mittag*,
Statt *dies* besser → *Diesel, Distel*,
statt *weil* besser → *Wein*.

7. Schlüssel: Hackbrett: Silben und Buchstaben
Zerlegen Sie die Vokabel nicht nur in ihre korrekten Silben, sondern zerhacken Sie das Wort bewusst völlig anders, wie Sie es schon bei *cubare* gesehen haben. Ein paar Beispiele für den freien Umgang mit Silben und Buchstaben anhand des Wortes:

mistress [MISTRISS] *(engl.)* – **Hausherrin,** korrekte Silben: mis-tress

- Zerhacken Sie:
  → mist-ress: **Mist** und **Rest**, oder → mi-stress: **mi**ttags **Stress**
- Benutzen Sie Buchstaben oder Silben doppelt, wird
  → Mi**st** und **St**ress daraus.
- Füllen Sie die Silben mit fehlenden Buchstaben auf:
  → Mister.
- Lassen Sie Buchstaben weg:
  → **Mist**(r)**ess**, also **Mist ess**en.
- Machen Sie aus einem Buchstaben zwei:
  Mis wird zu → **Miss** (**fas** → **Fass** oder **te** → **Tee**)
  ... oder aus einem Doppelbuchstaben einen:
  Tress wird zu → **Tres**(en) (**muss** wird zu → **Mus**).

Ziehen Sie aus den ganzen Möglichkeiten nur ein Fazit für sich, nämlich, dass Sie mit Silben, Einzelbuchstaben und Wortteilen **völlig frei** umgehen.

8. Schlüssel: Setzen Sie einen Buchstaben vor die Vokabel,
um ein deutsches Äquivalent zu bekommen. Überlegen Sie, welches deutsche Wort so endet, wie die Vokabel anfängt.

missbrauchen *(engl.)* – **abuse** → SW: Dr. M**abuse**
Dr. M***abuse*** (alter Schwarz-Weiß-Film-Fiesling) **missbraucht** Menschen.

9. Schlüssel: Greifen Sie auch zu Namen
bekannter Persönlichkeiten, Firmen, Marken, Städte, ...

kaali *(finn.)* – **Kohl** → SW: Kali (Reiner Calmund)
Der (kahle) **Calli** spielt mit einem **Kohl** Fußball.

bean *(engl.)* **– Bohne** ⟶ SW: Mr. Bean
Mr. ***Bean*** stopft sich **Bohnen** in Nase und Ohren.

10. Schlüssel: Verwenden Sie Reime

Auch ein Reim als Schlüsselwort erinnert Sie wieder an das Fremdwort.

yelken *(türk.)* **– Segel** ⟶ SW: Nelken
Das ganze **Segel** hängt voller ***Nelken***.

11. Schlüssel: Benutzen Sie auch Dialekte

Erstellen Sie dennoch möglichst Merk-Bilder und keine Merk-Sätze. Überprüfen Sie, ob Sie sich den Satz, der entsteht, als Szene bildhaft vorstellen können.

doigt [DOA] *(frz.)* **– Finger**
Die Bayern zeigen Ihnen den Weg, indem sie mit dem **Finger** zeigen: ***„Doa!"*** (= da).

ahize [AHISE] *(türk.)* **– Telefonhörer**
Stellen Sie sich vor, wie dem Bayern der **Telefonhörer** aus der schwitzenden Hand rutscht und er stöhnt: „Was ***a Hitze***".

12. Schlüssel: Wenn Ihnen ein Wort aus einer anderen Sprache einfällt,

können Sie auch das nutzen. Sprechen Sie eine Fremdsprache sehr gut, lässt sie sich gut als Quelle für Schlüsselwörter nutzen. Möchten Sie auf weitere Sprachen zurückgreifen, probieren Sie aus, ob es hilfreich ist oder Sie am Ende durcheinanderbringt.

bellum *(lat.)* **– Krieg**
Ihnen fällt das engl. Wort ***bell,*** die Glocke, ein.
In diesem **Krieg** wirft man mit ***bells*** herum.

13. Schlüssel: Variieren Sie ... die Laute!
Das Beste zum Schluss. Dies ist mein absoluter Lieblingskniff, den ich ständig anwende, wenn mir nicht sofort etwas einfällt. Variieren Sie die Aussprache leicht. Sprechen Sie die Laute verändert aus. Sprechen Sie z. B. einen s-Laut bewusst schärfer oder weicher, kürzer oder gedehnter als in der Original-Vokabel aus, und schon fallen Ihnen Ähnlichkeiten mit deutschen Wörtern auf. Daraus ergeben sich ganz neue Möglichkeiten. Tauschen Sie die Konsonanten aus und hören bzw. sehen Sie, auf welche Wörter Sie das bringt.

Denken Sie an die phonetischen Verwandtschaften von:

p und **b** → z. B. ***per*** wird ***Bär*** oder ***Beere***
t und **d**
g und **k** und **c** oder **ck**, **kk** und **ck**
f und **w** und **v**
z und **s**
sch und **ch** → ***basch*** wird zu ***Bach*** oder ***Bass***
oder auch **ck** und **ch**
tauschen Sie **sch** gegen **s** → ***risch*** wird ***Riss***

(Der Mnemotechniken-Kundige erkennt hier sofort, dass es sich in weiten Teilen um den phonetischen Grundcode des Master-Systems, ein mnemotechnisches System zum Einprägen von Zahlen, handelt.)

Aber auch mit den Vokalen können sie herumspielen:
Sprechen Sie ein

ei statt **äi** oder **ey**,
ein **i** für **y**, **ü** für **y**,
ein **u** für **o** usw.

Das bringt Sie auf weitere Ideen. Beispiele:

> **σκαμπό** [SKAMBÓ] *(gr.)* – **Barhocker**
> Sie tauschen die Konsonanten k und b aus:
> Auf dem **Barhocker** sitzen lauter ***Scampi*** (und Sie sagen „o").

spuntino *(it.)* **– Imbiss**

Sie tauschen die Vokale u und i aus:

Während des Buchschreibens lebt die Autorin oft vom ***spontan***en **Imbiss**.

14. Schlüssel: keine Perfektion

Versuchen Sie erst gar nicht, die Vokabel mit perfekt passenden Schlüsselwörtern genau und vollständig ersetzen zu wollen, damit kommen Sie nicht weit. Seien Sie großzügig. Üben Sie sich in Un-Perfektion! Das muss man tatsächlich lernen, denn der häufigste Anfangsfehler ist der, es hundertprozentig genau machen zu wollen, da man andernfalls an dem Erfolg zweifelt. Schnell hat man sich dann festgebissen und findet einfach kein passendes Schlüsselwort. Jedoch schon eine geringe Ähnlichkeit genügt als Auslöser, um sich an die Original-Vokabel zu erinnern. Diese Erfahrung muss man erst wiederholt machen, damit die nötige Großzügigkeit gewonnen und man damit auch gleichzeitig sofort wieder ein Stück schneller wird.

Wenn Sie also zeitnah kein Wort finden, das ganz ähnlich klingt, denken Sie mal an den Begriff einer „Fern-Ähnlichkeit“: Die entfernteste Ähnlichkeit reicht, um bei Ihnen den Erinnerungsreiz auszulösen – solange es Ihre eigenen Gedankengänge waren. Der bekannte Gedächtnistrainer *Roland Geisselhart* prägte für diese Haltung den originellen Begriff der „*Egal-Regel*“: Egal, wie weit entfernt Ihr Ersatzwort ist, Hauptsache eine Kleinigkeit davon erinnert Sie an die Vokabel.

Bevor Sie jetzt lange zweifeln, ob Sie dem Glauben schenken sollen, probieren Sie es einfach aus und machen Sie bei Bedarf eine Wiederholung mehr zum richtigen Einprägen. Damit sind die Möglichkeiten der SW-Findung nahezu unbegrenzt. Also: Egal ob Un-Perfektion, Fern-Ähnlichkeit oder Egal-Regel: Großzügigkeit bringt den schnellen Erfolg.

Zwei Beispiele zum besseren Verständnis, obwohl diese Vorgehensweise natürlich nur mit *eigenen* Ideen gut funktioniert.

impair [IMPÄR] *(engl.)* – **beeinträchtigen**
Die Sicht des ***Imker***s ist **beeinträchtigt** durch die vielen Bienen.

λευκό ψωμί [LEFKÓ PSOMI] *(gr.)* – **Weißbrot**
Im ***Lift*** steht ***Omi*** und knabbert **Weißbrot**.

So profitieren Sie optimal von den 14 Lösungskniffen

Jetzt gehen Sie bitte zu Ihrer Vokabelliste zurück und knöpfen sich die ungelösten Vokabeln vor. Nehmen Sie die erste Vokabel und überfliegen Sie noch einmal Schlüssel für Schlüssel, welchen Sie speziell bei Ihrer Vokabel zur Anwendung bringen können.

Wahrscheinlich werden es sogar mehrere Schlüssel sein, durch die Sie auf ein Schlüsselwort kommen. So fahren Sie weiter fort mit den restlichen Vokabeln. Das hat den Effekt, dass sich einerseits die Lösungskniffe schon ganz gut einprägen, andererseits bekommen Sie direkt Anwendungspraxis; das ist besser, als die Kniffe-Sammlung einfach nur durchzulesen.

Was dann noch übrig bleibt, sind die harten Nüsse. An denen sollen Sie sich jetzt nicht die Zähne ausbeißen, die knacken wir später noch mit den Nussknacker-Techniken. Lassen Sie sie einfach bis dahin links liegen und greifen Sie später im Oberstufenkapitel darauf zurück.

6. Tag

Rat und Tat aus der Vokabelbilder-Werkstatt

Nach dem großen Schlüsselbund heute noch zwei grundsätzliche Ideen, wie Sie Erinnerungsfähigkeit und Tempo verbessern können. Vielleicht sind Sie ja auch schon von alleine darauf gekommen. An den im Anschluss folgenden Übungsvokabeln aus drei Sprachen können Sie diese gleich ausprobieren – und natürlich die Schlüssel von gestern zur Anwendung bringen.

Wie Sie Ihre Erinnerungsfähigkeit steigern

Vielleicht ist Ihnen schon aufgefallen, dass die beschriebenen mentalen Bildverknüpfungen, die Assoziationsbilder in diesem Buch, meist bei der deutschen Übersetzung der Vokabel beginnen und seltener bei den Schlüsselwörtern. Daher klingen die Sätze, um Ihnen die Assoziationen zu beschreiben, satzbautechnisch manchmal auch etwas „krumm". Anfangs habe ich eine Reihenfolge nie beachtet, aber es hat einen Grund, weshalb ich das mittlerweile anders mache und auch Ihnen so empfehle:

Beim Abfragen von gelernten Kisuaheli-Vokabeln (einer Sprache, die mir völlig fremd ist) im Rahmen eines Versuchs war auffällig, dass ich nach einigen Tagen des Nichtwiederholens manchmal Schwierigkeiten hatte, wieder auf das Assoziationsbild zu kommen. Von Kisuaheli nach Deutsch ging es perfekt, da das fremdsprachige Wort bzw. seine Schlüsselwörter direkt wieder in die vorgestellte Szene führen. Aber von Deutsch nach Kisuaheli hakte es manchmal. Das war jedoch nur dann der Fall, wenn ich die Bildverknüpfung nicht von der Seite der deutschen Bedeutung her aufgebaut hatte.

Nicht immer, aber manchmal. Beispiel:

lipa *(kisuah.)* **– bezahlen** → SW: Lippe
Für seine neuen ***Lipp***en hat das Model sehr viel **bezahlt**.

So gehen Sie vor: Starten Sie bei der deutschen Übersetzung der Vokabel und überlegen Sie, wen oder was Sie mit der Übersetzung (hier: bezahlen) spontan in Verbindung bringen, welche Szene Sie sich vorstellen. So kommen Sie später auch wieder auf demselben Wege auf Ihre Szene/Bildverknüpfung und das Fremdwort. Sie beschreiten denselben gedanklichen Weg. Das obige Beispiel ist daher auf folgende Weise abrufsicherer:

lipa *(kisuah.)* **– bezahlen**
Stellen Sie sich eine Szene vor, in der Sie **bezahlen** und dem Afrikaner das Geld zwischen die ***Lippe***n stecken.

Sehr starke, einprägsame Assoziationsbilder natürlich, wie z. B. „hyttynen – Mücke → Die Hütte auf den Dünen und lauter Mücken schwirren heraus" oder „cubare – liegen → Die Kuh liegt auf der Bahre" setzen diese Regel bzw. Empfehlung außer Kraft. Bei sehr starken Bildern ist es egal, in welcher Reihenfolge sie aufgebaut sind. Aber nicht jedes Vokabelbild, jede Szene wird immer ein Knüller sein. Insofern machen Sie kein Gesetz daraus, aber eine Gewohnheit.

Beherzigen Sie den Tipp, wo es möglich ist und das Bild dadurch nicht zu umständlich wird, denn manchmal ist es wesentlich einfacher, eine gute Bildverknüpfung herzustellen, wenn man direkt mit den bildhaften Schlüsselwörtern startet.

Machen Sie Ihre eigenen Erfahrungen damit und analysieren Sie, ob Vokabeln bzw. Assoziationsbilder, die Ihnen doch entfallen sind, auf diesen Aspekt zurückzuführen sind.

Ideen aufschreiben – ja oder nein?

Sollten Sie die Schlüsselwörter aufschreiben oder nicht? Die Assoziationen aufschreiben oder nicht? In diesem Buch sind viele Bildverknüpfungen schriftlich formuliert, da es ja nicht anders möglich ist, Ihnen als Leser die Ideen zu verdeutlichen. Prinzipiell ist jedoch davon abzuraten, seine Assoziationen aufzuschreiben.

Zum einen passiert es gerade anfangs gerne, dass man einen geschliffenen, fast poetisch schönen Satz zu Papier bringt und dabei gar nicht bemerkt, dass Schlüsselwort und Übersetzung nur nebeneinanderstehen, jedoch nicht wirklich bildhaft miteinander verknüpft sind. Wir wollen jedoch keine Merksätze komponieren, sondern ein visuell vorstellbares Bild kreieren. Ausnahmen, wo Sätze wirklich Sinn machen, werden wir in einem späteren Kapitel noch behandeln.

Zum anderen verleiten geschliffene Sätze einfach gewohnheitsmäßig dazu, sie als Merksatz auswendig zu lernen statt das Bild zu visualisieren – selbst wenn sie die Beschreibung einer guten Assoziation sind.

Und drittens geht es auch darum, einfach Zeit zu sparen. Streben Sie an, die Assoziationen immer häufiger nur im Kopf zu bilden. Sie werden sehen, dass Sie das schriftliche Fixieren Ihrer Ideen gar nicht mehr benötigen.

Notieren Sie sich aber ruhig Ihre Schlüsselwörter. Falls Sie anfangs Ihr Assoziationsbild ebenfalls unbedingt schriftlich festhalten möchten, tun Sie es nur stichwortartig im Telegrammstil, aber nicht mit einem vollständigen Satz, und legen Sie letztere Gewohnheit möglichst bald ab.

Nach dieser geballten Ladung Schlüssel und Hinweise jetzt weitere Trainingsvokabeln in verschiedenen Sprachen. Suchen Sie sich ein Päckchen aus oder verbildern Sie alle.

Wandeln Sie die jeweilige Vokabel zunächst wieder in ein oder zwei ähnliche deutsche Wörter um. Wenn Ihnen nach 30 Sekunden noch nichts eingefallen ist, gehen Sie zur nächsten Vokabel weiter. Schauen Sie anschließend die 14 Schlüssel durch und wenden Sie die passenden auf die ungelösten Vokabeln an.

Dann bilden Sie Ihre Assoziation und visualisieren Ihre Vokabelbilder.

Übung: Trainingsvokabeln – Englisch, Latein, Hebräisch

Deutsch		Englisch	Schlüsselwörter
Bö, Windstoß	–	gust [GAST]	______
schaudern, zittern	–	to shiver [SCHIWWA]	______
Drehtür	–	revolving door [RIWOLWIN DOHR]	______
Gitter	–	bars [BARS]	______
bedrohen	–	to threaten [TRÄTEN]	______
Verwandtschaft	–	kinship [KINNSCHIPP]	______
Gesäß, Hintern	–	buttocks [BATTECKS]	______

Erfolgs-Check: Deutsch – Englisch

6. Tag

Bö, Windstoß ______

bedrohen ______

schaudern, zittern ______

Verwandtschaft ______

Drehtür ______

Gesäß ______

Gitter ______

Erfolgs-Check: Englisch – Deutsch

gust ______

to threaten ______

to shiver ______

kinship ______

revolving door	______________________
buttocks	______________________
bars	______________________

Deutsch		**Latein**	**Schlüsselwörter**
Büchse	–	theca	______________
Gehalt	–	salarium	______________
Eidechse	–	lacerta	______________
jagen	–	agitare	______________
Gebäck	–	crustulum	______________
Bucht	–	sinus	______________
hüpfen	–	salire	______________

Erfolgs-Check: Deutsch – Latein

Büchse	______________________
jagen	______________________
Gehalt	______________________
Gebäck	______________________
Bucht	______________________
Eidechse	______________________
hüpfen	______________________

Erfolgs-Check: Latein – Deutsch

sinus	______________________
lacerta	______________________

theca ______

agitare ______

salarium ______

crustulum ______

salire ______

Zum Abschluss drei Wörter aus einer ganz anderen Sprachkultur:

Deutsch	**Hebräisch (Iwrit)**	**Schlüsselwörter**
Berg	הר [HAR]	______
Erde	אדמה [ADAMA]	______
wohnen	לגור [LAGUR]	______

Den Mini-Erfolgs-Check hierzu (ohne Schriftzeichen) können Sie im Kopf durchführen.

6. Tag

Meine Assoziationsideen und Schlüsselwörter

Reflektieren Sie mal bei einigen Assoziationen, welche der 14 Schlüssel zur Anwendung gekommen sind.

!

- **Englisch:**

Bö, Windstoß – gust → SW: Gast

Ein heftiger **Windstoß** erfasst unseren ***Gast*** auf dem Balkon.

schaudern, zittern – to shiver → SW: Schiffer

Sie **schaudern** und **zittern**, als sie dem unheimlichen ***Schiffer*** begegnen. Oder den ***Schiffer*** **schaudert** es und er **zittert** (wegen dem, was er auf dem Meer gesehen hat).

Drehtür – revolving door ⟶ SW: Revolver, Dorle, doa (bayr.), Ohr
In der **Drehtür** ist ein ***Revolver*** stecken geblieben.

Gitter – bars ⟶ SW: Bar, Bares
Hinter **Gittern** gibt es nun auch noch mehrere ***Bars***.

bedrohen – to threaten ⟶ SW: treten
Wenn jemand Sie **bedrohen** will, ***treten*** sie wild um sich.

Verwandtschaft – kinship ⟶ SW: Kinn, Kind, Schippe, Chip, Chips
Ihrer komischen **Verwandtschaft** kleben am ***Kinn Chips***.

Gesäß, Hintern – buttocks ⟶ SW: Pattex, Batterie, Bad, Keks, Ex
Ihr **Gesäß** klebt am Stuhl fest, weil ein Witzbold ***Pattex***-Kleber daraufgestrichen hat.

■ **Latein:**

Büchse – theca ⟶ SW: Theke, Tee-Kanne
Sie biegen sich aus der Blech-**Büchse** eine ***Tee-Ka***nne.
Sie stellen alle Konserven**büchsen** auf die ***Theke***.

Gehalt – salarium ⟶ SW: Solarium, Salat, Rum
Sie kaufen sich von Ihrem **Gehalt** ein ganzes ***Solarium***.
Sie geben Ihr ganzes **Gehalt** für ***Sala***t und ***Rum*** aus.

Eidechse – lacerta ⟶ SW: Lack, Erde, Berta, Pferd
Die **Eidechse** wird ***lackiert***.

jagen – agitare ⟶ SW: eine (a) Gitarre, agieren
Sie **jagen** das Ungeziefer mit ***a Gitarre***.

Gebäck – crustulum ⟶ SW: Kruste, Stuhl, Lumpen
Das **Gebäck** hat eine harte ***Kruste,*** der ***Lum***pensammler bekommt es.

Bucht – sinus ⟶ SW: sieh, Nuss, sinken, silber, Sinuskurve, Cousin
In der **Bucht** schwimmt eine große ***si***lberne ***Nuss***.
Sie stehen in einer **Buch**t und rufen: „***Sieh***, die ***Nuss***!"

hüpfen – salire → SW: Saal, sah, Ire, irre, Lire, Salz
Es **hüpft** im ***Saal*** der ***Ire*** seine Tänze auf einem Bein.

■ **Hebräisch:**
Berg – [HAR] → SW: Haar
Dem **Berg** wachsen lauter ***Haare***.

Erde – [ADAMA] → SW: Adam
Adam (mit Eva) schleppt gute **Erde** aus dem Paradies raus.

wohnen – [LAGUR] → SW: Lager, Uhr
Sie **wohnen** in einem ***Lag***er von ***Uhr***en.

Der Knoten platzt! Wann denn?
Im Durchschnitt kann man sagen: Nach den ersten 100 selbst verbilderten Vokabeln wird es leichter, nach 200 läuft es bei den meisten Vokabeln. Das Verwenden und Aneignen der Kniffe wirkt sich ebenfalls beschleunigend auf Ihr Tempo aus.

Oftmals wird empfohlen, nur die schweren Vokabeln, die Sie sich absolut nicht merken können, mit der Schlüsselwortmethode zu lernen. Das sehe ich etwas anders. Wenn Sie nur ab und zu mal eine Vokabel mit der Schlüsselwortmethode versuchten zu lernen, müssten Sie sich nicht wundern, dass Sie recht lange bräuchten, bis Sie Schlüsselwörter und gute Assoziationen fänden. Wenn Sie hingegen Ihr neues Wissen ab jetzt beim Vokabellernen regelmäßig anwenden, passiert Folgendes: Sie wissen ja schon, es bilden sich neue Nervenbahnen zwischen den Zellen. Dies bewirkt nach einiger Zeit, dass man mehr Ideen hat. Dass man schneller wird. Dass die Datenübertragung beschleunigt wird. Man spricht in Bezug auf das Aneignen neuen Wissens bzw. neuer Fähigkeiten auch gerne von „Datenautobahnen". Geben Sie sich, geben Sie Ihrem Gehirn daher etwas Umbauzeit, neue Datenautobahnen für Ihre Vokabeln zu bauen, dann können Sie bald darüberbrausen. Das Tempo kommt!

7. Tag

Mittelstufe: Abstraktes

Bisher haben wir mit gut vorstellbaren Begriffen gearbeitet: Substantive wie auch Verben, zu denen rasch ein konkretes Bild oder eine Szene vorgestellt werden konnte. In diesem Kapitel der Mittelstufe geht es nun um abstrakte Begriffe. Abstrakta sind Wörter, die nicht konkret visuell vorstellbar sind. Man kann zwar ihre inhaltliche Bedeutung beschreiben, jedoch existiert unmittelbar kein eindeutiges Bild dazu.

Was können Sie also tun, um diese Wörter bildhaft vorstellbar zu machen? Die Antwort ist einfach: Setzen Sie Ihre Fantasie und Kreativität ein. Sie müssen ein bisschen tricksen. Überlegen Sie, was Ihnen als Erstes zu diesem Begriff in den Sinn kommt, in welchem Zusammenhang das Wort gebraucht wird. Darum wird insbesondere bei abstrakten Wörtern Ihr Assoziationsbild immer sehr individuell ausfallen, da jeder mit dem Wort eine andere Vorstellung verbindet, die mit der eigenen Erfahrung, Prägung oder dem Wirkungsfeld zusammenhängt.

Verbildern Sie Adjektive

Beginnen wir mit Adjektiven. Adjektive zählen ebenfalls zu den nichtkonkreten Begriffen, wenngleich Sie bei einigen vielleicht dennoch sofort eine bildhafte Vorstellung haben werden. Wenn Sie das Wort *dünn* hören, sehen Sie möglicherweise einen sehr dünnen Menschen, vielleicht haben Sie auch eine spezielle Ihnen bekannte Person vor Augen. Wenn Sie *hoch* hören, denken Sie vielleicht an ein Hochhaus, ein anderer an den Fernsehturm oder einen Artisten auf dem Hochseil und der Nächste an eine Hochzeitstorte. Kurzum, Sie benötigen Hilfsmittel wie Gegenstände oder Lebewesen, um die Adjektive visualisierbar zu machen.

Um beim späteren Erinnern besser wieder auf die assoziierte Bildszene und die Vokabel zu kommen, gehen Sie wie folgt vor:

- Überlegen Sie, womit Sie das deutsche Adjektiv spontan verbinden. Fragen Sie sich: Was kommt mir dazu als Erstes in den Sinn? Ein paar Beispiele sollen dies verdeutlichen.

high [HAI] *(engl.)* – **hoch** ⟶ SW: Hai
Bei dem Eigenschaftswort „hoch" denken Sie vielleicht als Erstes an ein Hochhaus.
Stellen Sie sich ein **Hoch**haus vor, auf dem **hoch** oben ein ***Hai*** sitzt.
Auf diese Weise haben Sie **hoch** mit ***high*** [HAI] assoziiert.

tehlikeli *(türk.)* – **gefährlich** ⟶ SW: Tele (Objektiv), Telefon, Kehle, Kelle
Bei „gefährlich" denke ich zuerst an ein gefährliches Tier, z. B. einen Tiger.
Stellen Sie sich das **gefährliche** Tier vor und wie ein Fotograf mit dem ***Tele*** die ***Kehle*** vom Tier versehentlich berührt. Was dann los ist, überlasse ich Ihrer Fantasie.
Oder Sie stecken dem **gefährlichen** Tier den ***Tele***fonhörer in die ***Kehle***, damit es erst einmal beschäftigt ist ...

- Verbinden Sie Adjektive, wo es möglich ist, auch mit Ihrer eigenen Person. Solche Ideen bleiben besonders gut haften, da sie persönlich und besonders emotional sind. Beispiel:

7. Tag

ICH berühre mit dem ***Tele*** die ***Kehle*** vom **gefährlichen** Tier.

- Insbesondere Charaktereigenschaften können Sie gut mit sich selbst oder Bekannten, Verwandten und Kollegen verbinden. Beispiel:

cortés [KORTESS] *(span.)* – **höflich** ⟶ SW: Cord, Chor, (Poli)tesse, essen, Sandro Cortese (dt. Motorradrennfahrer)
Wer ist der höflichste Mensch in Ihrem Bekanntenkreis? Nennen wir ihn Udo.
Sie stellen sich vor, wie der **höfliche** Udo einen Anzug aus ***Cord*** (beim ***Ess***en) trägt. Vielleicht wollen Sie ihm auch irgendwie höflich beibringen, dass ihm der so gar nicht steht.

patient [PÄISCHNT] *(engl.)* – **geduldig** ⟶ SW: Patient, beschämt, peitschend, Peer schenkt

Wer ist besonders geduldig? Ihre Tante, Ihre Sprachlehrerin, ...

Meine Tante ist ein sehr **geduldiger *Patient***, wenn es lange Wartezeiten gibt.

(In diesem Falle bringt Sie das Schlüsselwort Patient nicht auf die Aussprache, sondern auf das Schriftbild.)

Zur Erinnerung: Lernen Sie nicht einen schönen Satz auswendig, sondern stellen Sie sich vor, wie die Tante da geduldig sitzt und lange Socken strickt, während andere sich aufregen. Sie haben hier also eine doppelte Verknüpfung. Nicht nur die visuelle, also irgendeinen geduldigen Patienten, sondern auch die emotionale Verknüpfung, die Charaktereigenschaft, die Sie einem bestimmten Menschen zuschreiben. Eine Verbindung, die schon emotional in Ihnen verankert ist. So haben Sie sogar zwei Abrufreize für das Wort „geduldig“. Verstehen Sie diese Hinweise bitte als zusätzliche Kniffe und nicht als ein Muss. Es geht auch immer anders. Aber es ist gut, wenn man diese Techniken in der Werkzeugkiste parat hat.

Gehen Sie erst einmal in Teilschritten an die Abstrakta heran. Notieren Sie sich zunächst die Schlüsselwörter. Wenn Sie diese gefunden haben, fragen Sie sich, woran Sie als Erstes denken, wenn Sie die deutsche Bedeutung lesen. Welche Szene kommt Ihnen in den Sinn? Wen oder was bringen Sie mit dem Adjektiv spontan in Verbindung und in welchem Zusammenhang gebrauchen Sie das Wort? Dann erstellen Sie Ihre Assoziation wie gewohnt. Später, mit etwas mehr Übung, geht das alles in einem Schritt.

Übung: Trainingsvokabeln – Adjektive in Englisch und Spanisch

Suchen Sie sich ein Päckchen aus. Im Angebot sind heute Englisch und Spanisch.

Deutsch		Englisch	Schlüsselwörter
strahlend, leuchtend	–	radiant [RÄIDIENT]	________
schmuddelig	–	grubby [GRABBI]	________
göttlich	–	divine [DEWAIN]	________
mager	–	skinny [SKINNI]	________
stämmig	–	stocky [STOKI]	________
eingebildet	–	conceited [KONSIETIT]	________

Deutsch		Spanisch	Schlüsselwörter
vernünftig	–	sansato [ßENßADDO]	________
dumm	–	tonto [TONNTO]	________
böswillig	–	malévolo [MALEWOLLO]	________
mild, lauwarm	–	templado [TEMPLADDOH]	________
trübe	–	gris [GRIES]	________
diesig	–	brumoso [BRUMOSSO]	________

7. Tag

Fragen Sie sich wie gewohnt ab, nachdem Sie jedes Bild 5 bis 10 Sekunden visualisiert haben.

Meine Assoziationsbilder und Schlüsselwörter zu den Adjektiven

Englisch

strahlend, leuchtend – radiant → SW: Radio, Radierer, Reiter

Sie stellen sich vor, wie Sie in **leuchtenden** Farben das ***Rad***io ***an***gestrichen haben.

schmuddelig – grubby → SW: Grab, Graben, Krabbe, Trabbi
Was macht der Junggeselle mit dem **schmuddeligen** Hemd? Ver***graben***!
Sie werfen das **schmuddelige** Hemd in den ***Graben***.

göttlich – divine → SW: der Wein, Diva, weinen
Das Essen schmeckt den Gästen so **göttlich**, dass ***die weinen***.

mager – skinny → SW: Ski, Kinn, Skinhead
Das Model ist so **mager**, dass das ***Kinn*** knöchern aussieht.

stämmig – stocky → SW: Stock, Stockwerk
Das **stämmige** Kind kommt die ***Stock***werke kaum hoch.
Das **stämmige** Kind versucht vergeblich, einen ***Stock*** aufzuheben.

eingebildet – conceited → SW: Konserve, Sitz, Konzept
Die **eingebildete** Promidame macht Theater, da sie auf einer großen ***Kons***ervendose ***sit***zen soll.

Spanisch

vernünftig – sansato → SW: Sensation, Sahne, satt, Saat
Die neue Diät ist nicht sehr **vernünftig**, denn Sie propagiert: durch ***Sahne satt***.
Wer immer **vernünftig** handelt, bekommt keine Schlagzeile als ***Sensati***on (im bekannten ***Sensati***onsblatt).

dumm – tonto → SW: Ton, Tonne, Pizza tonno
Die **dumme** Gans rennt immer gegen die ***Ton****ne aus* ***To****n*.

böswillig – malévolo → SW: Maler, Wolle, wollen
Man hat Sie **böswillig** geschädigt: Der ***Maler*** hat ***Wolle*** an die Wände geklebt.

mild, lauwarm – templado → SW: Tempo, Laden, Platte, Tempel
Wenn die Luft wieder **mild** ist, fahren wir im Cabrio mit ***Temp***o einen ***Plat-te***n ... oder stürmen wir mit ***Temp***o den ***Laden***.

trübe – gris → SW: Gries, Grizzlybär

Bei **trübem** Wetter wird der ***Grizz***lybär ganz depressiv.

Immer wenn das Wetter **trüb** ist, gibt es ***Gries*** bei uns zu essen.

diesig – brumoso → SW: Brummi, brummen, Moos

Die Sicht ist so **diesig**, dass der ***Brumm***i ins ***Moos*** fährt und stecken bleibt.

Wenn Schlüsselwörter Adjektive sind

Adjektive existieren nicht nur auf der Seite der deutschen Bedeutung, sondern ebenso auf der anderen Seite: Auch Schlüsselwörter können Adjektive sein. Wenn Sie als Schlüsselwörter etwas Gegenständliches, Sichtbares benutzen, macht es das Assoziieren immer leichter. Manchmal jedoch drängt sich ein Adjektiv geradezu auf. Wenn Sie damit geschickt umgehen, haben Sie eine noch größere Auswahl beim schnellen Finden von Schlüsselwörtern und dem Erstellen von Merkbildern zur Verfügung.

Wenn Sie also Schlüsselwörter finden, die Adjektive sind, berücksichtigen Sie die Hinweise von oben für diese Schlüsselwörter *nicht*. Das heißt, Sie müssen hier nicht überlegen, woran das abstrakte Adjektiv Sie zuerst erinnert, das würde keinen Sinn machen. Die Adjektive als Schlüsselwörter werden einfach mit der deutschen Bedeutung zu einem Assoziationsbild verknüpft. Sie gehen also wie immer von der Seite der deutschen Bedeutung aus. Beispiele:

7. Tag

violentar [BIOLENTAR] *(span.)* – **aufbrechen** → SW: violett, Violine, Ente, bio

Als Sie die Tür **aufbrechen**, schnattert Sie eine ***viol***ette ***Ente an.***

Probieren Sie es selbst aus. Die folgenden Übungsvokabeln sind so ausgesucht, dass Sie in erster Linie *Adjektive* als Schlüsselwörter finden werden.

Übung: 10 Trainingsvokabeln aus 10 Sprachen

Briefumschlag *(türk.)* –	**zarf** [SARF]	SW:	____________
Rülpser *(frz.)* –	**rot** [RO]	SW:	____________
Garten *(russ.)* –	**ßad** [SSAT]	SW:	____________
Fahrstuhl *(norw.)* –	**heis** [HAISS]	SW:	____________
Galle *(port.)* –	**bílis** [BILLIS]	SW:	____________
Stroh *(finn.)* –	**olki** [OLKI]	SW:	____________
Klippe *(gr.)* –	**skópelos** [SKOPELLOS]	SW:	____________
Ausschlag *(engl.)* –	**rash** [RASCH]	SW:	____________
Zimmer *(kroat.)* –	**soba** [SSOBA]	SW:	____________
satt *(span.)* –	**harto** [HARTO]	SW:	____________

Nachdem Sie alles assoziiert und visualisiert haben, fragen Sie sich bitte ab: von fremdsprachig nach deutsch und umgekehrt. Wo es gehakt hat, verbessern Sie Ihre Assoziation, übertreiben Sie etwas mehr, visualisieren Sie ausreichend oder achten Sie verstärkt auf die Verknüpfungsrichtung, wie im 6. Trainingstag beschrieben. Zum Vergleich finden Sie im Folgenden meine Assoziationsvorschläge.

Meine Assoziationsideen und Schlüsselwörter zum Sprachenmix

Briefumschlag *(türk.)* **– zarf** [SARF] → SW: scharf
Der **Briefumschlag** hat ***scharfe*** Kanten und Sie schneiden sich.

Rülpser *(frz.)* **– rot** [RO] → SW: rot, roh
Als ihm ein **Rülpser** beim Geschäftsessen entfleucht, wird er ***rot***.

Garten *(russ.)* **– ßad** [SSAT] → SW: satt
In Ihrem **Garten** fressen sich alle Vögel ***satt***.

Fahrstuhl *(norw.)* – **heis** [HAISS] → SW: heiß, heiser
Im **Fahrstuhl** ist es ungewöhnlich ***heiß***.

Galle *(port.)* – **bílis** [BILLIS] → SW: billig
Mir kommt die **Galle** hoch, weil ich das Auto so ***billig*** verkaufen muss.

Stroh *(finn.)* – **olki** [OLKI] → SW: ulkig, oll
Wir machen aus **Stroh** große, ***ulkige*** Figuren.

Klippe *(gr.)* – **skópelos** [SKOPELLOS] → SW: skrupellos
An der **Klippe** stößt einer seinen Mitstreiter ***skrupellos*** hinunter.

Ausschlag *(engl.)* – **rash** [RASCH] → SW: rasch
Der **Ausschlag** verschwindet ganz ***rasch*** schon beim ersten Auftragen der Wundercreme.

Zimmer *(kroat.)* – **soba** [SSOBA] → SW: sauber
Dieses **Zimmer** ist endlich mal ***sauber.***

satt (*span.)* – **harto** [HARTO] → SW: hart
Sie sind kugelrund **satt** und Ihr Bauch ist ganz ***hart***.
(In diesem Fall verkoppeln Sie zwei Adjektive miteinander.)

8. Tag

Verbildern Sie abstrakte Substantive

Hoffnung, Ehre, Glaube, Absicht, Liebe, Anmut, Progression, Konjunktur, Anerkennung – je weiter Sie im Sprachniveau einer Fremdsprache voranschreiten, umso mehr Wörter dieser Kategorie werden Ihnen begegnen. Es sind die abstrakten Hauptwörter, die kein konkretes Bild liefern. Das erklärt, warum ein Reisewortschatz leichter über visuelle Assoziationen zu lernen ist als ein Businesswortschatz. Doch mittlerweile sind Sie schon so weit fortgeschritten und haben sich so viel Grundwissen und Fähigkeiten zur Schlüsselwortmethode angeeignet, dass Sie auch diese Stufe locker meistern können. Ähnlich wie bei den Adjektiven können wir die inhaltliche Bedeutung visuell szenisch und emotional darstellen.

Manchmal entgegnen mir pfiffige Teilnehmer beim Thema Abstrakta, dass man sich z. B. *Progression* aber doch ganz deutlich vorstellen könne. Sie beschreiben dann einen Pfeil nach oben. Andere beschreiben ihre Vorstellung als eine Bergwanderung auf den Gipfel. Unbewusst haben sie damit schon eine Assoziation, eine persönliche Gedankenverbindung zu dem Begriff hergestellt. Aber ein Pfeil ist erst einmal ein Pfeil und kann für vieles stehen. Eine Wanderung zum Gipfel ist nur eine Wanderung – oder hätten Sie bei Betrachtung einer Fotografie von Wanderern in den Bergen sofort gesagt: „Ach, wie schön, die Progression." Sicher nicht. Es sind Ersatzbilder bzw. Ersatzszenen, und diese sind durch die Verwandlung von Abstraktem in ein konkret vorstellbares Bild eben sehr individuell und nur Ihr ganz persönliches. Darum gibt es auch kein Richtig oder Falsch. Für den einen steht Bergwanderung für *Entspannung*, für den anderen bedeutet es *Höhenangst*, und der Nächste verbindet spontan das Wort *Muskelkater* damit. Wenn Ihnen spontan die Gipfelwanderung als Bild für *Progression* in den Sinn kommt, dann werden Sie sich in der Regel umgekehrt auch wieder daran erinnern können, für welches abstrakte Wort die Szene steht, sobald Sie Ihre Assoziation abrufen.

Dazu zunächst eine Verknüpfungsübung, die Ihnen etwas mehr Übung im Umgang mit dieser Wortkategorie vermittelt. Bitte verbinden Sie die folgenden Substantive gedanklich miteinander. Eines davon ist natürlich ein abstraktes.

Übung: Assoziationstraining – 10 abstrakte Substantive

Hoffnung + Antenne

Stellen Sie sich vor, Sie schauen von unten auf das Hausdach und haben starke **Hoffnung**, dass die **Antenne** diesmal hält, nachdem Sie sie erneut festgeschraubt haben.

Talent + Baumhaus

(Sie können Talent positiv wie auch negativ, also kein Talent, benutzen.)

Stärke + Federhut
Krise + Seelachs
Kreativität + Liegestuhl + Verbandskasten
Untersuchungshaft + Reh + Mandeln
Glück + Hippies + Nest
Gewissen + Konfekt + Ski
Sparmaßnahmen + Austern + Messer
Gehorsam + Ober + Dienst (Etwas schwerer mit zwei abstrakten Wörtern.)

Falls Sie in den Assoziationsideen nachsehen möchten, probieren Sie bitte vorher irgendeine – wenn auch zur Not nicht sehr originelle – bildlich vorstellbare Verknüpfung zu erstellen! Falls noch nicht geschehen, gehen Sie jetzt jedes Bild noch einmal durch und visualisieren Sie es. Stellen Sie sich eine kleine Szene vor und verinnerlichen Sie vor allem das abstrakte Wort emotional.

Der Erfolgs-Check

Versuchen Sie hier, wieder auf die fehlenden abstrakten Begriffe zu kommen. Danach können Sie es auch noch einmal umgekehrt probieren und nur die abstrakten Begriffe sichtbar lassen.

Baumhaus ______________________

Federhut ______________________

Seelachs ______________________

Liegestuhl + Verbandskasten ______________________

Reh + Mandeln ______________________

Hippies + Nest ______________________

Konfekt + Ski ______________________

Austern + Messer ______________________

Ober + Dienst ______________________

Hat es im Großen und Ganzen geklappt? Natürlich sind die abstrakten Begriffe nicht ganz so klar als Bild zu fassen wie etwas konkret Gegenständliches. Hier geht es mehr um kleine Szenen, die den Begriff umschreiben, um Eindrücke und Emotionen, die Sie mit der Vokabel verbinden und die sich mit ihr einprägen. Es ist etwas schwieriger, aber Sie konnten sicher erfahren, dass auch dies funktioniert. Auch hier nimmt Ihre Verknüpfungsfantasie und Vorstellungskraft mit Übung und Erfahrung zu, sodass es immer leichter wird, auf Ideen zu kommen.

Die letzten 5 Assoziationen waren übrigens „echte" englische Vokabeln. Finden Sie die vorgegebenen Schlüsselwörter in den Vokabeln wieder?

Untersuchungshaft – (on) **remand** [RIMAND]
Glück – **happiness** [HÄPPINESS]
Gewissen – **conscience** [KONSCHIENS]
Sparmaßnahmen – **austerity measurers** [AUSTERETI ME~~SCH~~AS]
Gehorsam – **obedience** [OBIDIENS]

Lesen Sie sich die englischen Wörter gut durch, um den echten Wortlaut zu verinnerlichen. Halten Sie dann zunächst die deutsche Seite der Vokabeln zu und kommen Sie über Ihre Ähnlichkeitswörter auf die abstrakte deutsche Bedeutung. Danach fragen Sie sich umgekehrt ab.

Meine Assoziationsideen zu den „10 abstrakten Substantiven"

Talent – Baumhaus
Sie haben nicht wirklich handwerkliches **Talent**, denn das **Baumhaus** wackelt und verliert schon die ersten Bretter.

Stärke – Federhut
Sie benötigen viel innere **Stärke**, um diesen **Federhut** öffentlich zu tragen.

Krise – Seelachs
Ich krieg die **Krise**, weil es jeden Mittag in der Kantine nur noch **Seelachs** gibt.
Oder: Die Fischpopulation der Meere steckt in der **Krise** und die **Seelachse** halten eine Krisensitzung ab.

Kreativität – Liegestuhl – Verbandskasten
Mit viel **Kreativität** gehen Sie daran, den **Liegestuhl** aufzubauen. Ihr Partner geht schon mal den **Verbandskasten** holen.

Untersuchungshaft – Reh – Mandeln → *(on) remand*
In **Untersuchungshaft** bringt das ***Re***h ***Mand***eln für den Häftling.

Glück – Hippies – Nest → *happiness*
Benebelt vor **Glück** sitzen die ***Hippi***es in einem ***Nes***t.

Gewissen – Konfekt – Ski → *conscience*
Weil ich ein schlechtes **Gewissen** habe, verstecke ich das ***Kon***fekt im ***Ski***.

Sparmaßnahmen – Austern – Messer → *austerity measures*
Wegen der **Sparmaßnahmen** in der Gastronomie werden Ihnen alle ***Auster***n auf einem ***Messer*** aufgespießt serviert.

Gehorsam – Ober – Dienst → *obedience*
Im **Gehorsam** macht der ***Obe***r ***Diens***t nonstop ohne Pause.

8.
Tag

Wenn Sie die vorangegangene Übung geschafft haben, können Sie nun auch abstrakte Vokabeln selbst verbildern. Die Vorgehensweise ist ähnlich. Es kommt nichts Neues mehr.

Suchen Sie sich einen Block aus, der Sie interessiert, oder gehen Sie zu Übungszwecken alle Vokabeln durch. In letzterem Falle empfiehlt es sich, nicht alle auf einmal zu bearbeiten, sondern sich über zwei oder drei Tage verteilt immer wieder mit ein paar abstrakten Vokabeln zu fordern. Das hat mehr Effekt auf den Lernprozess.
Notieren Sie ruhig zuerst wieder alle Schlüsselwörter, die Ihnen einfallen, und gehen Sie dann an das Assoziieren.

Übung: Trainingsvokabeln – abstrakte Substantive in Englisch und Norwegisch

- **Englisch:**

Gnade – mercy [MÖHRSSI] SW: ____________

Ratschlag – counsel [KAUNßL] SW: ____________

Stichprobe – spot check [SPOTT TSCHECK] SW: ____________

Zufall – by chance [TSCHÄNZ] SW: ____________

Ausdauer – application [APPLIKÄISCHN] SW: ____________

Fleiß – industry [INDASTRIE] SW: ____________

- **Norwegisch**

Zeit – tid [TIED] SW: ____________

Verspätung – forsinkelse [FORSCHINKELSA] SW: ____________

Ruhe – hvile [WIELA] SW: ____________

Abkürzung – snarvei [SNORRWEI] SW: ____________

Sitzung – møte [MÖRTA] SW: ____________

Scherz – spøk [SPÖHRK] SW: ____________

Meine Assoziationsideen für die englischen Abstrakta

Gnade – mercy

Der Richter lässt **Gnade** walten und gibt dem Angeklagten ein ***Merci***-Stäbchen ... oder eine ***Möhre***.

Ratschlag – counsel

Ein guter **Ratschlag**: ***Kauen*** Sie ***sel***ten Kaugummi vor der Kamera.

Stichprobe – spot check

Bei der Doping-**Stichprobe** ***spot***ten alle Sportler über den mageren Honorar-***Scheck***.

Zufall – by chance

Nur durch **Zufall** findet der Sportler die ***Schanze***.

Ausdauer – application

Mit großer **Ausdauer** haben wir monatelang die ***Applikation*** auf das Kleid genäht.
Mit großer **Ausdauer** ***appl***audiert das Publikum.

Fleiß – industry

In der ***Industrie*** wird mit **Fleiß** gearbeitet ...

Meine Assoziationsideen für die norwegischen Abstrakta

8. Tag

Zeit – tid

Einer hat die **Zeit** im ***Tid***engewässer nicht beachtet (stellen Sie sich vor, wie er mit Schwimmflügelchen auf dem Trockenen steht).

Verspätung – forsinkelse

Weil der Zug V**erspätung** hat, ***verschenke***n sie ***Schinke***n.

Ruhe – hvile

Ruhe finden Sie in der Traum-***Villa***.

Abkürzung – snarvei
Sie wollen eine **Abkürzung** laufen und stolpern über einen ***Schnor***chel (gegen ein großes ***Ei***).

Sitzung – møte
In der **Sitzung** tritt plötzlich ein ***Mörder*** auf.
In der **Sitzung** wird ***Mörte***l auf den Tisch gestrichen.

Scherz – spøk
Sie verkleiden sich zum **Scherz** als Commander ***Spock***.

Tipp: Aus normal wird merkwürdig

Sicher hatten Sie bei „Fleiß – industry" auch sofort die naheliegende Assoziation „In der Industrie wird mit Fleiß gearbeitet". Diese hält auch eine Weile, jedoch ist sie näher an einem normalrealen Satz als an einem originellen Bild. Wir wollen die Assoziation nun noch einprägsamer, also merkwürdiger und damit länger haltbar machen. Dafür benötigen Sie Ihre Fantasie. Visualisieren Sie Ihren Satz zunächst und malen Sie die Szene sehr lebhaft aus. Stellen Sie sich vor, wie alle Arbeiter in der Industrie fleißig hin und her laufen und im Spitzentempo produziert wird. Für mehr Witz und Merkwürdigkeit stellen Sie sich vor, wie an den rauchenden Schloten große Schilder hängen mit der Aufschrift: „Ohne Fleiß kein Preis."

Sonderfall: „Abstrakte Verben"

Sie erinnern sich: Verben sind nicht auf direktem Wege vorstellbar und Sie benötigen ein Hilfsmittel in Ihrem mentalen Bild. Jemand oder etwas führt die Tätigkeit aus. So weit – so leicht – so gut. Ein paar Tage nach einem Seminar bekam ich eine Mail eines Teilnehmers mit folgendem Nachsatz:

PS: Eine Frage: Übung macht zwar den Meister... Zwar klappt die Schlüsselwortmethode bei Substantiven ganz gut, habe aber mit Verben so meine Probleme. [...] Zum Beispiel aus dem Spanischen: querer = wollen/mögen; poder = können; pedir = bestellen/anfordern.

In der Tat hatte er hier besondere Verben erwischt. Es handelt sich bei den ersten beiden nicht um konkret vorstellbare Tätigkeiten wie „laufen, angeln, schreiben", sondern um Modalverben – eine (für unsere Methode) Art „abstrakter Verben". Für solche Tuwörter, in denen nicht wirklich etwas getan wird, benötigen Sie ein wenig mehr Fantasie. Probieren Sie es selbst aus, bevor Sie meine Antwort lesen. Nachdem Sie Ihre Schlüsselwörter gefunden haben, ist – genau wie bei den Adjektiven und abstrakten Substantiven – der beste Lösungsweg wieder: Überlegen Sie zuerst, womit Sie das deutsche Wort spontan verbinden. „Können", ... da kann einer etwas ... der hat eine Fähigkeit ... Dann haben Sie schon einen Weg gefunden, um eine Assoziation herzustellen.

Meine Assoziationsvorschläge für „abstrakte Verben"

wollen, mögen – querer

Immer wenn Sie die 300-g-Tafel Schokolade kaufen **wollen**, die Sie so gerne **mögen**, kommt Ihnen Ihre Frau in die ***Quere***.

(Auch hier keinen Satz lernen, sondern sich die Szenen vorstellen.)

können – poder

Weil Sie etwas Besonderes **können**, stehen Sie auf dem ***Pod***ium. Oder: Das **können** Sie: mit ***Puder***quasten jonglieren.

bestellen, anfordern – pedir

Die Nagelstylistin ist völlig entnervt, denn die Kundin **bestellt** sich Fingerfood während der ***Pedi***küre.

Dies war ein anstrengendes Kapitel, aber zum Glück kommen diese abstrakten Begriffe im Lernalltag nicht so geballt vor wie hier. Wenn Sie Lust haben, schieben Sie doch noch mal einen Tag mit einer Einheit 15 bis 20 eigener Vokabeln zwischen, bevor es zur Oberstufe geht.

9. Tag

Oberstufe: Die harten Nüsse

Willkommen in der Oberstufe der Schlüsselwortmethode, in der Können-Stufe! Sie könnten sich jetzt einmal kräftig auf die Schulter klopfen für das, was Sie sich bisher schon angeeignet haben. Das nährt Ihre mentale Stärke für das Kommende ☺. Denn wenn Sie schon abseits dieses Buches probiert haben, Schlüsselwörter für die Vokabeln Ihrer Lernsprache zu finden, werden Sie sicher gemerkt haben: Manchmal steht man auf dem Schlauch.

Verbildern Sie schwierige, seltsame und ellenlange Vokabeln

Dass Ihnen Vokabeln begegnen, zu denen Ihnen gar kein Schlüsselwort einfallen will, wird anfangs häufiger vorkommen, aber mit mehr Erfahrung und Übung immer seltener. Irgendwann werden Sie sich wundern, wie schnell Sie plötzlich Ersatzwörter in den Vokabeln hören. Dann können Sie sich als geübte Anwender Ihrer gewachsenen Fähigkeit erfreuen und über Ihre anfänglichen Ideenwüste nur noch schmunzeln. Irgendwas geht immer.

Doch manche Vokabeln sind einfach zu kniffelig. Manche Vokabeln, obgleich ganz kurze, wollen einfach keine Wortähnlichkeit in den Sinn kommen lassen. Sie legen unserer Fantasie erst einmal Bleischuhe an. Dazu müssen wir gar nicht in die Ferne schweifen, denn solche Vokabeln begegnen uns auch hier im näheren europäischen Sprachraum:

jaw *(engl.)* – Kiefer
chelóna *(gr.)* – Schildkröte
scuro *(it.)* – dunkel
skærm *(dän.)* – Bildschirm

Manche Vokabeln wiederum haben so viele Silben, dass einem schon schwindelig beim Lesen wird.

borkereskedés *(ungar.)* – Weinhandlung
wadachranílischtschje *(russ.)* – Stausee
achlaschdájuschtschaja wada *(russ.)* – Kühlwasser

Oder es gibt Sprachen, die Vokale scheinbar für überflüssiges Beiwerk halten. Was machen wir also mit „phonetischen Leckerbissen" solcher Art:

tvrd *(kroat.)* – hart
szczyt [SCHTSCHIT] *(poln.)* – Gipfel

> Kommt ein Tscheche in Deutschland zum Augenarzt.
> Der hält ihm die Buchstabentafel vor, auf der steht:
> C Z W Y Q N X S T A C Z
> „Können Sie das lesen?"
> „Lesen?", ruft der Tscheche erstaunt aus. „Ich kenne den Kerl!"

Der bekannte italienische Tenor Enrico Caruso bemerkte seinerzeit sehr treffend: „Eine Sprache mit vielen Konsonanten ist wie ein Kartoffelacker. Eine Sprache mit vielen Vokalen ist wie ein Blumenbeet." Vielleicht lernen Sie ja gerade eine Sprache mit vielen solcher Kartoffelacker-Wörtern. Es gibt Sprachen, für deren Wörter es einfach prinzipiell ein wenig schwieriger ist, ähnlich klingende deutsche Ersatzwörter zu finden. Aber solche Vokabeln wären, egal mit welcher Methode, immer schwerer zu lernen und da schafft die Schlüsselwortmethode Erleichterung. Ist die Vokabel erst einmal aufgeschlüsselt und verbildert, lernt sie sich superschnell – in jeder Wortlänge. Mit etwas Know-how und Übung lassen sich auch diese Wörter knacken. Auf keinen Fall müssen Sie bei solchen Vokabeln in das alte Büffeln zurückfallen.

Zwei wichtige Schlüssel aus der ersten Sammlung sind hier absolut hilfreich:

14. Schlüssel: keine Perfektion
Wenn die Vokabel Sie für einen kurzen Moment ganz schwach an ein deutsches Wort erinnert und Sie nichts Besseres finden, nehmen Sie es. Wenn Sie *selbst* diese Gedankenbrücke gebaut haben, werden Sie auch wieder den Zugang finden. Das erste deutsche Ersatzwort, welches Ihnen in den Sinn kommt, ist Ihre Wahl.

5. Schlüssel: die erste Worthälfte. Nur so viel, wie Sie brauchen
Die Hälfte des Wortes reicht oftmals aus. Eventuell müssen Sie deswegen anfangs 2 – 3 Wiederholungen mehr machen, um sich den gesamten Wortlaut flüssig einzuprägen. Das verkraften wir, wenn wir sie uns dafür überhaupt merken können! Und Sie wissen ja: Endsilben ergeben sich ohnehin bei vielen Wörtern von selbst.

Perfekt ausgerüstet für das Knacken all dieser harten Nüsse sind Sie mit dem folgenden zweiten Teil der Tipps & Kniffe; öffnen wir weitere Truhen für Schlüsselwörter.

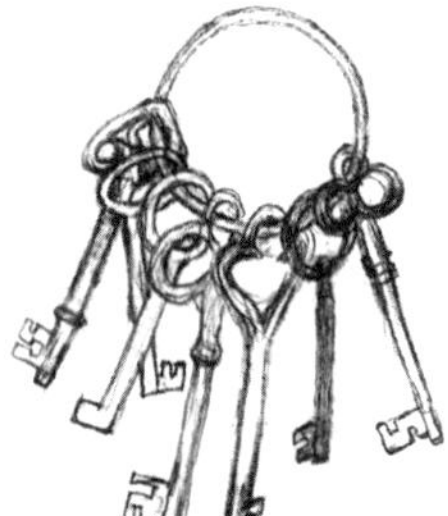

10 weitere Schlüssel zum Nüsse-Knacken

Anders als in der ersten Sammlung finden Sie hier unmittelbar unter den einzelnen Tipps jeweils ein paar Übungsvokabeln, um die Anwendung des jeweiligen Tipps sofort üben zu können. Bevor es losgeht, möchte ich noch einmal darauf hinweisen, dass die ausgearbeiteten Beispiele meine persönlichen Gedankengänge sind und Ihnen womöglich nicht immer in dem Maße helfen wie mir. Zwar habe ich mich bemüht, die Beispiele so zu beschreiben und auszuarbeiten, dass diese für den Leser gut nachvollziehbar sind und leicht ins Gedächtnis gehen. Wenn das jedoch einmal nicht der Fall sein sollte, verbildern Sie das Vokabelbeispiel bitte selbst entsprechend adäquat für Sie.

15. Schlüssel: das deutsche Wörterbuch

Haben Sie alle 100.000 Wörter des deutschen Wörterbuchs immer sofort aus dem Kopf parat? Vermutlich nicht. Darum kann es Ihnen helfen, manch harte Nuss zu knacken. Beim Vokabellernen habe ich daher das Wörterbuch „für Notfälle" meist griffbereit in der Nähe. Schlagen Sie die erste Silbe der Vokabel in einem deutschen Wörterbuch nach und berücksichtigen Sie dabei nicht nur die Schreibweise, sondern auch den Klang. Beispiel:

Das englische Wort für **Affe** ist **ape** [ÄIP].

- Man schaue nicht nur unter *AP* (Schriftbild), was einen auf einen Apfel bringt,
- sondern auch unter *Äl*, was hier nicht zum Erfolg führt,
- bzw. *EI*, was einen auf *Ei*, *Eibe* oder *ey!* bringt.

Ebenso leistet hier das Internet nützliche Dienste. In eine Suchmaschine die ersten 2 bis 3 Buchstaben eingegeben und schon kommen Wortvorschläge. Und Online-Wörterbücher sind so schnell bedient, wie Sie Zeit benötigen, um ein Wörterbuch aus dem Regal zu ziehen.

16. Schlüssel: Stutzen Sie den Anfang

Stört Sie der erste Buchstabe einer bestimmten Vokabel? Sie würden ein Schlüsselwort finden, wenn nur der erste Buchstabe nicht wäre? Dann lassen Sie ihn einfach weg. Auch wenn gerade der Anfang der Vokabel ein wichtiger Teil ist, um sich an sie zu erinnern – manchmal steht ein Buchstabe am Anfang, der uns so querkommt, dass es besser ohne ihn geht.

eruda *(tamil.)* **– schreiben** → SW: Ruder
Sie s**chreiben** Ihre Notizen auf ein ***Ruder***.

Wenn Sie nicht ganz auf den ersten Buchstaben verzichten möchten, können Sie ihn in das Bild einbauen:

Der Besitzer ruft „***E***eey!", als Sie auf das ***Ruder*** **schreiben**.
Oder Sie **schreiben** ein großes „***E***" auf das ***Ruder***.

Man könnte auch sagen: Greifen Sie sich das Kernstück aus der Wortmitte heraus.

unflinching *(engl.)* [ANFLINTSCHING] **– fest entschlossen**
Fest entschlossen richtet er seine ***Flint***e auf ...

Kenntnis der grammatikalischen Strukturen und des Wortaufbaus sollte man beim Lernen einer Sprache immer erlangen. Fällt Ihnen etwas bei den Grundformen der Verben in *Suaheli* auf?

kuondoka – abreisen	kunywa – trinken
kubaki – bleiben	kusafiri – reisen
kupa – geben	kulala – schlafen

Bevor Sie also beginnen, lauter Kühe durch Ihr Assoziationsbild zu treiben oder sich den Kopf über Kugel, Kuss und Kufe als Alternative zu zerbrechen, sparen Sie diese Anfangssilbe ganz aus, denn Sie benötigen dafür kein Extra-Schlüsselwort.

Übung: Stutzen Sie Vokabeln den Anfang

seng *(norw.)*	– Bett	SW: ________________
harabe *(türk.)* [CHARABE]	– Ruine	SW: ________________
смородина *(russ.)* [ßMARÓDINA]	– Johannisbeere	SW: ________________
ящик *(russ.)* [JÁSCHTSCHIK]	– Schublade	SW: ________________
occuper *(frz.)* [OKÜPE]	– beschäftigen	SW: ________________

Meine Assoziationsideen „Anfang stutzen"

seng *(norw.)* **– Bett**
Das **Bett** ist **s**ehr ***eng.***

harabe *(türk.)* **– Ruine**
In der **Ruine** laufen lauter ***Araber*** herum.

ßmaródina *(russ.)* **– Johannisbeere**
Die **Johannisbeeren** lagern in einer völlig ***marod***en Kiste.

jáschtschik *(russ.)* **– Schublade**
In der **Schublade** finden Sie ***Asch***e auf Ihren ***schick***en Sachen.

occuper *(frz.)* **– beschäftigen**
Sie sind sehr **beschäftigt** und arbeiten sogar in Ihrem ***Coupé.***

17. Schlüssel: etwas davorsetzen

Schauen Sie sich auch nach deutschen Wörtern um, deren Wort*ende* ähnlich einem Teil der Vokabel ist, wenn Sie kein ähnlich beginnendes finden. Überlegen Sie, welches deutsche Wort so endet, wie die Vokabel beginnt. Wie gewohnt verkoppeln Sie dann das gesamte Schlüsselwort mit der Bedeutung zum Assoziationsbild. Dieser Schlüssel ähnelt Schlüssel Nr. 8 aus der ersten Sammlung, jedoch setzen Sie hier nicht nur einen Buchstaben vor die Vokabel.

> **raffe**rmo *(it.)* **– altbacken** → SW: Gi**raffe**
> Die Gi***raffe*** trägt ein **altbackenes** Muster auf ihrem Körper (lauter ***Mo***nde, wenn es vollständig sein soll).

Übung: Setzen Sie Vokabeln etwas davor

soir *(frz.)* [SWAR] – **Abend**
(Denken Sie an den Ort eines menschlichen Bedürfnisses.)

serre *(frz.)* [SÄR] – **Gewächshaus**
(Eines der vier Elemente: Feuer, Erde ...)

fantino *(it.)* – **Jockey**
(Denken Sie an ein sehr großes Tier.)

Meine Assoziationsideen zu „etwas davorsetzen"

soir *(frz.)* – **Abend**
Am **Abend** laufen alle Gäste zum Pis***soir.***

serre *(frz.)* – **Gewächshaus**
Das **Gewächshaus** ist überschwemmt mit Was***ser.***

fantino *(it.)* – **Jockey**
Der **Jockey** reitet das Rennen auf einem Ele***fante***n.

18. Schlüssel: Partikel und andere Kleinigkeiten

Kurze Wörter wie „in, um, denn, alle, es, dies, zu, weil, was ..." lassen sich oft als deutsche Ähnlichkeitswörter aus Vokabeln herausfiltern, haben jedoch keinerlei bildhafte Qualität. Besser ist es immer, stattdessen auf ein konkretes, leicht zu verbilderndes Wort zurückzugreifen. Das mentale Assoziationsbild wird einfach klarer beim Memorieren und beim Abrufen. In Kombination mit einem Hauptwort aber kann man diese Kurzwörter auch auf einprägsame und bildhafte Art und Weise nutzen.

> **allevare** *(span.)* – **züchten** → SW: alle, Ware
> Sie **züchten** Pflanzen und ein Händler kauft Ihnen ***alle Ware*** ab.

Testen Sie immer durch Visualisierung, ob Sie sich Ihr Bild tatsächlich vorstellen können oder ob Sie nur einen Satz gebildet haben. In diesem Fall sehen Sie Ihre Pflanzenzucht und den Händler, der eine große Geste über *alle Ware* macht, die er mitnehmen will.

Sprechen Sie das kroatische Wort *tvrd* aus dem Einleitungstext ein paarmal laut mit gerolltem Zungenspitzen-R aus. Was hören Sie? Genau, Sie hören *de Fritt(en)* oder *die friert*. Und nun verknüpfen Sie das mit der Übersetzung *hart*:

tvrd *(kroat.)* **– hart**
Sie beißen auf ***die Fritt**e* und spüren, die ist völlig **hart**.

Auch das französische Beispiel aus dem vorangegangenem Absatz lässt sich auf diese Weise entschlüsseln. *Soir* oder *SWAR* klingt wie ...?

soir *(frz.)* **– Abend**
Am **Abend** wird Ihren Gästen die Geschichte vorgelesen:
„***'s war*** einmal ..."

Diese Schlüsselwortart ist besonders nützlich bei langen Vokabeln und überall da, wo Sie mit bildhaften Sätzen arbeiten, denn dort benötigen Sie diese Wörter ohnehin zur Satzbildung. Sie lesen darüber unter Schlüssel 19 und 21 und unter „Floskeln".

Nun haben Sie wieder die Möglichkeit zu trainieren. Gehen Sie vom Klang wie auch von der Schreibweise aus. Sprechen Sie die Vokabel laut (wenigstens flüsternd) aus, damit Sie Ähnlichkeiten hören. Jede Vokabel enthält zwei Schlüsselwörter.

Übung: Nutzen Sie auch Partikel und andere Kleinigkeiten

piscine *(frz.)* [PISSIN] – Swimmingpool
affiche *(frz.)* [AFFISCH] – Plakat
ворота *(russ.)* [WARÓTA] – Tor
байдарка *(russ.)* [BAIDARKA] – Kajak
медведь *(russ.)* [MIDWJED] – Bär

Natürlich wird die vereinfachte Umschrift der russischen Phonetik nicht gerecht. Sie soll lediglich dem nicht Russisch Lernenden eine kleine Hilfestellung sein, sich die Aussprache (nicht die russische Schreibweise!) einzuprägen.

Meine Assoziationsideen zu Partikeln und Co.

piscine *(frz.)* **– Swimmingpool**
„Ich ***piss in*** den **Swimmingpool!“,** ruft der Junge seinem Freund zu.

affiche *(frz.)* **– Plakat**
Auf dem **Plakat** zappelt ***a Fisch***.

waróta *(russ.)* **– Tor**
Das **Tor** ***war rot***. Oder am **Tor** ***war***en ***Otter***.

baidarka *(russ.)* **– Kajak**
Wir parken das **Kajak** ***bei de***m ***Acker***.
Wir hauen mit dem **Kajak** gegen ***beid***e ***Arka***den.

midwjed *(russ.)* **– Bär**
Der **Bär** erscheint ***mit Wirt.***
Oder Sie sehen, wie der **Bär** ***mitwiehert***.

19. Schlüssel: Silbenwörter – Silbe für Silbe dekodieren

Mit dieser Technik können Sie nahezu jede Vokabel knacken. Wenn Sie keine ähnlich klingenden Wörter finden oder die Vokabel sehr lang ist, wenden Sie die schon oben unter „7. Schlüssel" erwähnte Silbentechnik an. Ergänzen Sie die konkreten, bildhaften Wörter aber durchaus um die unter dem Schlüssel Nr. 18 beschriebenen Partikel & Co.-Wörter. Das Faszinierende an dieser Technik ist, dass selbst lange, zunächst unaussprechbar und vor allem unmerkbar erscheinende Wörter dadurch mit erstaunlicher Leichtigkeit wiedergegeben werden können, wenn man erst einmal die Ersatzwörter gefunden hat. Schon das Spiel mit den Silben prägt das Megawort ein.

Und so dekodieren Sie:

Notieren Sie sich Silbe für Silbe ein deutsches Wort, welches genauso oder so ähnlich beginnt. (Mit entsprechender Übung gelingt das bei mittellangen Wörtern auch im Kopf.) Sie müssen sich dabei nicht streng an die korrekten Silben halten, sondern trennen die Buchstaben so, wie es für Sie brauchbare Silben ergibt. Ziehen Sie Silben zusammen, wo es sich anbietet bzw. diese schon ein brauchbares Wort ergeben. Das folgende Vokabelbeispiel brachte eine Seminarteilnehmerin mit – mit der Frage „Wie kann man sich denn *so was* ...?"

objašnjavati *(kroat.)* **[OB JASCH NJA WA TI] – erklären**
Silbenwörter: OBer – JASmin – NAckt – VATI

Bilden Sie eine kurze Assoziationskette aus den Silbenwörtern und verknüpfen Sie sie mit der deutschen Bedeutung „erklären".

Der ***OB***er bringt nur ***JAS***min für den ***NA**ckten* ***VATI*** und **erklärt** ihm, warum. (Wüssten wir auch gerne.)

Zum besseren Merken der richtigen Aussprache blättern Sie bitte vor zum 20. Schlüssel und kehren dann wieder hierher zurück.

водохранилище *(russ.)* **[WADACHRANÍLISCHTSCHJE] – Stausee**

Wow, was für ein Wort! Eine echte Buchstabensuppe. Das muss man sich erst einmal auf der Zunge zergehen lassen. Wie lange würde es dauern, das zu lernen, sodass Sie es in 30 Minuten auch noch aus dem Kopf sagen können? Probieren wir es lieber mit der Schlüsselwortmethode. Lesen Sie das Wort zunächst ein paarmal für Sie hörbar durch, um es kennenzulernen.

	Wa	dach	ran	i	lisch	tschje
Silbenwörter:	WAden	DACH	RAN	nIE	LICHt	SCHI

Stellen Sie sich vor, über einem Teil des **Stausees** ist ein Dach und Sie turnen eine Akrobaten-Nummer vor Ihrer Wasserskifahrt: Sie hängen sich mit Ihren ***Wad***en an das ***Dach ran*** und rufen: „Is hier ***nie Lischt***?" Der Spot geht an und Sie springen mit Ihren ***Schi*** ab in den **Stausee**.

In Kurzform: **Stausee = *Wad – Dach – ran – nie Lischt – Schie***

Konnten Sie sich das Wort schon merken? Solche langen Silbenfolgen bleiben noch bedeutend besser im Gedächtnis, wenn Sie *selbst* sie entschlüsselt haben. Durch das Assoziationsbild können Sie solche Wörter sogar frei aus dem Gedächtnis wiederholen.

Natürlich lernen Sie auf diese Art alleine keine Sprache, sondern das ist das Werkzeug, um die Wörter im Gedächtnis zu verankern, die man richtig auszusprechen gelernt hat.

Spaßeshalber dennoch ein paar Vokabeln zur Übung für Sie. Wenn diese schwierigen Wörter für Ihr Fremdsprachenlernen nicht relevant sind, überspringen Sie diese etwas anstrengende Übung getrost und machen Sie mit „Silbenwörter 2" weiter. Ansonsten knacken Sie die folgenden Vokabeln mit der Silbentechnik. Dekodieren Sie zunächst das Fremdwort, indem Sie Silbenwörter notieren, pro Silbe je ein Wort.

Übung: Silbenwörter – Silbe für Silbe

insurance [INSCHURÄNZ] *(engl.)* – **Versicherung**
IN-SUR-ANCE, diese korrekten Silben teilen wir großzügig und brauchbarer in IN-SU-RANCE [IN-SCHU-RÄNZ].

Silbenwörter:

Assoziationsbild:

проводник *(russ.)* [PROWODNÍK] – **Schaffner**

Silbenwörter:

Assoziationsbild:

pikkuleipä *(finn.)* – **Kekse**

Silbenwörter:

Assoziationsbild:

Und zwei besonders harte Nüsse:
temizlemek *(türk.)* [TÄMISLÄMÄK] – **reinigen**

Silbenwörter:

Assoziationsbild:

сокровищница *(russ.)* [ßAKRÓWITSCHTSCHNITZA] – **Schatzkammer**

Silbenwörter:

Assoziationsbild:

Meine Assoziationsideen zu „Silben"

insurance *(engl.)* **– Versicherung**
Der ***IN***dianer möchte für seinen ***SCHU***h eine **Versicherung** abschließen.
Die ersten zwei Silben **IN – SCHU**h reichen aus, um wieder auf den Gesamtlaut der Vokabel **insurance** zu kommen, da „ance" eine typische Endung im Englischen ist. Wenn Sie die Vokabel jedoch komplett verbildern wollen, stellen Sie sich vor, wie der ***IN***dianer im ***SCHU***h eine ***RANZ***ige **Versicherung** findet.

prowodník *(russ.)* **– Schaffner**
Der russische **Schaffner** ***PRO***stet mit ***WOD***ka und ***NICK***t allen zu.

pikkuleipä *(finn.)* **– Kekse**
Eine ***PICK***elige ***KUH*** sitzt auf der ***LEI***ter und frisst **Kekse.**

temizlemek *(türk.)* **– reinigen**
Sie verlangen, dass das Zimmer **gereinigt** wird, denn ***TEE*** und ***MIS***t von ***LÄM***mern ist überall und Sie ***MEK***kern.

ßakrówitschtschnitza *(russ.)* **– Schatzkammer**
In der **Schatzkammer** finden Sie einen ***SACK*** mit einem ***RO***ten ***WITZ***buch, darin steckt ein ***SCHNITZ***el.
Oder: In der Schatzkammer machen Sie einen ***SAKRO-WITZ***, dafür haut man Ihnen ein ***SCHNITZEL*** um die Ohren.

Wadachranílischtschje, ßakrówitschtschnitza ... Aus einem „Das kann ich mir ja nie merken" wird: „Wow, das bleibt ja im Kopf!" Sie werden sehen, es macht Spaß, wenn man die ersten schwierigen Wörter selbst geknackt hat. Sehen Sie es als reizvolle Herausforderung an, denn die ist es in der Tat.

Steht man solchen Vokabeln und deren geschwindem Vergessen sonst recht hilflos gegenüber, kann man diese langen, zungenbrecherischen Buchstabensuppen durch das Dekodieren relativ schnell und mühelos aussprechen. Allein schon durch die kurzzeitig intensive Beschäftigung mit den Silben und das Sammeln von lautähnlichen bekannten Wörtern prägt sich das fremde Wort viel besser ein als durch wiederholtes Durchlesen. Und durch die visuelle Assoziation haben Sie mit ein paar Kontrollwiederholungen begründete Hoffnung, es sicher behalten und abrufen zu können. Das Tempo kommt auch hier wieder mit der Übung durch das Anwenden.

Sicherlich funktioniert das nicht mit allen Vokabeln gleich gut. Darum sei an dieser Stelle noch einmal in Erinnerung gerufen, dass es – abgesehen von diesen Übungen – in der Praxis meist nicht nötig ist, die ganze Vokabel Silbe für Silbe zu dekodieren. Oft genügen die ersten 2 bis 3 Silben, um die Erinnerung für die Abfolge der ganzen Vokabel in Gang zu setzen.

Silbenwörter 2 – wie Sie noch schneller werden

Wenn Sie schneller darin werden wollen, Ersatzwörter zu finden, können Sie sich grundsätzlich auf schwierige Wörter mit einem kleinen Trick vorbereiten. Vokabeln, zu denen Ihnen spontan keine ähnlichen deutschen Wörter einfallen, knacken Sie mit der eben beschriebenen Silbentechnik – entweder für die ersten Silben oder für das ganze Wort.

Während der Ausarbeitung dieses Buches habe ich die verschiedensten Selbsttests gemacht. Beim Lernen aus einer alphabetischen Liste wurde mir bewusst, wie wichtig es ist, die sich permanent wiederholende Silbe IN nicht immer auf die gleiche, bevorzugte Art und Weise zu verbildern. Erinnern wir uns noch einmal an das Beispiel *insurance – Versicherung* und den INdianer mit seinem SCHUH. Wenn Sie alle Assoziationsbilder mit einem INdianer bauen, ist die Verwechslungsgefahr groß. Sie werden Mühe haben auseinanderzuhalten, was welcher Indianer in welcher Geschichte tat. So notierte ich mir INsel, INder, INsekt. Ein Blick ins deutsche Wörterbuch brachte mir noch INterview, INfekt, INsasse, INsulin, INstrument und natürlich noch viele Wörter, die schlecht zu verbildern sind und damit als ungeeignet ausscheiden. Mit dieser kleinen, aber sehr effektiven Vorbereitung können Sie viel schneller auf Wortideen für Einzelsilben zurückgreifen und Ihre Assoziationsbilder werden farbenreicher, origineller und kreativer.

So bereiten Sie sich vor:

Wenn Sie eine Sprache lernen, werden Ihnen bestimmte Silben häufiger als andere begegnen. Schauen Sie sich Wortlisten Ihrer Lernsprache an und notieren Sie sich die Silben, die besonders häufig vorkommen. Beschränken Sie sich zunächst auf die Anfangssilben der Vokabeln, denn diese sind die wichtigsten für Sie. (An dieser Stelle sei auf das Kapitel „Fremdwörter" hingewiesen, in dem zahlreiche Ableitungsmöglichkeiten aufgezeigt werden.) Für Englisch sind das unter anderem:

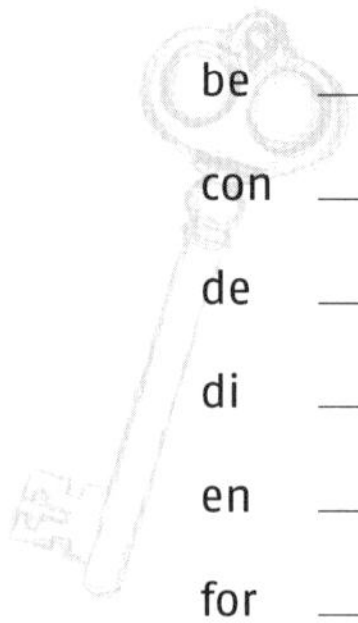

be ______________________________

con ______________________________

de ______________________________

di ______________________________

en ______________________________

for ______________________________

im ______________________________

in ______________________________

ma ______________________________

mi ______________________________

op ______________________________

pa ______________________________

re ______________________________

Notieren Sie hinter die Silben die Wörter, die Ihnen zu jeder Silbe auf Anhieb einfallen. Achten Sie bitte darauf, konkrete, bildhafte Wörter auszuwählen. Tauschen Sie auch hier z. B. CON gegen KON usw. Nehmen Sie sich dann noch ein bisschen mehr Zeit und ergänzen Sie Ihre Ideen. Drei zur Auswahl sollten Sie schon überall stehen haben. Wenn Englisch für Sie nicht interessant ist, können Sie diese Übung natürlich mit Silben bezogen auf Ihre Lernsprache durchführen.

20. Schlüssel: der Falsche-Deutsch-Trick

Wenden Sie diesen raffinierten Kniff an, um sich klanglich sehr fremde oder schwierige Vokabeln mit der richtigen Aussprache einzuprägen. Sie finden Ihre deutschen Schlüsselwörter wie gewohnt und bilden Ihre Assoziation, benutzen die Schlüsselwörter dann aber im Klang der fremden Sprache. Da Sie wissen, was Sie auf Deutsch meinen, können Sie sich dadurch die richtige Aussprache beispielsweise des Wortes **objašnjavati** aus dem 19. Schlüssel wie folgt besser merken:

Der ***OB***er bringt nur ***JASCH***min für den ***NJA***ckten ***WATI*** und **erklärt** …

Auf diese Weise prägt sich die dem Deutschen fremde und von den Schlüsselwörtern stärker abweichende Aussprache bedeutend besser ein. Dieser Kniff wird für Sprachen wie beispielsweise Italienisch weniger nötig, aber für osteuropäische Sprachen oder auch Französisch hilfreich sein.

21. Schlüssel: Ähnlichkeitssätze – ein großer Spaß

Manchmal liegt es fast auf der Hand, aus dem Gesamtklang der Vokabel oder auch aus den einzelnen Silben nicht eine Bildkette oder Geschichte, sondern einen Satz zu bilden. Der entscheidende Punkt dabei ist: Haben Sie nicht nur Spaß an den Sätzen, sondern visualisieren Sie. Denn die Menge der Vokabeln, die Sie lernen, ist nicht zu vergleichen mit dem ein oder anderen Merksatz aus dem Geschichtsunterricht, der auch nach 20 Jahren noch sitzt. Stellen Sie sich daher die Szenen bildhaft und emotional vor, damit sich Ihre Assoziation ins Gedächtnis eingräbt. Beispiel:

eivastaa *(finn.)* [EIWASDAA] **– niesen**
Wenn ein Finne **niesen** muss, ruft er nicht „hatschi", sondern:
„***Ei, was da***s??"

Stellen Sie sich nicht nur das Niesen, sondern auch die den Satz untermalende fragende Geste des Niesenden vor.

Probieren wir es wieder gemeinsam. Sprechen Sie das Suaheli-Wort für *Entschuldigung* – *samahani* ein paarmal für Sie hörbar aus. Welche Wörter hören Sie darin? Einigen wir uns auf *Sah*, *ma (mein)*, *Hahn(i)*. Nun verknüpfen Sie diesen Satzfetzen mit der deutschen Bedeutung *Entschuldigung* zu einer einprägsamen Szene. Probieren Sie es selbst, bevor Sie weiterlesen.

Samahani *(suah.)* **– Entschuldigung!**
Stellen Sie sich vor, wie Sie „**Entschuldigung!**" rufen und die Leuten fragen „***Sah ma Hahni?***" und Ihnen ein Bild Ihres Hahns zeigen.

Hier noch ein Beispiel, wie zusätzliche Wörter einfließen können, um einen sinnvollen Satz zu ergeben.

objašnjavati *(kroat.)* **– erklären**
„Nicht das ***Obj***ektiv in ***Asch***e legen, ***na warte***!!", rufen Sie dem Kind zu.

Sprechen Sie die folgenden Vokabeln laut und unterschiedliche betont aus, um deutsche Satzfetzen darin zu hören. Vielleicht gelingen Ihnen schon zwei oder drei dieser progressiven Auswahl.

Übung: Bilden Sie Ähnlichkeitssätze

kummitus *(finn.)* – Gespenst
Поворот *(russ.)* [POWARÓT] – Kurve
سرق *(arab.)* [SARAKA] – stehlen
su tüketimi *(türk.)* – Wasserverbrauch
горничная *(russ.)* [GÓRNITSCHNÄ] – Zimmermädchen

Meine Assoziationsideen zu den „Ähnlichkeitssätzen"

kummitus *(finn.)* **– Gespenst**
„***Kumm mit us***", laden wir das einsame **Gespenst** ein.

powarót *(russ.)* **– Kurve**
Der ***Po war rot***, als der Biker sich zu sehr in die **Kurve** legte.

saraka *(arab.)* **– stehlen**
Ich ***sah*** (den) ***Rack***er, der alles **gestohlen** hat.

su tüketimi *(türk.)* **– Wasserverbrauch**
Der Manager zum Hoteldetektiv: „***Su***ch ***Türke Timi***, der so einen hohen **Wasserverbrauch** hat!"

gornitschnä *(russ.)* **– Zimmermädchen**
Das neue **Zimmermädchen** kann ***gor nitsch, nä?***

22. Schlüssel: nicht verbeißen – liegen lassen

Dies ist ein durchaus ernst gemeinter Tipp für das Finden von Schlüsselwörtern. Gerne verbeißt man sich nach dem Motto „das muss doch …", aber es wird dann meist nicht mehr. Wenn Ihnen zu einer Vokabel keine Ersatzwörter einfallen wollen, ein effektiver Tipp aus der Praxis: Lassen Sie die Vokabel erst einmal liegen und machen Sie mit der nächsten weiter. Werfen Sie am Ende oder am nächsten Tag noch einmal einen Blick darauf. Auf einmal lichtet sich der Nebel und man entdeckt Ersatzwörter, von denen man sich fragt, warum man diese denn vorher nicht gesehen hat.

Legen Sie sich beim Lernen einfach einen Zettel daneben, auf dem Sie die noch nicht geknackten Vokabel-Nüsse notieren, dann ist der Kopf erst einmal wieder frei.

23. Schlüssel: wenn gar nichts geht – simplify

Trotz aller Tipps und Kniffe haben Sie eine Vokabel, bei der einfach nichts gehen will. Dann greifen Sie auf die „Simplify-Variante" der Schlüsselwortmethode zurück: Bilden Sie ganz einfach eine Verknüpfung mit *einem* möglichst gegenständlichen Schlüsselwort für die *erste* Silbe der Vokabel und ihrer Bedeutung. Wählen Sie ein bildhaftes deutsches Schlüsselwort, dass mit derselben ersten Lautsilbe wie die Vokabel beginnt oder mit den ersten 2 bis 3 gleichen Buchstaben. Beispiel:

окóшка *(russ.)* [AKOSCHKA] **– Schalter**
Am **Schalter** bedient Sie ein ***Ak***robat.

Beim Abrufen begegnet Ihnen in Ihrem mentalen Bild wieder die erste Silbe als Erinnerungshaken für Ihre Vokabel:

Am Schalter → Sie sehen den AKrobaten → AKoschka.

Es versteht sich von selbst, dass die mit der Erste-Silbe-Technik gelernten Vokabeln nicht ganz so schnell und verlässlich sitzen wie Vokabeln, bei denen der größte Wortteil durch Schlüsselwörter ersetzt wurde. Daher sollten diese beim ersten Einprägen etwas öfter gesprochen werden, damit sich der gesamte Wortzusammenhang einprägt. Trotzdem ist diese Technik eine deutliche Verstärkung gegenüber dem Lernen ohne jegliche Verknüpfung zwischen Fremdwort und seiner Bedeutung. Es ist vergleichbar mit einer unsichtbare Souffleuse, die Ihnen ins Ohr flüstert: „Das Wort beginnt mit ‚AK'."

Anbei ein paar Vokabeln, für die Sie vielleicht auch mehrere Schlüsselwörter finden würden. Probieren Sie trotzdem aus, diese bewusst nur mit der Erste-Silbe-Technik bzw. mit den ersten Buchstaben zu bearbeiten und einzuprägen.

Übung: Beschränken Sie sich auf die erste Silbe

apina *(finn.)*	– Affe
kifli *(ungar.)*	– Hörnchen
gloomy *(engl.)* [GLUHMI]	– trübselig
cortège *(frz.)* [KORTÄ~~SCH~~]	– Umzug, Gefolge
بدل *(arab.)* [BADDALA]	– umtauschen

Meine Assoziationsideen zur „ersten Silbe"

apina *(finn.)* **– Affe**

Der **Affe** bewirft Sie mit einem ***Ap***fel.

kifli *(ungar.)* **– Hörnchen**

Die Junkies probieren, ein **Hörnchen** zu ***kif***fen.

gloomy *(engl.)* **– trübselig**
Da ist einer so **trübselig**, der starrt stundenlang in die ***Glu***t.

cortège *(frz.)* **– Zug, Umzug, Gefolge**
Beim **Umzug** singt ein Kinder-***Chor***.

baddala *(arab.)* **– umtauschen**
Sie wollen Ihre Einkäufe **umtauschen,** das tut man bei den Arabern in einem ***Bad***.

24. Schlüssel: Pflänzchen gießen

Eigentlich kein Schlüssel, aber das Öl dafür, damit die anderen Schlüssel wie geschmiert funktionieren: Hören Sie nicht auf, sondern halten Sie Ihre neu gewonnenen Fähigkeiten geschmeidig. Feilen Sie weiter an der Verknüpfungsgeschicklichkeit, an der Qualität Ihrer Assoziationen. Nehmen Sie sich am besten ein Minimalprogramm vor: jeden Tag *eine* neue Vokabel verbildern. Oder wöchentlich 5 Stück. Setzen Sie sich kleine Ziele, die Sie auf jeden Fall durchhalten können. Gießen Sie das Pflänzchen.

10. Tag

Welches sind die schwierigsten Sprachen der Welt? Und gibt es leichte Sprachen? Diese Frage kann nur jeder Sprachenlerner für sich persönlich beantworten, denn es kommt dabei immer auf die Muttersprache des Lerners an.

Ähnliche Sprachen

Sprachen, die dem germanischen Stamm angehören, sind für Deutschsprachige leichter zu lernen, da sie viele Ähnlichkeiten aufweisen. Schlagen Sie einen niederländischen oder schwedischen Sprachführer auf und Sie werden feststellen, dass viele Wörter den deutschen ähnlich sind und durch das Lesen oder Hören erahnt werden können. Kombinieren Sie, was die folgenden schwedischen Wörter bedeuten könnten:

reparationsverktyg [RAPARA'SCHUNSWÄRK'TÜHG]

styrketräning [STÜRKETRÄHNING]

luftpump [LÖFTPÖMP]

bubbelpool [BÖBBEL'PUHL]

Lösung: Flickzeug – Krafttraining – Luftpumpe – Whirlpool

Oder einige Beispiele aus dem Englischen:

rhyme – Reim, critic – Kritiker, capsule – Kapsel

Auch in romanischen Sprachen wie Italienisch oder Spanisch finden wir noch viele ähnliche Begriffe wie z. B.:

la lámpara *(span.)* – Lampe, poster *(it.)* – Poster,
riservare *(it.)* – reservieren

Auch die Aussprache ist beispielsweise im Italienischen mit Kenntnis einiger Regeln wie *ci* = *tsch* leicht nachzuvollziehen, da sie dem Deutschen ähnelt. Kurzum, das Gehirn findet bei diesen Sprachen viele schon vorhandene Anknüpfungspunkte.

kit di riparazione *(it.)* – Flickzeug

Sehr fremde Sprachen

Anders ist es bei Sprachen, in denen das Gehirn keinerlei Anknüpfungspunkte findet, sich kein Wort durch Logik erschließen lässt und auch viele Sprachlaute fremd sind.

korjaussarja *(finn.)* – Flickzeug

Sprachen, die einen anderen Ursprung haben, also nicht dem indogermanischen Sprachstamm angehören, sind in ihrer Phonetik und Satzstruktur oft so andersartig, dass das Erlernen dieser Sprachen meist deutlich schwerer fällt und mehr Zeit investiert werden muss.

Die Gesamtheit aller Sprachen kennt ca. 70 Phoneme, also kleinste bedeutungsunterscheidende sprachliche Einheiten, aus denen weit mehr verschiedene Sprachlaute gebildet werden. Die deutsche Sprache kennt – wie jede andere Sprache auch – nur einen Teil davon. Daher finden Sie auch nur eingeschränkt vertraute Entsprechungen im Sinne von Schlüsselwörtern dafür. Denken Sie beispielsweise an das englische *th*, einen Laut, den Sie damals ganz neu zu sprechen lernen mussten. Um diesen Laut mit einem deutschen Wort – ähnlich, nicht perfekt – auszudrücken, müsste man auf ein *se* wie in *Ho-se* zurückgreifen.

Die Schlüsselwortmethode hat also da ihre vorläufigen Grenzen, wo durch die Anhäufung völlig fremder Sprachlaute und die Kombination dieser kaum noch ähnlich klingende Wörter in der Muttersprache gefunden werden können.

Verbildern Sie exotische Klänge

Extrem trifft dies für Tonsprachen wie z. B. Chinesisch oder afrikanische Sprachen mit ihren Schnalzlauten zu. In solchen Tonsprachen werden wir mit einer Vielzahl an Lauten und Tonverläufen konfrontiert, die wir in der Form nicht kennen. Ein gutes musikalisches Gehör ist da von Vorteil, denn der unterschiedliche Tonverlauf ein und derselben Silbe beinhaltet völlig unterschiedliche Bedeutungen und muss unbedingt mitgelernt werden. Ansonsten bereiten Sie den Chinesen viel Spaß, wenn Sie statt von der Mutter *mā* versehentlich vom Pferd *mǎ* sprechen.

Dennoch kann Ihnen die Schlüsselwortmethode auch bei solchen Sprachen eingeschränkt gute Merkdienste leisten, sodass Sie den Vokabeln und dem ständigen Vergessen dieser ungewöhnlichen Silbenzusammenstellungen nicht völlig hilflos gegenüberstehen. Es geht hier eben wirklich nur um Ähnlichkeiten im weitesten Sinne. Dass solche Vokabeln intensiver mit der korrekten Aussprache und Tonkurve gelernt und öfters wiederholt werden müssen, versteht sich von selbst. Jedoch erhält Ihr Gehirn mit der Schlüsselwortmethode überhaupt einen Anknüpfungspunkt.

shuāng *(chin.)* **– Frost**
Durch den **Frost** klebt ein ***Schuh*** an der ***Ang***el fest.

Alternativ gibt Ihnen der 23. Schlüssel mit seiner *Simplify-Variante erste Silbe* ganz abrufsicher den lautähnlichen Beginn der Vokabel wieder, und das ist auch schon hilfreich. Probieren Sie es aus:

Übung: 4 chinesische Trainingsvokabeln

diāosù – Skulptur
gǎnmào – Grippe
hútòng – Gasse
wánchéng – fertig

Meine Assoziationsideen für die chinesischen Vokabeln

diāosù – Skulptur
An der **Skulptur** hängen lauter ***Dia***s.

gǎnmào – Grippe
Die ***Gan***s liegt mit **Grippe** im Bett.

hútòng – Gasse
Durch die **Gasse** fliegt ein ***Hut***.

wánchéng – fertig
Immer wenn Sie **fertig** mit einer Arbeit sind, steigen Sie in die ***Wan***ne.

Verbildern Sie zusammengesetzte Vokabeln

Auch die deutsche Sprache ist bekannt dafür, dass es sehr lange Wörter gibt oder man auch ganz legitim und spontan neue Bandwurmwörter wie „Gedankenbilderverknüpfungsgeschicklichkeit" erschaffen kann. Diese zusammengesetzten Begriffe werden in anderen Sprachen durch mehrere einzelne Wörter ausgedrückt im Sinne von „Tagesheim der Kinder" für Kindertagesstätte oder „Fachangestellte der Verwaltung" für Verwaltungsfachangestellte. Um bei diesen Wortkombinationen die Schlüsselwortmethode anzuwenden, gibt es zwei Möglichkeiten: Entweder Sie behandeln die zusammengesetzte Vokabel wie ein einzelnes langes Wort und wandeln es im Gesamten in Schlüsselwörter um, z. B. für Englisch:

false evidence – Falschaussage ⟶ SW: FALSCH, EVI, TANZ
Nach der **Falschaussage** macht die ***falsch***e ***Eva*** einen ***Tanz*** im Paradies.

Oder Sie greifen sich lediglich das zentrale bzw. unbekanntere Wort heraus und suchen nur dafür ein Schlüsselwort. Diese Variante ist zu bevorzugen, da sie schneller geht und sich einem der Rest der Vokabel, also das bekanntere Wort der Wortkombination, oftmals automatisch erschließt. Beispielsweise ist einem Englischlerner das Wort *food* für

Lebens- bzw. Nahrungsmittel schon früh bekannt. Somit reduziert sich alles auf das zweite Wort:

food labelling – Lebensmittelkennzeichnung
Die **Lebensmittelkennzeichnung** wird mit einem ***Label***lo vorgenommen.

food supply – Nahrungsmittelversorgung
Die **Nahrungsmittelversorgung** wird sichergestellt, indem massenweise ***Sup***pe mit ***Ei*** produziert wird.

Übung: 5 fremdsprachige Wortkombinationen

gusto di lampone *(it.)* – Himbeergeschmack
Das bekannte Wort „gusto = Geschmack" sparen Sie hier aus.

mal di mare *(it.)* – Seekrankheit

luncheon voucher *(engl.)* [LANSCHN WAUTSCHE] – Essensmarke

to mess sth. up *(engl.)* – etw. vermasseln

panneau d'affichage *(frz.)* [PANO DAFFISCHA~~SCH~~E] – Anzeigen-, Reklametafel

Meine Assoziationsideen zu den „Wortkombinationen"

gusto di lampone *(it.)* **– Himbeergeschmack**
Weil er den **Himbeergeschmack** so mag, wirft sich Meister ***Lampe*** in die Himbeeren.

mal di mare *(it.)* **– Seekrankheit**
Gegen die **Seekrankheit** hilft „***Mal*** das Meer".

luncheon voucher *(engl.)* **– Essensmarke**
Sie wollen ***lunchen***, aber da klaut Ihnen ein Wau***wau, autsch,*** die **Essensmarke**.

to mess sth. up *(engl.)* **– etw. vermasseln**
Sie **vermasseln** die Prüfung, denn Ihnen brechen beim Kochen alle ***Mess***er ***ab***.

(le) panneau d'affichage *(frz.)* **– Anzeigen-, Reklametafel**
Mit der **Anzeigentafel** haben wir eine ***Panne***: ***A Fisch*** hängt dort (und ist „im ***Arsch***").

Das Abschluss-Examen

Gratulation! Sie sind nun fast fertig mit dem Programm. Zum Abschluss Ihres 10-Tage-Trainings, oder sagen wir lieber, zum Start Ihres nun selbstständigen Vokabellernens mit der Schlüsselwortmethode begeben wir uns jetzt in eine reale Lernsituation. Die Übungsvokabeln dieses Buches dienten meist dem Zweck, einen bestimmten Kniff zu üben oder Vokabeln zu einer bestimmten Gruppe (z. B. nur Adjektive, nur Abstraktes) zu verbildern, und waren daher immer speziell ausgesucht. Infolgedessen war das Training manchmal etwas anstrengender als im wirklichen Lernleben.

Darum stellen wir hier zum Abschluss eine echte Lernsituation nach, eine Seite aus dem thematischen Grundwortschatz Italienisch (aus dem Hueber-Verlag). Es ist keine Vokabel ausgelassen, sie sind der Reihe nach aufgeführt, wie sie im Wortschatz auftauchen. (Für Nicht-Italiener: Verben enden auf -are, Substantive auf o, a oder e.)

Machen Sie sich jetzt Stress und wollen den Abschluss unbedingt *summa cum laude* machen? 80 Prozent wären schon sehr erfolgreich! Sie haben 10 Minuten Zeit. Here we go!

Übung: Italienisch – Thema Unterricht

insegnare [INSSENJARE]	–	unterrichten	SW: ________________
scopo [SKOPO]	–	Zweck, Ziel	SW: ________________
maestro [MAJESTRO]	–	(Grundschul-)Lehrer	SW: ________________
professore [PROFESSORE]	–	Lehrer ab 6. Klasse	SW: ________________
scolaro/a [SKOLARO]	–	Schüler/in	SW: ________________
spiegare [SSPIGARE]	–	erklären	SW: ________________
chiaro [KJARO]	–	klar	SW: ________________
lezione [LÄTZIONE]	–	Stunde	SW: ________________
motivare [MOTIWARE]	–	motivieren	SW: ________________
imparare [IMPARARE]	–	lernen	SW: ________________

Assoziationsvorschläge haben Sie jetzt garantiert nicht mehr nötig, aber falls Sie ein letztes Mal vergleichen möchten: Sie finden sie am Ende des Buches.

Aus Wissenschaft und Forschung I

4

Vokabeln nie mehr vergessen!

Wie geht es nun weiter, wenn Sie als Vokabelbild-Meister eine Vokabel mit der Schlüsselwortmethode erfolgreich gelernt haben? Ist diese fest im Gedächtnis verankert und für immer abrufbereit? Brauchen Sie sich nie mehr darum zu kümmern?

Nun, ganz ohne Wiederholung geht es auch mit der Schlüsselwortmethode nicht, wenn wir Vokabeln dauerhaft behalten wollen. Das lässt sich auch an den Ergebnissen der internationalen Studien und meinen eigenen Tests (Kapitel 7) ablesen: Ein bisschen Schwund gibt's immer – wenn auch dramatisch weniger als im Vergleich zum paukenden Vokabellernen.

Mit der Schlüsselwortmethode können Sie sich daher eine Menge Wiederholungen sparen, aber nicht alle! Nun sind wir uns sicher einig, dass wir so wenig Zeit wie möglich in das Wiederholen stecken wollen. Da drängt sich die Frage auf, ob es irgendwelche Erkenntnisse oder Mechanismen gibt, wie oft, wann oder wie man wiederholen sollte.

Vom „richtigen" und sinnlosen Wiederholen

Gedächtnisforscher haben festgestellt, dass man 5 bis 7 gelungene (!) Wiederholungen über einen *wachsenden* Zeitraum benötigt, bis die Vokabel abrufsicher im Gedächtnis gespeichert bleibt. Warum „gelungene" Wiederholungen? Durch Wiederholung wird die Signalübertragung zwischen den Nerven stabiler und der Reiz stärker. Oder salopp gesagt: Die Gedächtnisspur wird breiter. Aus einem schmalen, huckeligen Weg wird eine breite Autobahn, über die Informationen nur so dahinrasen können.

Der Schlüssel zum *dauerhaften* Merken heißt also: Wiederholen! Wiederholen, bevor der vorhandene Reiz abbricht, wiederholen, kurz bevor wir anfangen zu vergessen, damit sich das (Vokabel-)Wissen durch gelungene Wiederholungen weiter vertieft und wir nicht wieder neu lernen müssen.

Das wirft die Frage auf, wie das methodisch gemanaged werden kann, ohne den Überblick über den wachsenden Berg von Vokabeln zu verlieren und den individuell richtigen Zeitpunkt für jede einzelne Vokabel – je nachdem, wie stark der Reiz gerade ist – abzupassen.

Schon vor über hundert Jahren haben Lernpsychologen festgestellt, dass Wiederholungen über einen längeren Zeitraum verteilt einen weitaus höheren Merkeffekt erzielen als sogenanntes „gehäuftes" Lernen. Dabei spielen die wachsenden Zeitabstände eine wichtige Rolle. Wiederholungen müssen *gezielt* sein und nicht irgendwann erfolgen, damit der ersehnte Langzeiteffekt eintritt und der Lernstoff zwischendurch nicht verloren geht.

Ein solches Modell gezielter Wiederholungen in den richtigen Zeitintervallen ist nur mit einer guten Organisation durch spezielle Systeme, wie Vokabelkärtchen-Boxen (Lernkartei) oder elektronische Vokabellernsysteme, durchzuhalten.

Die Lernkartei oder Vokabelbox ist ein bekanntes, gleichwohl oft verschmähtes und unterschätztes System. Sie ist nicht so simpel, wie es scheint, vereint sie doch mehrere lernpsychologische Grundsätze der Lernforschung in sich. Wenn man diese Hintergründe und zugrundeliegenden Mechanismen dieses Systems kennt und versteht, wird auch der innere Schweinehund leiser, der vor der Lernkartei wacht und sie gerne verstauben lässt. Mit diesem etwas Selbstdisziplin erfordernden System bringen Sie Organisation in Ihr Vokabellernen und Ordnung ins Gedächtnisarchiv. Und Sie können dieses Lernsystem ideal mit Ihrer Lernmethode Schlüsselwortmethode kombinieren.

Langzeitgedächtnis und Lernkartei

Entwicklung, Wirkmechanismen, Handhabung

Das Prinzip der Lernkartei basiert auf wissenschaftlichen Forschungsergebnissen aus den Anfängen der experimentellen Gedächtnisforschung um 1900 herum und dem Transfer auf das Vokabellernen durch *Sebastian Leitner* in den 1970er-Jahren. Eine dieser Forschungsreihen war die verhaltenspsychologische Studie des russischen Psychologen *Prof. Iwan Petrowitsch Pawlow*, der als einer der Väter der Lernpsychologie gilt und 1904 mit dem Nobelpreis ausgezeichnet wurde.

Schon im 19. Jahrhundert führte Prof. Pawlow erstmals eine mehrteilige Versuchsreihe durch, die unter dem Namen „Der Pawlow'sche Hund" Weltruhm erlangte. Dabei wurde jeweils der Speichelfluss eines Hundes in Bezug auf einen Glockenton und ein Stück Fleisch in verschiedenen Abfolgen und Zusammenhängen gemessen. In der heutigen Psychologie wird das von ihm entdeckte Prinzip als „klassische Konditionierung" (Reiz – Reaktion) bezeichnet.

Eine der daraus resultierenden Erkenntnisse Pawlows, dass Belohnung und Nichtbelohnung bei Lernvorgängen unmittelbar, also augenblicklich auf den Reiz erfolgen müssen, um Lernerfolg und Motivation zu erzeugen, setzte Sebastian Leitner in der Form der Lernkartei und einzelner Vokabelkärtchen um. Er entwickelte dazu einen Kasten mit fünf Fächern, die um eine bestimmte Länge zunehmen. Auf kleine Karteikärtchen oder Zettel wird jeweils nur eine Vokabel notiert sowie ihre deutsche Übersetzung auf die Rückseite.

Auf den Reiz, die Frage, erfolgt die Reaktion, die Antwort und die unmittelbare Belohnung. Belohnung heißt: Ist die Antwort richtig, freut man sich und befördert die Karte eigenhändig ein Fach weiter. Nicht-Belohnung: Ist die Antwort falsch, freut man sich nicht so sehr.

Was steckt dahinter? Legales Gehirn-Doping

Erfolg und Misserfolg wirken auch auf das Gedächtnis. Bei Erfolg schüttet das hirneigene Belohnungssystem den Nervenbotenstoff Dopamin aus. Das Dopamin macht uns Spaß und steigert unsere Motivation. Abgesehen davon bewirkt es biochemisch auch eine bessere Speicherung im Gedächtnis. Dieser Mechanismus wirkt unterschwellig bei der Leitner-Kartei mit.

Durch das Zerlegen des Lernstoffs in kleine Häppchen (eine einzelne Vokabel statt einer ganzen Liste) wird auch der kleinste Lernerfolg greifbar gemacht. Und Erfolg wiederum ist der stärkste Treibstoff der Motivation. Aber der Lernkasten enthält noch einen weiteren Mechanismus.

Vergessen ist menschlich

Zum Grad des menschlichen Vergessens innerhalb einer bestimmten Zeit wurden zahlreiche Messungen veröffentlicht, begonnen im Jahre 1885 durch die wegweisenden Experimente des Berliner Psychologen H. *Ebbinghaus* bis in die heutige Zeit. Der Grad des Vergessens hängt dabei auch immer von der Art des zu lernenden Stoffes (sinnlose Silben, sinnvolle Zusammenhänge) und von der Methode des Einprägens ab. Die für uns wichtige Quintessenz aus allen Forschungen ist: Die größte

Verlustgefahr lauert in den ersten Stunden und Tagen (insbesondere bei zusammenhanglosem Stoff wie z. B. abstrakten Buchstabenfolgen wie Vokabeln), danach wird der Stoff mit abnehmender Geschwindigkeit vergessen.

Aufgrund jener Messergebnisse und den daraus resultierenden Konsequenzen konzipierte Leitner ein Wiederholungssystem, bei dem die meisten Wiederholungen am Anfang des Lernens stehen und mit der Zeit drastisch reduziert werden. Es geht darum, Wiederholungen so wenig wie möglich und so viel wie nötig durchzuführen und jede Vokabel dabei individuell behandeln zu können.

Die original Leitner-Wiederholungstechnik

1. **Sie fertigen einen Stapel von 20 bis 30 Vokabelkärtchen an.** Dann nehmen Sie die erste Karte, lesen die deutsche Bedeutung und überlegen, ob Ihnen das fremdsprachige Wort einfällt. Die Vokabeln, die Ihnen noch vom Aufschreiben her leicht im Gedächtnis geblieben sind, legen Sie schon im zweiten Fach ab, die nicht gewussten im ersten Fach.

2. **Danach gehen Sie alle nicht gewussten Vokabeln im ersten Fach erneut durch.** Was Sie nun wissen, wandert ebenfalls ins zweite Fach ans Ende, nicht gewusste Vokabeln verbleiben im ersten Fach. Das tun Sie so lange, bis nur noch drei oder vier Vokabeln übrig sind. Diese bleiben im ersten Fach.
Sie merken schon, dass auf diese Weise automatisch nur die schwer zu merkenden Vokabeln öfter wiederholt werden und unnötige Wiederholungen der leicht merkbaren Vokabeln vermieden werden.

3. **Am nächsten Tag tun Sie dasselbe mit neuen Vokabeln.** Die im ersten Fach verbliebenen Vokabeln vom Vortag werden ebenfalls mitgelernt. Am nächsten Tag geht es nach demselben Muster weiter.

4. **Nach ein paar Tagen herrscht Gedränge im zweiten Fach und es muss gelüftet werden.** Nun werden nicht alle, sondern nur eine

Fingerbreite der vorderen Kärtchen in diesem Fach wiederholt. Beim Abfragen soll nicht lange überlegt werden. Was Ihnen nach 2 bis 3 Sekunden nicht einfällt, wird zurückgeschickt ins erste Fach, ins Harte-Brocken-Fach. Gewusste Vokabeln wandern ins dritte Fach weiter.

So geht es immer weiter. Prinzipiell werden die neuen oder wandernden Vokabeln immer ans Ende des schon vorhandenen Stoßes gestellt.

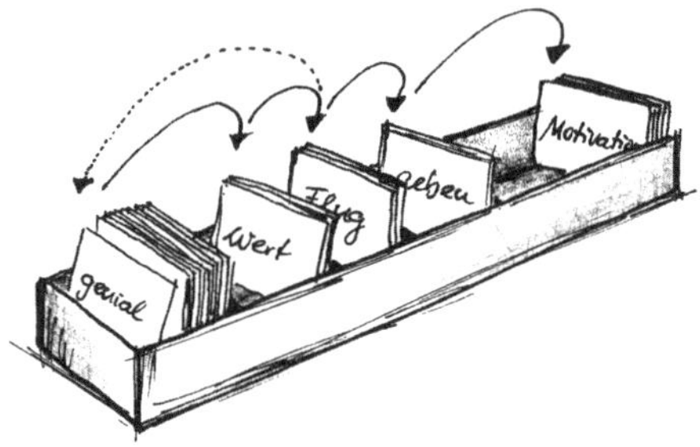

Durch die an Länge zunehmenden Fächer ergeben sich die zunehmenden Wiederholungsabstände. Die Länge der Fächer (1, 2, 5, 8, 14 cm) ist abgestimmt auf ein Vokabellernen von etwa 30 Stück pro Tag.

In einem Seminar erzählte eine Teilnehmerin mit spürbarer Entrüstung, dass sie manchmal sonntags (innerhalb der Woche habe sie dafür keine Zeit) etwa 3 Stunden intensiv Vokabeln lerne und wiederhole, aber der ganze Aufwand kaum etwas bringe. Bis zum nächsten oder übernächsten Sonntag habe sie fast alles vergessen.

In der folgenden Grafik sehen Sie die Erklärung in Kurvenform. Das beschriebene Phänomen des Vergessens ist völlig natürlich. Zusätzlich kommt es durch das gehäufte Pauken ähnlichen Stoffs innerhalb dieses langen Zeitraumes zwangläufig zu Interferenzen, Störungen des Lernprozesses durch Ähnlichkeitshemmungen. Auch die Konzentration und die Merk- und Leistungsfähigkeit des Gehirns nehmen rasant ab. Würde die Dame statt 1 × 3 Stunden nur 2 × 20 Minuten (verteilt auf 2 Tage) lernen, hätte sie bedeutend mehr Erfolg zu verzeichnen.

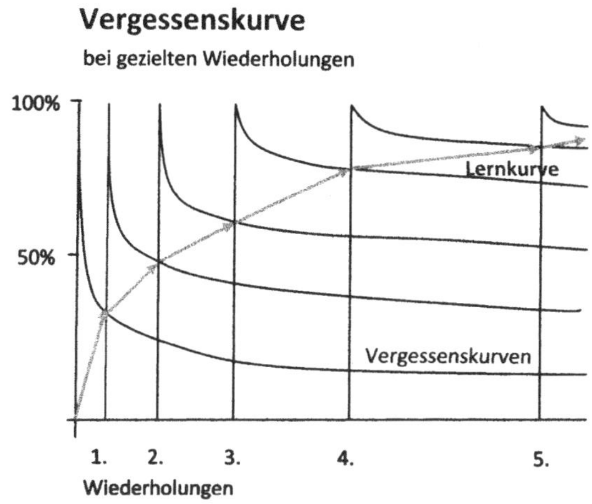

Deshalb lautet das von Lernpsychologen heute allgemein empfohlene Wiederholungsschema etwas modifiziert aber doch ähnlich:

1. Wiederholung am selben Tag
2. Wiederholung nach 1 Tag
3. Wiederholung nach 1 Woche
4. Wiederholung nach 1 Monat
5. Wiederholung nach 6 Monaten

Doch jedes Gehirn tickt anders: Der optimale Wiederholungszyklus ist eine individuelle Geschichte. Jedes Gedächtnis ist anders, jeder Mensch reagiert anders, darum sollte man mit allen pauschalen Empfehlungen zum Wiederholen flexibel umgehen und sie nur als grobe Richtlinie verstehen.

Im optimalen Fall erreicht man durch die gezielten Wiederholungen von Lernstoff eine positive Vergessenskurve = Lernkurve, wie sie die Abbildung oben (ohne Angaben der Art des Lernstoffes) gezeigt hat.

Zusammen perfekt im Langzeiteffekt

Wie schön wäre es, wenn nach nur 5 Wiederholungen 90 % der Vokabeln säßen, wie die Kurve impliziert. Fremdsprachenlerner wissen jedoch aus der Erfahrung, dass trotz konsequenten Wiederholens der Hase bei (gepaukten) Vokabeln anders läuft und die Lernkurve erheblich flacher verläuft. Aber das ist jetzt nicht mehr Ihr Problem, denn Sie gehören ja nicht mehr zur Garde der Vokabel-Büffler. Vorbei die Zeiten, als zahlreiche Vokabeln schon nach einem Tag verschwunden waren oder dem Einwochenintervall nicht standhielten und mehrfache Ehrenrunden im Wiederholungssystem drehten.

Die Bilanz mit Bildassoziationen sieht ganz anders aus. Halten wir uns im Vergleich noch einmal den hohen Wert des Vokabellernens über Vokabelbilder in Bezug auf das Wiederholungsschema vor Augen:

- Sie werden im Laufe des Wiederholungszyklus bedeutend mehr erfolgreiche Wiederholungen verbuchen und müssen weniger vergessene Vokabeln in das Harte-Brocken-Fach zurückschicken. – Mit den interaktiven Gedankenbildern wird es keine Vokabel mehr geben, die nervig hohe Wiederholungszahlen benötigt, bis sie ins letzte Fach gelangt und dauerhaft im Langzeitgedächtnis abrufbereit steht.
- Es wird auch verschwindend wenige Vokabeln geben, die schon nach einem Tag vergessen sind – genau der Phase, in der wir sonst immer am meisten vergessen.
- Je stärker Sie in Vorstellungskraft und Verknüpfungsgeschicklichkeit werden, desto stärker und tiefer werden die mentalen Vokabelbilder und damit die Vokabeln im Gedächtnis verankert. Die Bilanz wird beständig besser.

Mit der Verwendung der Schlüsselwortmethode steht bei einer vergessenen Vokabel übrigens immer an erster Stelle die Frage: „Wie kann ich mein Assoziationsbild verbessern?", bevor Sie anfangen, zusätzliche Wiederholungen einzubauen, die dann wahrscheinlich gar nicht mehr nötig sind.

Die durch Assoziationsbilder gelernten Vokabeln geraten also bedeutend später und in wesentlich geringerer Menge in Vergessenheit.

Was nutzt Ihnen die Lernkartei dann im Endeffekt? Lernkartei und Wiederholungsschema sind zwar in Bezug auf das Lernen (und Vergessen) von paukend gelernten Vokabeln entwickelt worden, aber auch beim Lernen über lang haltende Assoziationsbilder leistet der Kasten als zusätzliches Hilfsmittel wertvolle Dienste: Sie behalten den Überblick, um den Vokabeln die gezielten Wiederholungen zur rechten Zeit zu verabreichen und so dem Vergessen entgegenzuwirken. Andererseits halten Sie den Wiederholungsaufwand so gering wie möglich.

Mit der Schlüsselwortmethode gelten andere Zeitverhältnisse und die Vergessenskurven fallen signifikant flacher ab. Das bedeutet, die über Assoziationsbilder gelernten Vokabeln werden es Ihnen auch eher verzeihen, wenn Ihnen die Wiederholungsintervalle etwas lang geraten. Das ist erfreulich, denn wer kann das obige Wiederholungsschema schon immer konsequent durchhalten?! Falls Sie einmal eine längere Pause gemacht haben, fahren Sie einfach dort fort, wo Sie aufgehört haben, und kontrollieren Sie alle Fächer aus der verpassten Zeitspanne durch.

Kombinieren Sie also das Werkzeug zum Vokabellernen (Schlüsselwortmethode) mit dem Werkzeug zur Lernorganisation (Lernkartei) für Ihren optimalen Lernerfolg.

1 × bildlich-assoziativ lernen	**+**	**ein paar gezielte Wiederholungen**	**=**	**(fast) lebenslang behalten**

Lernen Sie am besten immer zuerst die neuen Vokabeln des Tages, um danach die alten zu wiederholen. Da Sie für das Lernen neuer Vokabeln mehr Energie brauchen als für das Wiederholen, sollte das am Anfang der Lernphase stehen.

Je schwächer die Methode ist, mit der wir Vokabeln lernen, umso mehr Zeit mit Wiederholungen bzw. dem Neulernen werden wir verbringen. Je stärker wiederum die Methode, desto weniger Wiederholungen sind nötig.

Verschiedene Lernsysteme unter der Lupe: Listen, Kästen, Elektronik

Listen versus Kärtchen

Zwar spart Ihnen das Lernen aus den im Lehrbuch gedruckten Vokabellisten die Schreibarbeit, beschert Ihnen dafür aber einen größeren Bedarf an Wiederholungen, denn insbesondere dem eigenhändigen Schreiben kommt noch eine besondere Bedeutung beim Vorgang des Einprägens zu. Zudem können Sie die Vokabeln mit ihrem individuellen Wiederholungsbedarf nicht so individuell behandeln, wie es nötig wäre. Dies gilt wiederum auch für selbst geschriebene Vokabellisten wie Vokabelhefte. Der Belohnungseffekt bleibt aus und die Übersicht über die Phasenebene der Vokabeln ist nicht gegeben. Unterm Strich ist das Lernen mit Vokabellisten dadurch weniger flexibel, von kürzerer Halbwertszeit und damit letztendlich zeitaufwendiger als das Schreiben von flexiblen Zetteln oder Kärtchen.

Kärtchen versus Elektronik

Auch wenn die elektronischen Lernkartei-Programme dadurch trumpfen, dass die genauen Wiederholungsintervalle für jede einzelne Vokabel perfekt eingehalten werden oder auch teilweise Fotos zu den Wörtern präsentiert werden, haben die Kärtchen die zum Teil eben schon erwähnten Vorteile:

Durch das *eigenhändige Schreiben* speichert unser Gehirn die Vokabel anders und tiefer ab als durch das Tippen auf Tasten. Die Motorik erhöht die Gedächtnisleistung. (Dies wird im Kapitel 6 unter „Rechtschreibung" näher beleuchtet.)

Zudem hat das *eigenhändige Einsortieren* ins nächste Fach den beschriebenen Belohnungseffekt. Im Vokabelkasten selbst sehen Sie *auf einen Blick*, wo Sie mit Ihren Wiederholungen stehen, wie viel Sie schon geschafft haben, wie Ihr Wortschatz wächst. Das motiviert zusätzlich. Außerdem können Sie einzelne Kärtchen *mobil* mitnehmen, um Wartezeiten zu überbrücken oder nebenbei zu lernen.

Mittlerweile bieten unter den elektronischen Systemen spezielle Smartphone-Apps zumindest ähnliche Mobilitätseigenschaften und Features wie *Aussprachekontrolle* an. Auf den Kärtchen wiederum können Sie problemlos *weitere Infos (Besonderheit, Aussprache usw.)* notieren. Die elektronischen *Foto-Wortbilder* hingegen bringen Ihnen nicht viel Gewinn, denn das Bild beispielsweise des *Fahrscheins* offenbart Ihrem Gedächtnis nicht automatisch das darunterstehende japanische Wort *kippu*, da dadurch noch keine Verbindung vorliegt – ähnlich wie in einem visuellen Wörterbuch. Mit unserer Methode hingegen haben Sie Ihr Assoziationsbild im Kopf: „Da drückt einer seine *Kippe (kippu)* auf meinem *Fahrschein* aus."

Vokabeln in der Kaffeetasse?

Am besten setzt man Vorsätze gleich in die Tat um, solange sie frisch sind. Wenn Sie also während des Lesens den Impuls verspürten, zukünftig mit dem Langzeitgedächtnis-Wiederholungssystem arbeiten oder es zumindest einmal ausprobieren zu wollen, dann warten Sie damit nicht, sondern nutzen Sie diesen Motivationsschwung. Ziehen Sie sich die Schuhe an und kaufen Sie sich ein paar Stapel Karteikärtchen im Format A7 / A8. Falls Ihr innerer Schweinehund Sie nicht an Ihre Schuhe lässt, können Sie sich alternativ einfach kleine Zettel aus einigen A4-Blättern schneiden. Schreiben Sie die schon bearbeiteten Trainingsvokabeln dieses Buches, die Sie dauerhaft behalten möchten, auf die Karteikarten bzw. Zettel. Wenn Sie noch keinen langen Karteikasten haben, tun es zur Not auch erst einmal ein paar Kaffeetassen als Fächerersatz, damit nichts Sie davon abhält, genau jetzt loszulegen.

5 Sprachen-Specials und passende Mnemonics

Vergessen Sie's! – Welche Wörter Sie nicht mit der Schlüsselwortmethode lernen sollten

Bekommt man bei Adjektiven oder abstrakten Substantiven mit Fantasie noch vorstellbare Bilder hin, geht dies bei Konjunktionen, Pronomen, Präpositionen usw., also Wörtern wie „*und, auf, weil, wo, dort, nicht, da, was, noch, wie, auch, ab* …" kaum mehr. Dies würden eher Merksätze werden. Solche Schlüsselwort-Sätze würden jedoch schlecht abrufbar sein, da diese Wörter ohnehin in fast jedem Satz vorkommen. Möchte man z. B. das fremdsprachige Wort für *nicht* abrufen – worum ging es noch mal im Satz mit *nicht*? Nicht gut … nicht einverstanden … nicht tun … Da ist es schon Glückssache, den Satz wiederzufinden. Trotzdem hier ein paar englische Beispiele, um zu verstehen, was gemeint ist:

not [NOTT] – **nicht**
Wer **nicht** arbeiten kann, hat oft finanzielle ***Not.***

because [BIKOHS] – **weil**
Weil sie den ***Bik***ini verliert, erntet sie lauter ***Ooohs.***

Oder für Präpositionen:

between [BITWIEN] – **zwischen**
Sie drängeln sich **zwischen** den Fahrgästen hindurch und ordern: „Einmal ***bit***te ***Wien***."

about [ÄBAUT] **– über**
Wir laufen **über** die morsche Brücke, die im letzten Jahrhundert ***erbaut*** wurde.

Nicht alles, was machbar ist, macht auch Sinn. Bevor Sie sich darüber den Kopf zerbrechen, wie Sie bei solchen Wörtern möglichst wenig umständliche Assoziationen knüpfen, lernen Sie diese paar Wörter besser auf andere Art und Weise. Insbesondere, da diese im Satzbau sehr häufig vorkommen, daher automatisch viel Wiederholung erfahren und relativ schnell „einfach so" im Gedächtnis hängen bleiben.

Die Schlüsselwortmethode eignet sich hervorragend zum Einprägen von Substantiven, Verben und auch noch gut für Adjektive und Abstraktes. Darüber hinaus kann man auf andere Lernmethoden ausweichen, um nicht in das zusammenhangslose Pauken zurückzufallen. Siehe zum Beispiel die folgende.

Der Trick mit dem Satz

Wenn Sie sich Konjunktionen, Präpositionen und Co., deren Bedeutung schwer zu verbildern ist, ebenfalls pfiffig, sicher und zeitsparend merken möchten, überlegen Sie, woran Sie bei dem deutschen Wort als *Erstes* denken, und dann bilden Sie einen ganz einfachen typisch realen Satz damit – ohne jegliche Schlüsselwörter.

on *(engl.)* **– auf**	I am sitting **on** the couch.
dove *(it.)* **– wo**	**Dov'**è l'autobus?

Eine Vokabel im Satzzusammenhang bleibt leichter und länger haften als eine isolierte Vokabel. Sie vernetzen auf diese Weise altes mit neuem Wissen. Optimal ist es, wenn der Satz auch noch bildlich vorstellbar ist und tatsächlich visualisiert wird.

Für den Fall, dass Sie noch so sehr am Anfang einer Sprache sind, dass Sie noch nicht in der Lage sind, Sätze selbstständig zu bilden, können Sie alternativ erst einmal wie folgt vorgehen:

ain *(arab.)* **– wo**	**Ain** geht es hier zum Bus?
faqat *(arab.)* **– nur**	**Faqat** noch ein Viertelstündchen.

Auch hier prägt sich die Bedeutung der Vokabel besser ein, als das stupide Wiederholen der Wortgleichung nur – faqat – nur – faqat usw.

Die Satzvariante der Schlüsselwortmethode

An dieser Stelle sei noch die Satzvariante der Schlüsselwortmethode erwähnt. Gerade am Anfang hat mancher den Bogen zu guten Assoziationsbildern noch nicht ganz raus. Gerne wird dann die Satzvariante empfohlen. Ich erwähne die Technik hier nur der Vollständigkeit halber. Gerade am Anfang passiert es Seminarteilnehmern ohnehin oft, dass sie einen Merksatz kreieren statt einer wirklichen Verknüpfung, in der beide Wörter miteinander interagieren und eine sichtbare Verbindung eingehen.

frotta *(it.)* **– Schar**
Satz: Wir müssen noch ***Frott***eehandtücher für die **Schar** der Urlauber kaufen.

Ein logischer Satz ohne bildhafte Verknüpfung und nur mit viel Fantasie visualisierbar. Üben Sie sich lieber in der Assoziationsqualität. Ein schwaches Assoziationsbild bzw. gar kein Bild hat nicht den gleichen Effekt. Verknüpft und visualisierbar ist es auf diese Weise besser:

frotta *(it.)* **– Schar**
Sie stellen sich vor, wie die ganze (Menschen-)**Schar** auf ***Frott***eehandtüchern sitzt.

Fremdwörter, Fachbegriffe, Definitionen

In vielen Berufen ist es unerlässlich, sich einen großen Wortschatz an Fremdwörtern und Fachvokabular anzueignen. Auch in Ausbildung und Studium ist oftmals das Lernen der spezifischen Terminologie (Fachsprache), also das Lernen einer Menge von Fachbegriffen und deren Definitionen, erforderlich. Als ich als Studentin damals einen Bekannten besuchte, wunderte ich mich, dass in jedem Türrahmen mehrere Zettel mit ungewöhnlichen Wörtern hingen. Er erzählte mir, dass er sich vorgenommen habe, Fremdwörter zu lernen. Da er sie immer wieder vergaß, hoffte er, sie sich auf diese Weise besser einprägen zu können. Leider hatten wir beide damals noch nichts von der Schlüsselwortmethode gehört, sonst hätte dieses etwas frustrierende und trockene Fremdwörterlernen spielend bewältigt werden können.

Fix ableiten durch Präfix und Suffix

Bevor man anfängt, „kopflos" Fremdwörter auswendig zu lernen, ist es sinnvoll, einmal genauer hinzuschauen und sich einige Grundlagen des Wortaufbaus klarzumachen. Die meisten Fremdwörter bzw. Fachbegriffe sind lateinischen oder griechischen Ursprungs. Daher sind auch die Vorsilben der meisten Fremdwörter der lateinischen oder griechischen Sprache entlehnt. Mit Kenntnis der häufigsten Vor- und Nachsilben (Präfixe und Suffixe) kann man sich eine große Anzahl an Fremdwörtern in ihrer Bedeutung teilweise oder im Gesamten selbst ableiten. Beispiel:

Heliograph: Mit Kenntnis des griechischen Präfixes *helio = sonnen-* und des griechischen Suffixes *graphie = schreiben* können Sie sich ableiten, dass es sich um ein Aufzeichnungs- oder Abbildungsgerät für die Sonne handeln muss. Die genaue Definition lautet:
Fernrohr mit Kamera für Sonnenaufnahmen. Bingo!

Präfixe

Es würde hier zu weit führen, sämtliche lateinische und griechische Präfixe und Suffixe aufzulisten. Wenn Sie viel Fachvokabular zu lernen haben, ist es für einen Nichtlateiner unbedingt lohnenswert, sich diese Listen zu besorgen und einzuprägen. Sie können sich mit dieser Vorbereitung eine Menge Lernarbeit sparen. Für unsere Zwecke seien hier zwölf der am häufigsten bei Fremdwörtern vorkommenden griechischen und lateinischen Präfixe aufgeführt.

ad	–	an, hin, zu
de	–	ab, aus, ent-
dis	–	auseinander
ex	–	aus
hyper	–	über *(gr.)*
hypo	–	unter *(gr.)*
in	–	hinein oder nicht bzw. un-
post	–	hinter, nach
pro	–	für, vor
prae	–	vor
re	–	zurück, gegen, wieder
syn/sym	–	mit *(gr.)*

Bekannte Beispiele sind: Re-produktion (Wieder- bzw. Nachbildung), Hypo-tonie (niedriger Blutdruck), hypo-thetisch (unterstellend).

Suffixe

Wenn Sie ein Fremdwörterlexikon durchblättern, wird Ihnen auffallen, dass es oft wiederkehrende Wortendungen enthält. So bezeichnen die Endungen *-skop* Untersuchungsgeräte, *-graph* Aufzeichnungsgeräte, *-meter* Messgeräte und die *-logie* die Wissenschaft bzw. Lehre von etwas. Während die Endung *-ose* auf eine Erkrankung hinweist und *-itis* auf eine Entzündung. Darum brauchen Sie nicht für jede Endung ein Schlüsselwort zu suchen. Was sich einem logisch erklärt, muss nicht mehr gelernt werden und der Aufwand reduziert sich auf meist nur ein Schlüsselwort für den hauptsächlichen Wortteil.

Besonders beim Lernen von Fachbegriffen der Heilkunde lässt sich viel Arbeit sparen, wenn man sich mit dem prinzipiellen Aufbau der Fachbegriffe, Vor- und Nachsilben und auch den Richtungsbezeichnungen (s. Beispiel) vertraut macht.

lateralis / lat. = außen seitlich
posterior / post. = hinterer
superior / sup. = oberer

Legen Sie sich auch grundlegende Kenntnisse der häufigsten Wortstämme zu, können Sie sich viele Fremdwörter komplett erschließen.

Was hier für das Fachvokabular gilt, gilt ebenso für das Erlernen von Sprachen. Die Kenntnis insbesondere der häufigsten Präfixe kann das Erlernen des Vokabulars mancher Sprachen um einiges vereinfachen.

Wie man Fachbegriffe und Definitionen mit der Schlüsselwortmethode lernt

Mit dem Lernen von Fremdwörtern verhält es sich genauso wie mit dem Lernen von Vokabeln, denn es sind Wörter, die einer fremden Sprache entstammen, jedoch in die moderne Alltagssprache einfließen, z. B. *Hektik (gr.)* statt rastlose Unruhe, *Regatta (it.)* statt Wettfahrt usw. Natürlich kann ein Fremdwort auch ein Fachbegriff sein und ein Fachbegriff ein Fremdwort, daher ist eine genaue Klassifikation nicht möglich.

Der Unterschied zu den Vokabeln liegt darin, dass sich hinter dem Fremdwort bzw. Fachbegriff oft ganze Beschreibungen, Sätze oder Abläufe als Bedeutung verbergen und nicht nur ein einzelnes Wort. Aber auch das lässt sich mit der Schlüsselwortmethode wunderbar umsetzen. Sie können so viele Details der Definition in Ihr Assoziationsbild bringen, wie Sie möchten.

Am besten gehen Sie hierbei so vor, dass Sie bei den Fremdwörtern, die über ein einzelnes Wort als Bedeutung hinausgehen, das Schlüsselwort mit dem Sinninhalt bildhaft verknüpfen. Sie bauen also eine kleine Szene, in der das Schlüsselwort und die gesamte oder teilweise Bedeutung des Fremdworts miteinander agieren. Zur Verdeutlichung als Beispiel ein Begriff aus der Meteorologie:

Als **Kamsin** *(arab.)* wird der **heiße Sandwind in Ägypten** bezeichnet. Stellen Sie sich einfach vor, wie Sie am *Kamin* (Kamsin) sitzen und mit einem Mal ein *heißer Sandwind* herausfegt. Wenn Sie Ägypten noch mit in Ihr Bild bringen wollen, bildet sich im Sandwind eine *Pyramide*. Falls Sie befürchten, dass Sie sich den Unterschied von Kamin zu Kamsin nicht merken werden, erweitern Sie Ihr Bild einfach, indem der Sandwind aus dem Kamin „sssss" macht.

Außenstehende würde jetzt womöglich abwinken und sagen, dass man sich viel zu viel für einen Begriff merken müsse. Als geschulter Anwender dieser Methode aber wissen Sie bereits, dass das Gegenteil der Fall ist: Das Bild als Gesamtes erscheint in einem Augenblick vor Ihrem geistigen Auge. Nach ein paar Abrufen bleibt es im Hintergrund auf Standby und die Wort-Information alleine ist abrufbereit. Dass ein visualisiertes Assoziationsbild um ein Vielfaches besser im Gedächtnis hängen bleibt als gepaukte, lange Wortdefinitionen, bedarf an dieser Stelle keiner Erläuterung mehr.

Gleich, wie viele Details eine Definition hat, Sie können sie alle in Ihrem Bild unterbringen. Im Gegensatz zum Büffeln werden Sie mit dem Bild kaum mehr ein Detail vergessen. Meist ist es jedoch gar nicht nötig, alle Detailinformationen in das Bild zu packen. Mit dem Verknüpfen der Hauptinfo bleiben vielfach auch die Zusatzinfos automatisch wie in einem Netz hängen.

Probieren Sie es selbst aus. Beginnen wir mit den mehr allgemeinen Fremdwörtern. (Oft sind allerdings auch diese auf den Wortschatz bestimmter Fachgebiete zurückzuführen, z. B. der Sportwissenschaft, Literaturwissenschaft, Psychologie, Typologie usw.) Im ersten Teil der Übung finden sich Fremdwörter mit überwiegend konkreter Bedeutung, im zweiten Teil Fremdwörter abstrakten Inhaltes. Es sind hier übrigens bewusst meist Begriffe ausgewählt, bei denen die besprochenen häufigsten Präfixe nicht vorkommen. Suchen Sie wie gewohnt zuerst die Schlüsselwörter und bilden Sie dann Ihre Assoziation.

Übung: Fremdwörter Teil 1

Serife *(engl.)*	–	kleiner Abschlussstrich an den Buchstaben
lamentieren *(lat.)*	–	laut jammern, klagen
opulent *(lat.)*	–	üppig, reichhaltig
Spirometer *(gr.-lat.)*	–	Messgerät zur Bestimmung des Atemvolumens
Nimbus *(lat.)*	–	Glanz, Ausstrahlung, Aura
memorieren *(lat.)*	–	einprägen, auswendig lernen

Übung: Fremdwörter Teil 2

Eloge *(frz.)*	–	Lobrede, Schmeichelei
omnipräsent *(lat.)*	–	allgegenwärtig
aerob *(gr.)*	–	Training im Sauerstoffüberschuss (im Sport)
imaginär *(lat.)*	–	allein in der Vorstellung, nur scheinbar
Empathie *(gr.)*	–	Einfühlungsvermögen
Zenit *(arab.-it.)*	–	Entwicklungshöhepunkt (z. B. der Karriere)

Jetzt verstehen Sie auch so einen Text: Memorieren Sie die Begriffe durch Imagination, die Sie opulent ausschmücken. Falls Sie nicht alle Wörter behalten konnten, lamentieren Sie nicht, denn Sie sind noch nicht auf Ihrem Zenit. Halten Sie sich eine eigene Eloge mit viel Empathie. Alles klar?

Erfolgs-Check zu den Fremdwörtern

Nimbus	____________	Zenit	____________
aerob	____________	Empathie	____________
opulent	____________	omnipräsent	____________
memorieren	____________	lamentieren	____________
imaginär	____________	Spirometer	____________
Eloge	____________	... und Kamsin	____________
Serife	____________	... und Heliograph	____________

Wir streben wieder 80 % im ersten Durchgang an, das sind 11 richtige Antworten. Haben Sie alles intensiv visualisiert? Dort, wo Ihnen etwas entfallen ist, vergleichen Sie wie gewohnt die Assoziationsvorschläge. Optimieren Sie das ein oder andere Assoziationsbild oder stellen Sie es sich einfach noch einmal etwas länger (mindestens 5 bis 10 Sekunden) und lebhafter vor, bis Sie sich beim erneuten Abfragen an alles erinnern können.

Meine Assoziationsideen zu den Fremdwörtern Teil 1

Serife – kleiner Abschlussstrich an den Buchstaben

Sie haben sich im Schrifttyp vertan und versuchen verzweifelt, die **kleinen Abschlussstriche an den Buchstaben** mit ***Seife*** wegzuwischen.

lamentieren – laut jammern, klagen

Das ***Lama*** und andere ***Tiere*** im Zoo sitzen zusammen und **klagen und jammern laut.**

opulent – üppig, reichhaltig

Trotz des **üppigen und reichhaltigen** Mahls sitzt ***Op***a und ***pul***t die ***Ent***e bis auf die Knochen ab.

Spirometer – Messgerät zur Bestimmung des Atemvolumens

Weil eine ***ro***te ***Spi***nne auf dem Messgerät sitzt, **atmen** Sie nur noch schnell und flach und haben kein **Volumen**.

Nimbus – Glanz und Ausstrahlung, Aura

Für einen Menschen, den **Glanz und Aura** eines Stars umgibt, gilt: Man ***nimmt*** den ***Bus*** nicht mehr. (Sehen Sie auch den leeren Bus in Ihrem Bild.)

memorieren – einprägen, auswendig

Weil die Leute früher ***Marmor***täfelchen als ***Memo***zettel hatten, mussten sie sich das meiste **auswendig einprägen.**

Meine Assoziationsideen zu den Fremdwörtern Teil 2

Eloge – Lobrede, Schmeichelei
Sie sitzen mit Ihrem Partner im Theater oben in der ***Loge***, als er aufsteht und laut eine **schmeichelnde Lobesrede** auf Sie hält.

omnipräsent – allgegenwärtig
Im ***Omni***bus hängen überall Bilder vom ***Präs***id***ent***en. So ist er **allgegenwärtig**.

aerob – Training im Sauerstoffüberschuss (im Sport)
Sie haben sich einige ***Air***bags ***ob***en auf den Rücken geschnallt, damit Sie im **Sauerstoffüberschuss laufen.**

imaginär – allein in der Vorstellung, nur scheinbar
Im Traum würzen Sie **nur scheinbar, also nur in Ihrer Vorstellung** alles mit ***ih – Maggi.***

Empathie – Einfühlungsvermögen
Die Psychoklinik gibt am ***Emp***fang eine ***Party*** für jeden Neuankömmling und beweist damit wenig **Einfühlungsvermögen**.

Zenit – Entwicklungshöhepunkt (z. B. der Karriere)
Die mit einem breiten Grinsen im Gesicht herumlaufen, sodass man alle ***Zähn***e sieht, befinden sich auf dem **Entwicklungshöhepunkt** ihrer Karriere.

Als ich vor einiger Zeit ein Seminar an einer renommierten Heilpraktikerschule hielt, ging es genau um unser jetziges Thema: die umfangreiche Fachterminologie mit ihren Definitionen und der komplexe Lernstoff generell – bekanntermaßen viel Büffelei. Nachdem die Basistechniken erlernt waren und die Übertragung auf das Thema „lateinische Krankheitsbezeichnungen samt der wichtigsten Fakten" begann, fielen die ersten leisen Kommentare hinter vorgehaltener Hand: „So macht das ja sogar Spaß." Die Begeisterung darüber, wie schnell sich der Fachstoff einprägen lässt, wuchs bis hin zu schlussendlich erleichtertem: „Jetzt sehe ich meiner Prüfung gelassener entgegen." Ganz sicher trotzdem kein Spaziergang, aber auch keine aussichtslose Bergbesteigung mehr.

Damit auch Sie den Berg der Fachterminologie leichter erklimmen können, kommen wir also nun zu den „speziellen“ Fremdwörtern, den Fachbegriffen mit ihren Definitionen.

Übung: 10 Fachbegriffe und ihre Definitionen aus der Heilkunde

Hypothalamus – Hormonsteuerzentrale, liegt im Zwischenhirn unterhalb des Thalamus.

Ein ***Hippie*** zahlt einen ***Taler*** (Hypo-thala) Eintritt, um in die **Hormonsteuerzentrale** zu kommen. (Dort gibt es Glückshormone!)

Dass das Organ unterhalb des Thalamus liegt, ergibt sich – wie Sie jetzt wissen – aus dem griechischen Praefix „hypo“ und muss somit nicht auswendig gelernt werden.

Amygdala	– Mandelkern, Gefühlszentrum innerhalb des limbischen Systems
Atlas	– 1. Halswirbel
Ductus	– Gang, Kanal
Pilose	– außergewöhnlicher Haarwuchs
Globulin	– kugelförmiger Eiweißstoff im Blutplasma
Mykose	– durch Pilze hervorgerufene Erkrankung
Phytotherapie	– Pflanzenheilkunde
Rosacea	– Hautveränderungen mit Rötungen, ohne Krankheitswert
baunscheidtieren	– Verfahren in der Naturheilkunde, bei dem Giftstoffe aus dem Körper geleitet werden sollen. Dabei wird die Haut angeritzt und mit einem speziellen Öl eingerieben.
palpieren	– mit den Händen ertasten

Meine Assoziationsideen zu Fachbegriffen und Definitionen Heilkunde

Amygdala – Mandelkern, Gefühlszentrum

Der ***Ami*** kauft für einen ***Dolla***r eine große Tüte **Mandelkerne**, das macht ihm auch gute **Gefühle.**

Atlas – 1. Halswirbel

Im ersten **Halswirbel** steckt ein ***Atlas.***

Ductus – Gang, Kanal

Gang und Kanal sind so niedrig, dass Sie sich ***ducken*** müssen.

Pilose – außergewöhnlicher Haarwuchs

Ausgerechnet der ***Pilo***t hat einen **außergewöhnlichen Haarwuchs.**

Globulin – kugelförmiger Eiweißstoff im Blutplasma

Lauter kleine ***Globu***sse, mit **Eiweiß**pulver eingestäubt, schwimmen **im Blut.**

Mykose – durch Pilze hervorgerufene Erkrankung

Eine große ***Mück***e sitzt **krank** auf einem **Pilz.**

Phytotherapie – Pflanzenheilkunde

Die ***Pytho***n muss zur ***Therapie***, weil sie nur noch **Heilpflanzen** fressen will.

Rosacea – Rötungen, ohne Krankheitswert

Da wächst eine ***Rose*** auf den ***Zehe***n und verursacht Rötungen auf der Haut. Sie haben ***rosa Zehe***n, sind aber **nicht krank.**

baunscheidtieren – ein Ausleitungsverfahren, s. o.

Der Heilpraktiker nimmt ***braun***e Holz***scheite*** und **ritzt damit die Haut ein.**

palpieren – mit den Händen ertasten

Mit den Händen ertasten Sie die Oberfläche der verschiedenen ***Papier***-sorten.

Floskeln und Redewendungen

Wie geht es Ihnen? Was kostet das? Mit Floskeln und Redewendungen sind jene Kurzsätze gemeint, die Sie lernen, wenn Sie ganz am Anfang eines Fremdsprachelernens stehen. Oder wenn Sie sich beispielsweise vor einer Reise ein paar typische Redewendungen in der fremde Sprache einprägen möchten. Zu den Sätzen allerdings lange Assoziationsketten von Schlüsselwörtern zu bilden, ist viel zu umständlich. Daher greifen wir hier auf die *Verknüpfung zweier Sätze* zurück. Um zu verstehen, was damit gemeint ist und wie es funktioniert, mögen drei Beispiele genügen.

Das Verknüpfen von zwei Sätzen

1. Beispiel:
Sprechen Sie die folgende arabische Floskel ein paarmal laut aus, um deutsche Ähnlichkeiten zu hören.

as-salāmu 'alaikum *(arab.)* **– Guten Tag**

Darin kann man mit Fantasie und gutem Willen verschiedene Wörter und Satzfetzen hören:

„**a sah la** (die) **Muh allei kum** (komm)" oder
„**ess Salami al Ei, kumm**"

Jetzt müssen Sie nur noch eine Verknüpfung zwischen der Floskel *Guten Tag* und einem arabischen Ersatzwortsatz aus *as sah la Muh* ... herstellen. Gehen Sie möglichst von der deutschen Bedeutung aus und stellen Sie sich eine typische Szene vor.

Sie stellen sich vor, wie die Araber sich beim Begrüßen und Händeschütteln **(Guten Tag)** berichten:
„Ich sah die Muh allein kommen" bzw. ***„a sah la Muh allei kum"***.

Die Wortfolge sprechen Sie dabei öfter laut aus, bis sie nicht mehr wie zerhackte Silben klingt, sondern Ihnen flüssig über die Lippen kommt.

Die Schlüsselwortmethode ist ein Werkzeug zum Merken, also zum Wiederfinden des Gelernten. Das flüssige Reden, Abspulen muss natürlich vorher geübt werden.

2. Beispiel:
Auch zusätzliche Wörter können einfließen, um einen brauchbaren Schlüsselwortsatz zu erhalten:

kaif hālak *(arab.)* **– Wie geht es Ihnen?** → SW: *keifen, Halle, Lack*
„Wie geht es Ihnen?", fragt man Sie besorgt, da Sie ***keif***end in der ***Halle*** (mit frisch ***lack***ierten Nägeln) stehen.

Sie werden übrigens auch hier feststellen, dass die bildhafte Merkhilfe in den Hintergrund rückt, sobald Sie diese nicht mehr benötigen und die Redewendung intus haben.

Die Entschlüsselung und Assoziation von Kurzsätzen ist wirklich nicht leicht und nichts für Ungeduldige. Manchmal muss man ganz schön knobeln, bis Schlüsselwort- und Verknüpfungsideen gefunden sind. Andererseits ist es auch begeisternd, wie gut so eine fremde Floskel hängen bleibt, *wenn* man erst mal eine Assoziation gefunden hat. Wenn es Ihnen Spaß macht, probieren Sie es aus – oder lernen Sie solche Kurzsätze auf andere Weise.

Simplify – die vereinfachte Variante für Floskeln

Eine vereinfachte Alternative zur Satzverknüpfung ist die, nur den Anfang der Floskel zu dekodieren und mit dem deutschen Kurzsatz wie gewohnt zu verknüpfen.

3. Beispiel:
Ça ne fait rien *(frz.)* [ßANFÄ RIJÖ] **– Das macht nichts**
„**Das macht nichts**", sagt der Arzt, als Sie berichten: „Ich ***sah 'ne Fee***."

Auf diese Weise ist eine Schlüsselwortsatz-Verknüpfung schneller gemacht. Durch die vorab durch Sprechen flüssig eingeprägte Wortfolge können Sie den Rest der Floskel meist trotzdem komplett abrufen. Mehr

Merkqualität als reines Pauken ohne jegliche Assoziation hat diese vereinfachte Variante allemal.

Ein Wort – mehrere Bedeutungen

Beinhaltet eine Vokabel mehrere verschiedene Bedeutungen und Sie möchten sich diese alle merken, erweitern Sie Ihr Assoziationsbild einfach. Bringen Sie alle Bedeutungen mit in die Szene. Zwei Beispiele mögen dies verdeutlichen.

1. Beispiel:
stufare *(it.)* **– 1. schmoren, 2. langweilen, anöden**
Sie versuchen, Fleisch auf den heißen Treppen-***Stufen*** zu **schmoren,** und **langweilen** sich, weil es so lange dauert.

Hat das Wort recht viele Bedeutungen, können Sie die Wörter in Form einer Kette bzw. Geschichte verknüpfen. Das hat den Vorteil, dass Sie keine Bedeutung vergessen. Sie können die Wörter aber auch einzeln anheften, also *traubenartig* gruppieren (eine nähere Beschreibung finden Sie unter „Ähnliche Wörter"), das birgt wiederum den Vorteil, dass die Begriffe alle quasi auf einen Blick „sichtbar" sind. Das folgende Beispiel ist eine Kombination aus beidem.

2. Beispiel:
shift *(engl.)* **– 1. Veränderung, 2. Verschiebung, 3. Wechsel, 4. Notbehelf, 5. Kniff, 6. Ausflucht**
Als Sie Ihr ***Schiff (shift)*** anschauen, sehen Sie eine **Veränderung** (alles hängt in Fetzen und ist mit Graffiti vollgeschmiert). Sie **verschieben** es in eine andere Box, müssen das aber im **Wechsel** mit einem Freund tun, da es so anstrengend ist. Zum Festmachen benutzen Sie als **Notbehelf** Ihr Handykabel. Nun wandert Ihr Blick auf die andere Seite des Schiffs ... Auf der Reling sitzt einer und liest die **Kniffe** zur Schlüsselwortmethode, springt runter und ergreift die **(Aus-)-Flucht.**

Damit muss man nicht mehr eine geschlossene, lange Geschichte im Geiste abwandern, denn kurze Ketten mit 2 bis 4 Gliedern lassen sich noch gut überblicken. Auch kann man mehrere davon an das Hauptwort knüpfen, wie im obigen Beispiel. Oftmals genügt es auch, ein oder zwei Bedeutungen zu verbildern und den Rest dem automatischen Mitspeichern des natürlichen Gedächtnisses zu überlassen.

Ähnliche Wörter – kleine Unterschiede

Beim Vokabellernen trifft man mitunter auf Wörter, die in etwa dem deutschen Pendant oder einem bekannten englischen entsprechen – meist mit kleinen Abweichungen. Dies trifft vom Deutschen aus gesehen vor allem für Sprachen des germanischen Zweiges zu, aber auch für romanische Sprachen.

spreken *(nl.)* – sprechen
radio *(schw.)* – Radio
ducha *(span.)* – Dusche
palace *(engl.)* – Palast

Das Ähnlichkeitsphänomen begegnet uns aber auch in exotischeren Sprachen, die von anderen Sprachen beeinflusst wurden und beispielsweise einzelne Wörter importiert haben.

tangi *(kisuah.)* – Tank
tīpotto *(jap.)* – Teekanne (*engl.* teapot)
bas *(tam.)* – Bus
musiqa *(arab.)* – Musik

Diese Wörter braucht man nicht zu lernen im eigentlichen Sinne und benötigt auch keine Schlüsselwörter. Die zwei Fragen, die sich daraus ergeben, sind: Woher weiß ich beim Erinnern, dass die gesuchte eine der Vokabeln war, die dem deutschen Wort stark ähnelt? Und wie merke ich mir die kleinen Abweichungen zum deutschen Wort?

Die Antwort auf diese Fragen geben die Trauben-Technik und das visuelle Alphabet, die ich in den nächsten Kapiteln vorstelle.

Die Trauben-Technik

Hört oder liest man ein dem Deutschen ähnliches Wort in der Fremdsprache, z. B. *la ducha*, ist die deutsche Bedeutung offensichtlich. Wenn ich aber das deutsche Wort *Dusche* in die Fremdsprache übersetzen will, wie kann ich mich erinnern, dass es das quasi gleiche ist?

Über diese Frage haben sich schon andere Mnemotechniker Gedanken gemacht. Der Engländer M. *Gruneberg* empfiehlt seinen Landsleuten, die Französisch lernen wollen, sich alle gleichen oder fast gleichen Vokabeln in Verbindung mit dem Eiffelturm vorzustellen, z. B.

dîner (DINEE) – **dinner**
Imagine having **dinner** at the **Eiffel Tower** (aus: French by Association 1987).

Es gibt andere Empfehlungen, sich alle Vokabeln dieser Kategorie in einer Kette, also in einer Geschichte zu merken. Wenn man allerdings Fremdsprachen lernt und solche Methoden in der Praxis testet, merkt man bald, dass die Geschichtentechnik hierbei zwar spaßig, in der Praxis gleichwohl etwas umständlich ist. Sie hat den Nachteil, dass die Geschichte bei der großen Menge an Vokabeln bald sehr lang wird und Sie mitunter lange suchen müssen, also die Kette gedanklich abschreiten müssen, ob die gesuchte Vokabel dort enthalten ist. Insbesondere, wenn Sie die Geschichte schon längere Zeit nicht mehr gebraucht haben.

Die Methode von Gruneberg einer direkten Zweier-Verknüpfung der Vokabel mit einem Ort bzw. einem Symbol, das sofort in der Sekunde abrufbar ist, ist der beste Weg, den auch wir einschlagen. Suchen Sie sich ein *landestypisches Symbol* aus dem jeweiligen Land, dessen Sprache Sie lernen. Mit diesem Ort assoziieren Sie alle gleichen Wörter. Das Verorten der Wörter ist dabei ein wichtiger Aspekt. Zum einen haben Sie eine direkte Verbindung zum Symbol, zum anderen haben Sie *alle* dort abgelegten Vokabeln ziemlich gut im Blick, im Gesamtbild. Bilden Sie also keine Kette, sondern eine *Traube*.

Wählen Sie beispielsweise für Französisch den vorgeschlagenen Eiffelturm, für Spanisch die Stierkampfarena samt Torero oder die Flamencotänzerin mit ihren Kastagnetten auf einer Bühne. Für Latein ein Symbol aus dem alten Rom, für Niederländisch vielleicht einen Wohnwagen – lassen Sie kein Klischee aus. Für Englisch den Big Ben, das Dartmoor der alten Krimis oder auch ein feines Teahouse. Im Grunde können Sie nehmen, was Sie wollen, solange Sie wissen, wofür das Symbol steht. Hier ein Beispiel für das, was Sie in Ihrem Kopfkino sehen könnten:

Die Teatime-Traube

Engl. Wörter: secretary, finger, sand, price, taxi, garden
Stellen Sie sich vor, wie im feinen Teehaus die *Sekretärin (secretary)* den Tee mit dem *Finger (finger)* umrührt usw.

Das visuelle Alphabet

Wie aber kann man sich die kleinen Abweichungen zum deutschen Pendant merken?

Viele Abweichungen zum deutschen Wort ergeben sich mit ein wenig Kenntnis der Grammatik und der Wortbildung bzw. der Endungen von selbst. Zum Beispiel enden im Italienischen die femininen Substantive auf **a**, die maskulinen auf **o.**

la paus**a** – die Pause	il consulat**o** – das Konsulat
la sal**a** – der Saal	il minut**o** – die Minute

Hier wäre es absolut überflüssig, sich Endungen einprägen zu wollen. Das Gleiche gilt beispielsweise für die spanische Dusche:

la duch**a** – die Dusche

Neben der geschlechtsspezifischen Endung weiß der Spanisch-Lernende, dass in dieser Sprache das gesprochene sch immer ch geschrieben wird. Diese Vokabeln fallen also allesamt in die erste Kategorie der gleichen Wörter.

Nun zu den Vokabeln, bei denen Sie sich die kleinen Abweichungen nicht logisch ableiten können: die fast gleichen Wörter. Für diese Fälle lernen Sie jetzt einen sehr wirksamen Merkkniff kennen. Nutzen Sie ihn jedoch nur da, wo sich die Abweichung tatsächlich nicht „einfach so" einprägt.

Das visuelle ABC

Dem Deutschen sehr ähnliche Vokabeln benötigen keine Schlüsselwörter und Assoziationsbilder zum Einprägen. Merken Sie sich daher den Unterschied zum Deutschen, der meist nur aus einem Buchstaben oder einer Silbe besteht, visuell-assoziativ mit einem kleinen Bild.

soppa *(schw.)* **– Suppe**

Das **o** verbildern Sie nun, indem Sie ein Wort beispielsweise aus dem Themenbereich Obst/Gemüse finden und es mit der Suppe verknüpfen, also:

Es fällt Ihnen eine **O**range in die **Suppe**.

broms *(schw.)* – **Bremse**
In der **Bremse** steckt eine **O**range.

sadel *(schw.)* – **Sattel**
Auf dem **Sattel** kleben lauter **D**atteln.

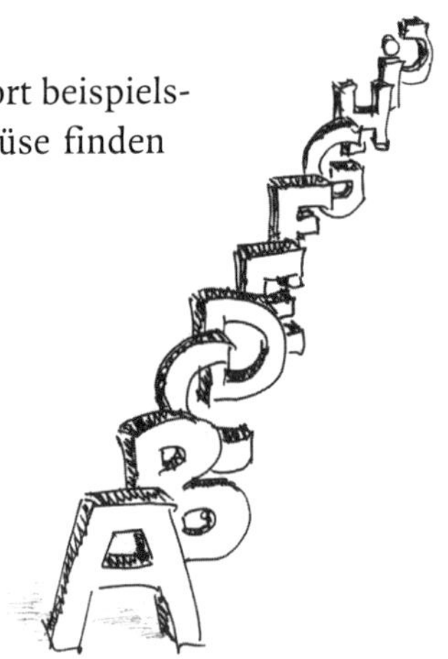

Bleiben Sie bei einer Themengruppe für Ihre ABC-Ersatzwörter, also mischen Sie nicht Wörter aus den Bereichen Pflanzen, Berufe, Nahrungsmittel, Tiere, Kleidungsstücke usw. untereinander. Mit nur einer Themengruppe fällt das Erinnern leichter, da im Zweifelsfall das Gehirn sofort weiß, in welchem Bereich es suchen muss. Es hat aber noch einen anderen Vorteil: Sie können auf diese Weise gut verschiedene Themenfelder für verschiedene Sprache einsetzen, sollten Sie mehr als eine Fremdsprache lernen.

Als ABC-Wörter eignen sich alle, die Ihnen beim Einsatz der Technik spontan in den Sinn kommen. Variieren Sie bei Bedarf auch, um nicht immer dasselbe Symbol für beispielsweise den häufigen Buchstaben **A** verbildern zu müssen.

Sie können Ihre ABC-Liste aber auch vorbereiten. Für das Obst-und-Gemüse-Alphabet wäre das: **A**pfel, **B**anane, **C**ranberry, **D**attel, **E**rbsen usw. Das macht für Buchstaben wie **X** und **Y** besonders Sinn, bei denen Sie womöglich tricksen müssen mit Th**Y**mian und Obst aus dem Mi**X**er. Oder Sie weichen ausnahmsweise auf eine andere Themengruppe aus und holen sich **Y**ucca-Palme und **X**ylofon in Ihr visuelles Alphabet.

Gehen Sie mit dieser Technik frei um. Für beispielsweise die Abweichung *le* müssen Sie nicht zwangsläufig **L**auch und **E**rdbeeren verbildern, sondern greifen einfach zum **LE**bkuchen – machen Sie es sich so einfach wie möglich.

Im Folgenden finden Sie einige Vorschläge, wie Sie mit dieser Technik umgehen können. Lesen Sie die folgenden Beschreibungen nicht nur, sondern stellen Sie sich die Szenen jeweils kurz und lebendig vor. Die freien Zeilen geben Ihnen Raum, um sich selbst in dieser ABC-Assoziations-Technik zu üben. Die Lösungsideen finden Sie direkt im Anschluss.

Für Schwedisch benutzen wir hier das Themenfeld Tiere, mit dem man gut originelle und actionreiche Bilder kreieren kann.

Übung: Merken Sie sich die kleinen Unterschiede mit dem visuellen ABC am Beispiel Schwedisch, Niederländisch, Englisch und Spanisch

■ **Schwedisch: Tiere**

lampa – Lampe

An der **Lampe** hängt und schaukelt ein **A**ffe.

kramp – Krampf

Sie haben einen Waden**krampf** und treten aus Versehen gegen den **F**uchs, der dann wegläuft.

surfa [SÖRFA] **– surfen**

Ihre Assoziation: ______________________

flyg [FLÜHG] **– Flug** (für y den **Y**eti oder das **Y**ak)

Ihre Assoziation: ______________________

■ **Niederländisch: Nahrungsmittel**

spreken [SPREKEN] **– sprechen**

Sie haben **sprechende K**artoffeln gekauft.

formulier [FORMÜLIER] **– Formular**

Sie kippen über das **Formular** ein B**ier**.

onderneming [ONDERNEMIN] – Unternehmen

In diesem **Unternehmen** werfen Sie mit **O**meletts herum (und zerdeppern eine **Ming**-Vase).

industrie – Industrie

Ihre Assoziation: ______________________

repareren – reparieren

Ihre Assoziation: ______________________________

horen – hören

Ihre Assoziation: ______________________________

Spanisch: Tiere

perfumar – parfümieren

Hier weichen mehrere Buchstaben vom deutschen Pendant ab. Dass die Endung des spanischen Verbs sich vom Deutschen unterscheidet, ist einem Spanisch-Lernenden sowieso klar. Ebenso ist bekannt, dass es kein ü im Spanischen gibt. Daher verbildern Sie hier nur den Austausch von **a** und **e**.

Ihre Assoziation: ______________________________

el título – der (Buch-)**Titel**

Ihre Assoziation: ______________________________

Englisch: Tiere

Chronicle [KRONIKL] **– Chronik**

Ihre Assoziation: ______________________________

bark (BAK) **– Borke**

Ihre Assoziation: ______________________________

Meine Assoziationsideen: kleine Unterschiede

■ **Schwedisch**

surfen – surfa

Ich **surfe**, plötzlich ist das Brett voller **A**meisen.

Flug – flyg

Auf einem **Flug** sitzt der **Y**eti neben Ihnen.

■ **Niederländisch**

Industrie – industrie

Hier gibt es keine Abweichung zu merken.

reparieren – repareren

Sie finden beim **Reparieren E**rbsen im Gerät.

hören – horen

Sie **hören** schlecht mit einem **O**mlett auf dem Ohr.

■ **Spanisch**

parfümieren – perfumar

Es **parfümiert** sich eine **E**nte.

Titel – título

Auf dem Buch-**Titel** sitzt ein 3-D-**U**hu.

*Die Endung **o** ergibt sich aus dem Genus maskulin und wird nicht als Abweichung gelernt.*

■ **Englisch**

Chronik – chronicle

Als ich die dicke **Chronik** des Jahrhunderts aufschlage, beißt mich ein kleiner **Le**guan.

Borke – bark

In der **Borke** (Baumrinde) krabbeln große **A**meisen.

Visualisieren Sie alle Assoziationen, bevor Sie weiterlesen. Denken Sie auch an die ersten drei schwedischen (**soppa** usw.).

Vielleicht ist Ihnen aufgefallen, dass die Bilder auch hier immer vom deutschen Wort aus aufgebaut sind. Also nicht *Ich kaufe Orangen und koche davon eine Suppe*, sondern *Ich habe eine Suppe und mir fällt die Orange hinein*. Das macht das Erinnern deutlich einfacher und schneller, denn falls Ihnen das Wort nicht mehr auf Anhieb einfällt, suchen Sie in der Praxis ausschließlich von der deutschen Seite aus.

Der Erfolgs-Check

Fragen Sie sich nun bitte ab und halten Sie dafür die linke Buchseite zu. Rufen Sie Ihr Bild zum deutschen Wort ab und nennen Sie die Vokabel. Achten Sie bei dieser Übung nicht vorrangig auf die korrekte Aussprache oder typischen Wortendungen (wo nicht Bestandteil der Übung), denn Sie lernen diese Sprachen vermutlich nicht alle. Wichtig ist bei dieser Übung nur, dass Sie feststellen, dass Sie sich die meisten *verbilderten* feinen Unterschiede auf Anhieb merken konnten.

Wie gesagt, merken Sie sich auf diese Weise nicht jedes gleiche Wort, sondern nur die Abweichungen, die Ihnen sonst immer wieder entfallen.

Die Artikel – endlich leicht gemerkt

Wie kann man sich die Artikel zu Substantiven leichter merken? In einigen Sprachen deutet die Endung des Wortes schon auf das Genus (Maskulinum, Femininum, Neutrum) hin. Ebenso prägen sich manche Artikel automatisch einfach gut ein oder stimmen mit denen der deutschen Sprache überein. Je nach Sprache sind es oftmals nur vereinzelte Worte, bei denen wir die Artikel verwechseln. Lernen Sie daher nur das mit der folgenden Technik, was Sie wirklich lernen müssen.

Dort, wo wir keine Hilfe über Endungen erhalten, die Sprache Unregelmäßigkeiten aufweist, die Artikel entgegengesetzt dem Deutschen sind (frz. *la* chaise (f) – *der* Stuhl) oder wir das Genus schlichtweg immer wieder verwechseln (hieß *die Rede* im Spanischen doch gleich ***la** discurs**a*** oder ***el** discurs**o***?), können wir uns mit der Symbol-Technik Erleichterung verschaffen. Lernen Sie bildhaft und Sie brauchen Artikel nie mehr zu pauken!

Die Symbol-Technik

Um sich das Genus zu einem Substantiv zu merken, verwandeln wir es zunächst in ein bildhaftes Symbol. Legen Sie drei möglichst unterschiedliche, markante Symbole für männlich, weiblich und sächlich fest, mit denen Sie Ihre Bilder einprägsam und lebendig gestalten können. Sie können auch meine Symbole übernehmen, als da wären:

maskulin: DER Boxer (Mensch oder Hund)
feminin: DIE Blume(n)
neutral: DAS Mehl

Die Verknüpfung ist sehr einfach und schnell hergestellt. Sie verknüpfen das Symbol des betreffenden Artikels direkt mit dem Hauptwort.

scaffale *(it.) m* – das Regal
Ein *Boxer* boxt gegen das Regal → lo scaffale.

Wenn Sie sich den Boxer in Aktion mit dem Regal vorstellen, werden Sie nicht mehr vergessen, dass es *lo scaffale* heißt.

Immer wenn Sie ein Bild mit einem Boxer sehen, wissen Sie, dass es maskulin ist. Wenn Blumen vor Ihrem geistigen Auge mit einem Wort interagieren, wissen Sie, dass es feminin ist. Kommt Mehl in Ihrem Bild vor, ist es neutral.

Eine solche Artikelverknüpfung können Sie also unabhängig von Schlüsselwortmethode und Assoziationsbildern erstellen. Diese Art der Verknüpfung geht so rasch und ist so einfach, dass sie bei konkreten Begriffen selbst von Ungeübten in Sekundenschnelle gemacht ist.

Verknüpfen Sie nun selbst das Genus-Symbol des jeweiligen Artikels mit dem *deutschen* Wort der Vokabelgleichung – ohne Schlüsselwort-Assoziation. Also die *Blume (feminin, la)* direkt mit dem *Stuhl (chaise)*. Das Genus ist mit *m*, *f*, *n* gekennzeichnet.

Übung: Genus-Symbole verknüpfen

- **Französisch** Aussprache: la [LA], le [LÖ]
  la chaise [SCHÄS] *f* – Stuhl
  le mouchoir [MUSCHUAR] *m* – Taschentuch
  le désordre [DESORDR] *m* – Unordnung

- **Spanisch** Aussprache: el [ÄLL], la [LA]
  el discurso [DISKURßO] *m* – Rede
  la fiesta [FJESTA] *f* – Fest
  la copia [KOPIJA] *f* – Abzug (Foto)

- **Griechisch** Aussprache: το [TO], η [i], ο [O]
  το μήλο [MILO] *n* – Apfel
  η σαλάτα [ßALATA] *f* – Salat
  το ψωμί [PSOMI] *n* – Brot

Den Erfolgs-Check führen Sie bitte ganz am Ende zusammen mit den Abstrakta einfach durch Zuhalten der linken Seite durch.

Meine Assoziationsideen zu den Genus-Symbolen

Auf dem **Stuhl** wachsen *stachelige Rosen.*

Der *Boxer (Hund)* zerrt am **Taschentuch**.

Der *Boxer (Hund)* hat im Zimmer eine riesige **Unordnung** gemacht.

Der Redner bekommt während seine **Rede** vom *Boxer* eins auf die Nase.

Auf dem **Fest** werfen sie alle mit *Blumen* um sich.

Auf den Foto**abzügen** kleben lauter *Blumenreste.*

Der **Apfel** ist ins *Mehl* gefallen und ist jetzt weiß.

Aus dem **Salat** wachsen bunte *Blumen.*

Das **Brot** staubt wegen seiner dicken *Mehlschicht.*

Symbole und Schlüsselwortmethode kombinieren

Sie können den symbolisierten Artikel auch ganz leicht in Ihr Schlüsselwort-Assoziationsbild einbinden. Haben Sie beispielsweise das Wort *scaffale* über das Assoziationsbild:

scaffale *(it.)* – das Regal → SW: Skat, Affe
Ein ***Skat*** spielender ***Affe*** sitzt im **Regal.**

gelernt, dann bringen Sie den Boxer für *maskulin* einfach hinein:

Ein ***Skat*** spielender ***Affe*** sitzt im **Regal,** und ein *Boxer* boxt kräftig dagegen.

Ist das Wort maskulin, tritt in Ihrem Assoziationsbild ein Boxer auf. Ist es feminin, sind Blumen darin. Ist es neutral, schütten Sie Mehl hinein.

„Da muss ich mir ja noch mehr merken!“, mögen Sie vielleicht gerade denken. Nein, Sie müssen sich im üblichen Sinne nichts merken, Sie müssen es visualisieren! Das Merken geht ganz von alleine: Das Bild erscheint als Gesamtes in einem Augenblick vor Ihrem inneren Auge und ist viel schneller da als beschreibende Worte. Ein schöner und vor allem länger haltender Ersatz zum trockenen Pauken. Darüber hinaus verschwindet das Bild bald im Hintergrund und Sie greifen nur noch darauf zurück, wenn Sie sich nicht mehr sicher sind – wie ein visuelles Nachschlagewerk im Kopf.

- **Prägen Sie sich auf diese Weise nur ein, was Sie tatsächlich benötigen und sich nicht merken können. Verbildern Sie beispielsweise nur die Abweichungen zum deutschen Artikel.**
- **Wenn Sie eine Fremdsprache lernen, in der es nur zwei Artikel gibt, können Sie eine Vereinfachung anwenden: Lernen bzw. verbildern Sie nur die eine Sorte, beispielsweise nur feminin, und lassen Sie bei diesen Vokabeln Blumen in Ihrem Assoziationsbild sprießen. Enthält Ihr Bild keine Blumen, ist es maskulin.**
- **Lernen Sie mehrere Fremdsprachen, empfiehlt es sich, für jede Sprache eigene Symbole zu wählen, damit es nicht zu Verwechslungen kommt.**

Vielfältige Symbole

Als ich vor Jahren zum ersten Mal von dieser Technik las, wählte ich nach einer Zeit des Ausprobierens die genannten drei Symbole inklusive des Boxers aus. Während meiner Recherchen zum Thema Schlüsselwortmethode stieß ich auf die Publikationen *Linkword Language* des Briten M. Gruneberg von 1987. Seine symbolisierten Artikel zum Erlernen der deutschen Sprache sind ebenfalls *Boxer* für maskulin, *blondes Mädchen* für feminin (welches als Symbol für den deutschen Artikel DIE ein wenig hinkt) und *Feuer* für neutral. Zum Erlernen der zwei französischen Artikel *le* und *la* verwendet er die Bilder *Boxer* für maskulin und *ein Fläschchen französisches Parfum* für feminin.

Dr. H. *Sperber* schlägt in seiner Dissertation von 1989 die Symbole *der Löwe*, *die Ballerina* und *das Flugzeug* vor.

Ein süßes Bild für den femininen französischen Artikel *la* haben die amerikanischen Gedächtnistrainer *Lorayne/Lucas* in *The memory book* 1973 auf Lager. Sie symbolisieren den Artikel *la* mit Singen (*lalala*). Beinhaltet ihr Assoziationsbild das Singen, ist es feminin. Singt das Bild nicht, ist es maskulin. „If you picture a table singing to you, [...] you won't forget that table is *la table*, not *le table*."
la table (*frz.*) [TABLE] = table (*engl.*) [TEIBL] / zu Deutsch: der Tisch

Symboltechnik und abstrakte Substantive – auch kein Problem!

Vor einiger Zeit sprach mich eine französische Sprachendozentin an und erzählte, dass sie sich nie merken könne, welchen Artikel das deutsche Wort *Produkt* hat. DER Produkt, DIE Produkt, DAS Produkt? (Im Französischen ist es maskulin.) Ob ich nicht einen Tipp für sie hätte. Ich sagte: „Stellen Sie sich ein Fließband einer Fabrik vor, denn dort wird DAS Produkt produziert. Und was sehen Sie? Auf dem Band rollen Berge von Mehl an." „Das ist ja einfach!", lachte sie. „So kann ich mir das endlich merken."

Überlegen Sie also immer, womit Sie den jeweiligen Begriff *spontan* in Verbindung bringen. Denken Sie nicht lange nach, nehmen Sie das Erste, was Ihnen in den Sinn kommt, und schon haben Sie eine bildhafte Szene, die Sie mit einem der drei Artikel-Symbole in Verbindung bringen können.

Für die folgenden Vokabeln benötigen Sie keine Schlüsselwort-Assoziation, da sie identisch mit dem Deutschen sind. Verknüpfen Sie das Genus-Symbol direkt mit dem deutschen Begriff.

Übung: Artikel-Symbole und abstrakte Begriffe

la protesta *f (span.)* – der Protest
el debate *m (span.)* – die Debatte
l´examen *m (frz.)* – das Examen
l´intelligence *f (frz.)* – die Intelligenz

Meine Assoziationsideen zu den Artikel-Symbolen

Beim **Protest** vor der Firma versucht man, alle mit *Blumen* zu beruhigen.

Die **Debatte** erhitzt sich so sehr, dass die Debattierenden mit *Boxhandschuhen* aufeinander losgehen.

Beim **Examen** stört ein zähnefletschender *Boxer* den Prüfling.

Sie bekommen nach dem **Intelligenz**test *Blumen* geschenkt.

Auf gleiche Weise gehen Sie dann auch bei Ihren fremdsprachigen Vokabeln vor, die Sie mit der Schlüsselwortmethode lernen. Entweder verknüpfen Sie das Symbol unabhängig von Ihrem Schlüsselwort-Assoziationsbild wie in den vorangegangenen Beispielen direkt mit z. B. der *Freude*, oder Sie bringen es in Ihr Assoziationsbild hinein.
Beispiel:

la joie *(frz.)* **– Freude** → SW: Angelina Jolie
Stellen Sie sich vor, dass Sie außer sich vor **Freude** sind, weil die Angelina ***Jolie*** zu Ihnen zu Besuch kommt. Darum schmücken Sie das ganze Haus mit *Blumen*.

So haben Sie vor Augen, dass *joie* feminin ist.

Mehrere Fremdsprachen gleichzeitig lernen

Wenn Sie zwei Fremdsprachen gleichzeitig lernen oder den Wortschatz zweier Sprachen erweitern möchten, können Sie die Schlüsselwortmethode auch auf das Vokabellernen in mehr als einer Fremdsprache anwenden. Eine häufig gestellte Frage dabei ist, ob man nicht mit den Bildern durcheinanderkommt und folglich nicht mehr zuordnen kann, welches Assoziationsbild zu welcher Sprache gehört.

Error im mentalen Bilderladen?

Nein, die Gefahr ist nicht sehr groß. Zum einen können Sie die Praxis einfach ausprobieren und feststellen, dass Ihr natürliches Gedächtnis schon die richtigen Bilder zuordnet. Zum anderen schauen wir uns das hier einmal näher an. Nehmen Sie das deutsche Wort **Handtuch** und erstellen Sie wie gewohnt je eine Bildassoziation für die Sprachen.

Latein **mantelium**
Sie machen aus einem großen **Handtuch** einen ***Mantel*** (und hängen ihn ***um*** – die Endung *um* wäre für einen Lateiner überflüssig zu verbildern).

Englisch **towel** [TAUL]
Sie rollen ein **Handtuch** zu einem dicken ***Tau***.

Französisch **serviette de toilette**
Sie falten aus **Handtüchern** ***Serviette***nformen, die Sie auf ***die Toilette*** stellen.

Hören oder lesen Sie nun die Vokabel **mantelium**, ergibt sich das richtige Bild durch das Schlüsselwort von alleine: *Sie tragen den Mantel aus Handtuch*. Hören Sie das Wort **towel**, sehen Sie *ein Tau aus dem Handtuch gedreht* usw. Ganz gleich, wie viele Sprachen und Bilder Sie haben, Sie kommen über Ihr Assoziationsbild immer auf *Handtuch*.

Die Frage der Verwechslung stellt sich also lediglich beim Ausgangspunkt *deutsches Wort* und dem Suchen der dazugehörigen fremdsprachigen Vokabel. Zunächst ergibt sich die Wahl des richtigen Wortes bzw.

Assoziationsbildes vielfach ganz natürlich durch die Aussprache. Angenommen, Sie suchten das lateinische Wort für *Handtuch* und Ihnen kämen – was allerdings unwahrscheinlich ist – alle drei Bilder für *towel*, *serviette de toilette* und *mantelium* gleich stark in den Sinn, könnte Ihre Intelligenz sofort zuordnen, dass das richtige Bild und Wort *mantelium* ist, denn die anderen Wörter passen klanglich nicht zu Latein.

Darüber hinaus werden Sie es erleben, dass Ihr natürliches Gedächtnis in den meisten Fällen sofort das Bild für die gesuchte Sprache stärker erscheinen lässt und die anderen Bilder blass im Hintergrund stehen bzw. nahezu ausgeblendet sind.

Im Übrigen stellt sich die Bildverwechslungsfrage nur, wenn Sie die Vokabel gerade frisch gelernt oder wieder fast vergessen haben – den einzigen Zeitpunkten, an denen Sie die Vokabel über das Assoziationsbild abrufen. Wie Sie bereits wissen, benötigen und benutzen Sie das mentale Bild nicht mehr, sobald die Vokabel „sitzt", auch wenn es im Hintergrund gespeichert bleibt.

Sollte sich eine einzelne Vokabel doch einmal als sehr hartnäckig im Vertauschen der Sprachen herausstellen, können Sie sie retten, indem Sie einfach etwas Landestypisches in Ihr Assoziationsbild mit einbauen. Kippen Sie für Französisch beispielsweise Rotwein in diese eine Bildszene.

Interferenzen

Prinzipiell ist es immer ratsam, nicht mit dem Lernen zweier Fremdsprachen gleichzeitig zu *beginnen*, da Sie sich sonst ausschließlich dieselben Wörter und Floskeln zur gleichen Zeit in zwei Sprachen einprägen. Wahrscheinlich würde es über kurz oder lang zu den befürchteten Interferenzen, den Ähnlichkeitsbestimmungen, kommen. Wenn möglich, beginnen Sie mit der zweiten Sprache etwas zeitversetzt, damit sich der Wortschatz in der Phase des Einprägens nicht komplett überschneidet.

Das Gleiche gilt auch für das Vokabellernen zweier Fremdsprachen am selben Tag. Wenn möglich, verteilen Sie das Lernen auf zwei verschiedene Tage. Ist das nicht möglich, lernen Sie wenigstens nicht beide Vokabelblöcke in direkter Folge hintereinander. Eine Pause, in der sich das zuerst Gelernte setzen kann, ist wichtig, damit die neuen Vokabeln nicht gleich einen Teil der zuvor gelernten „überschreiben“. Das muss natürlich keine Ruhepause sein. Sie können in der Zeit andere Dinge erledigen.

Sprechen Sie!

Neben allen Gedächtnistechniken ...

... sollte man eine Regel im Gedächtnis behalten: Vokabelwissen, welches wir nie anwenden, also nicht aktiv halten können, sickert schneller in den passiven Speicher oder geht ganz verloren. Der beste Tipp zum Wissenserhalt lautet daher ganz einfach: Sprechen Sie!

Wenden Sie die Sprache an. Durch den Gebrauch Ihres neuen Vokabulars vernetzt es sich mit schon vorhandenem Wortschatz und bleibt daher viel zuverlässiger im aktiven Speicher, als wenn Sie die Sprache nur „trocken“ lernen.

Haben Sie keine Anwendungsgelegenheiten und können Sie momentan auch keine schaffen, sprechen Sie einfach zu jeder neu gelernten Vokabel einen Satz. Wenn Sie am Anfang einer Sprache stehen, kommentieren Sie gedanklich doch nebenbei die Dinge, die Sie im Alltag tun: *I am switching on the computer*. Oder kommentieren Sie Ihre Einkäufe im Supermarkt: *The lettuce looks fresh today*. Wem es eine Hilfe ist, der erkürt einen festen Wochentag zum Fremdsprachentag aus. Sind Sie fortgeschrittener, stellen Sie sich ein Gespräch vor. Spielen Sie z.B. das kommende Verkaufsgespräch in der Fremdsprache durch. Oder versuchen Sie, ein paar Minuten in der Fremdsprache zu denken. Durch Anwendung halten Sie Ihren Wortschatz aktiv und sind in der Lage, ihn auch praktisch einzusetzen.

> Zwei Mäuse werden von einer Katze gejagt. In ihrer Not fängt die eine Maus plötzlich an, laut zu bellen. Die Katze erschrickt und läuft davon. Ganz verdutzt fragt die andere: „Was war jetzt das?" „Tja", entgegnet die erste, „da siehst du, wie gut es ist, wenn man Fremdsprachenkenntnisse besitzt!"

6 Schreiben, Schrift und Sprechen

Schriftsysteme: Wie Sie sich fremde Schriftzeichen leichter merken

Fremde Schriften sind ein faszinierendes Thema. Auch die Forschungen zur Entwicklungsgeschichte der Schriftsysteme der Welt und die immer wieder neuen archäologischen Entdeckungen sind ein hoch spannendes Themenfeld. Sie eröffnen dem Interessierten einen ganz anderen Blickwinkel auf die heutige Sprachenlandschaft und ein besseres Verständnis für die Eigenheiten mancher Sprache und Schrift.

Fremde Schriften, Bilderschriften und Geheimschriften übten schon immer eine besondere Faszination auf die Menschen aus. Ebenso faszinierend ist dann die Erfahrung, die ersten Wörter oder Sätze einer fremden Schrift entziffern zu können, die einem vorher noch völlig un-zugänglich war. Doch ist es auch eine Herausforderung für unser Gedächtnis.

Wie man Schriftzeichen über bildhafte Assoziationen memoriert

Russisch, Arabisch, Japanisch ... beim Lernen so mancher Sprache wünschte man sich eine Möglichkeit, die fremden Schriftzeichen leichter in den Kopf zu bekommen und langfristig zu behalten. Die Mnemotechnik bietet auch hierfür eine sehr wirksame Anwendungsmöglichkeit im Sinne einer abgewandelten Schlüsselwortmethode:

Wir assoziieren ein Schlüsselwort (Bügeleisen), das den Laut [b] des Zeichens beinhaltet, fantasievoll mit dem Erscheinungsbild des Zeichens (Б). Wir verknüpfen damit das Schriftzeichen mit seinem Laut auf bildhafte Art und Weise. Zur Darstellung dieser Technik habe ich mich für ein Schriftsystem entschieden, von dem (nahezu) jeder Leser einen Nutzen hat: für die IPA-Schrift.

Die IPA-Schrift – das Internationale Phonetische Alphabet

Um die Laute aller menschlichen Sprachen möglichst exakt und nachvollziehbar notieren zu können, wurde von der International Phonetic Association ein Transkriptionssystem entwickelt, das heute die am weitesten verbreitete und international anerkannte Lautschrift ist: das „Internationale Phonetische Alphabet (IPA)".

Die Beherrschung dieses Lautschriftsystems kann Ihr Sprachelernen neben anderen Aussprachetrainern (elektronische Medien, menschliche Wesen) enorm unterstützen. Haben Sie folgende Erfahrung auch schon gemacht? Man liest die Lautschrift [in eckigen Klammern] und vermutet die Aussprache des Wortes eher, als dass man sie nun genau wüsste. Das IPA ist eine völlig eigene Schrift. Könnten Sie beispielsweise den phonetischen Unterschied der Lautzeichen a ɑː aː ʌ ɒ æ ɑ̃ ˈa ˈɑ wiedergeben? Oder den Unterschied zwischen θ und ð? Es ist lästig und zeitaufwendig, immer wieder in der Erklärungstabelle nachschlagen zu müssen, insbesondere wenn die dortige Beschreibung der genauen Laute sich nur auf Beispielwörter aus der fremden Sprache bezieht. Also prägen wir uns diese Schriftzeichen doch einmal auf unvergessliche Art und Weise ein.

Nachfolgend finden Sie eine Auswahl der häufigsten Lautzeichen der IPA-Tabelle, für die ich eine mnemotechnische Bildtabelle entwickelt habe, die ich Ihnen für Ihr Sprachelernen hier gerne zur Verfügung stelle. Sie können sich dadurch den genauen Lautwert jedes Zeichens durch eine bildhafte Verknüpfung samt Beispielwort leicht merken.

In der Regel ist eine bildhafte Verknüpfung zwischen dem phonetischen Zeichen und dem Beispielwort für den Laut hergestellt worden – mit meinen Gedankengängen. Falls also eine Verknüpfung für Sie persönlich nicht hilfreich oder nachvollziehbar ist, haben Sie bitte die Freiheit, eine eigene, für Sie passendere zu ergänzen.

Iç ʻvynʃə ʼi:nən fi:l ʃpɑ:s baım ˊainpʀɛgən!

Prägen Sie sich die folgenden Zeichen anhand der Bildtabelle wie gewohnt durch *Visualisierung* ein. Machen Sie einen kurzen Stopp nach den Konsonanten und checken Sie, wie viele Zeichen Sie schon beim ersten Durchgang behalten haben. Den Rest prägen Sie sich erneut ein und fahren dann mit den Vokalen fort.

Die Mnemonische IPA-Bildtabelle von Sabine Krueger

ç	ch-Laut wie in	**Ich** spre**che**		Verknüpfung von „Ich spreche" und ç
x	ch-Laut im Rachen (Kehllaut) wie in	Da**ch**		Das x sieht aus wie ein Dach von oben.
ŋ	Verschmolzenes n & g wie in	A**ng**el		Das Zeichen sieht aus wie ein verschmolzenes n & g oder wie ein Angler.
ɲ	Verschmolzenes g & n, klingt wie nj wie in	Champa**gn**er		Sieht aus wie ein verschmolzenes n & j oder ein geöffneter Champagner.
z	Stimmhaftes s wie in	**S**egel oder **Z**ero		

s	Scharfes, stimmloses s wie in	**Sl**alom	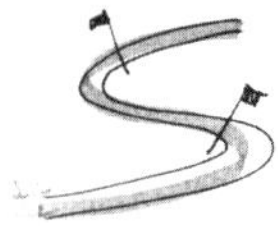	Slalom fahren
ð	Weicher Lispellaut wie gelispeltes (in engl. that, mother)	Na**s**e		
θ	Scharfer Lispellaut wie gelispeltes (engl. thanks, bath)	Fa**ss**		
ʃ	Stimmloses sch wie in	**Sch**lange		
ʒ	Stimmhaftes sch wie in	Eta**g**e		Das Zeichen sieht einer 3 ähnlich: Der Pa**g**e trägt die Baga**g**e in die **3.** Eta**g**e.
R	Das dt. im Rachen gesprochene R wie in	**R**achen oder **R**ucksack		Großes R für Rachen-R und Rucksackträger
r	Geschlagenes/ gerolltes Zungen-spitzen-r	**r**ollen		Kleines r für das Verb rollen
v	w-Laut wie in	**V**ase		
w	Kein deutsches w! Mehr ein u wie in (oder frz. oui, engl. one)	**W**ay		Statt des W-Way benutzen wir die U-Umleitung.

ʎ	Wie ein zusammengezogenes l & j, mehr j als l, wie ein j zwischen Vokalen	Fami**li**e		Auf den Kopf gestelltes j & i oder Giraffen-Familie
b, d, f, g, h, j, k, l, m, n, p, t		... entsprechen dem Lautwert der Buchstaben in deutscher Aussprache.		

Vokale

a	Hell und kurz wie in (a: = hell und lang wie in Sahne)	W**a**sser **a**nfangen, **A**lphabet		Wasser aus dem Wasserhahn. Und mit dem a fängt das Alphabet an.
ʌ	Dunkel und kurz wie in	kl**a**tschen, M**a**tsch		Das Händeklatschen über Kopf
ɑ:	Dunkel und lang wie in	B**a**hn		Sie warten mal wieder lange an den Bahngleisen.
æ	a + e = ä, aber mehr a als ä wie in	S**a**ndwich		Ein dominierendes a mit einem e. Oder zwei Ausflügler lehnen aneinander und essen Sandwiches.
ɛ	Ein offenes e wie in	**E**lch, B**ä**r [ɛ:]		
e	Ein geschlossenes e wie in	**E**lefant, B**ee**re [e:]		

ə	Ein sehr kurzes, kaum hörbares e, oftmals am Ende wie in	Berg**e**		Mit der Seilbahn in die Berge
o	Geschlossenes o wie in	**O**ase, N**o**te [o:]		
ɔ	Offenes o wie in	**O**rnament, n**o**ch		
ɒ	Noch offeneres o (bisschen zum a hin)	Engl. j**o**b, g**o**d		Wer diesen Helm trägt, macht einen „hard job".
ø	Geschlossenes ö wie in	Fl**ö**te	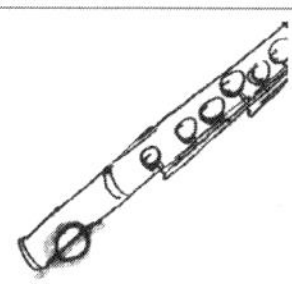	Das Mundstück der Querflöte
œ	Offenes ö wie in	L**ö**cher		Die Löcher der Flöte, die tiefsten davon mit Klappen
u	Langes u wie in	Kr**u**g		
ʊ	Kurzes u wie in	B**u**lle		
y	Geschlossenes ü wie in	m**ü**de [y:], P**y**jama		Müde recken im Pyjama

ɥ	Kurzes, gleitendes ü vor anderen Vokalen wie in	frz. nuit [NÜI] (Nacht)		Das ɥ gleitet zum nächsten Vokal über.
i	Kurzes i wie in	P**i**rat		Pirat mit Holzbein (Strich) und Augenklappe (Punkt)
ɪ	Sehr kurzes i wie in	W**i**mper, T**i**sch		
ɑ̃	Nasaliertes a wie in	frz. croiss**a**nt		
ɛ̃	Nasaliertes e wie in	frz. v**i**n (Wein) te**i**nt,t**i**mbre		
õ	Nasaliertes o wie in	frz. b**o**nb**o**n, medalli**o**n		

Auf die Aufführung der Diphtonge wurde hier aus Platzgründen verzichtet, da sie sich teilweise auch ableiten lassen (ai = verbundenes a + i).

Übergreifend für alle IPA-Zeichen gilt:
- : der vorangegangene Laut ist verlängert
- ' Hauptbetonung der nachfolgenden Silbe

Sie haben jetzt 36 Schriftzeichen in schätzungsweise 15 Minuten gelernt. Zählt man noch die durch [:] verlängerten Vokale (+ y) hinzu, beispielsweise in [zo:sə] = Soße, [my:lə] = Mühle, ergeben sich schon über 40 Zeichen. Fragen Sie sich nun anhand der vorangegangenen Tabelle der Reihe nach ab. Erinnern Sie sich wieder an das mit dem Zeichen assoziierte Beispielwort, haben Sie auch sofort wieder den dazugehörigen Laut auf der Zunge. Was von dieser großen Menge an Zeichen noch nicht sitzt, prägen Sie sich anhand des Assoziationsbildes einfach noch einmal ein.

Wenn Sie das geschafft haben, können Sie sich die folgenden durcheinandergewürfelten Zeichen vornehmen.

Übung: IPA-Zeichen

Beispielwort? Laut? Testen Sie sich:

ʊ	ɛ	ʃ	a	ʌ	ç	ɑ:	æ	z
e	x	ʀ	u	s	ɥ	ə	o	ɔ
y	v	ɒ	ø	ð	i	œ	θ	ɑ̃
w	ɪ	ɛ̃	õ	ʒ	ŋ	ɲ	r	ʎ

Jetzt müssten Sie schon in der Lage sein, die folgenden Wörter in IPA-Schrift aus dem Kopf zu schreiben:

Sprache ______________________

Sonnenmilch ______________________

Ihren Namen ______________________

Lösung: 'ʃpʀɑ:xə,'zɔnənmɪlç

Schriftentwicklung und die Schriften der Welt

Diese findige Mnemotechnik, das Zeichen mit seinem Laut über ein bildhaftes Wort zu assoziieren, ist in ihrem Kern übrigens keine neue Erfindung. Semitische Schriftsysteme (Lokalisation im heutigen Nahen Osten) haben schon etwa 1700 v. Chr. eine Entwicklung von bildhaften Wortzeichen zu phonetischen Schriftzeichen vollzogen. Ein Bildsymbol  stand für einen Laut, welcher der erste Konsonant des Wortes war, den das Symbol darstellte; Bsp.: *aleph* (Ochse), Lautung des Zeichens ist *a* (stummer konsonantischer Knacklaut). Im Laufe der Zeit wurden diese Bildsymbole abstrahiert.  Noch frühere, jedoch nicht ganz so konsequente Anwendungen nach diesem mnemotechnischen bzw. akrophonischen Prinzip, wie es sprachwissenschaftlich richtig heißt, sind in der ägyptischen Schriftentwicklung zu finden.

Dieses Grundprinzip des bildhaften Assoziierens können Sie auch auf Alphabete bzw. Zeichen anderer Schriftsysteme anwenden oder sich damit jene Schriftzeichen einprägen, die Sie immer wieder verwechseln bzw. vergessen. Egal mit welchen Schriftzeichen Sie es probieren, es geht immer darum, dass Sie in dem Zeichen etwas sehen, was mit der Bedeutung des Zeichens bzw. seinem Laut zu tun hat. Sie schaffen also eine visuelle Assoziation zwischen dem Erscheinungsbild des Zeichens und seiner Bedeutung.

Zum Erlernen und Memorieren der komplexen chinesischen oder japanischen Zeichen, derer Tausende existieren, sind mittlerweile ganze Bücher verfasst worden, darum soll hier nicht näher darauf eingegangen werden. Das Erlernen dieser Schriftsysteme ist zweifelsohne sehr aufwendig, jedoch verschafft es auch dort deutliche Erleichterung, eine bildhafte Verbindung zwischen der kunstvoll-abstrakten Anordnung der Striche und der Bedeutung des Zeichens zu sehen.

Hebräische Schrift und der Ursprung aller Alphabete

Als weitere Anregung dafür, wie Sie sich Schriftzeichen über die visuell assoziative Merktechnik einprägen können, möchte ich Ihnen hier noch ein paar Beispiele aus dem Hebräischen geben.

Hebräisch nimmt in vielerlei Hinsicht eine Sonderstellung unter den Sprachen ein. Hebräisch ist eine der ältesten heute noch gesprochenen Sprachen der Welt. Hebräisch blickt zudem neben dem Aramäischen auf die längste Alphabet-Schrifttradition unter den heute noch gesprochenen Sprachen des Erdballs zurück. Die althebräischen Schriftzeichen sind in direkter Folge aus der auf etwa 1700 v. Chr. datierten ältesten Buchstabenschrift, der semitischen (später phönizischen) Konsonantenschrift, hervorgegangen – dem Ursprung aller Alphabete.

Hebräisch ist auch die Sprache und Urschrift der meisten alttestamentlichen Bücher der Bibel, was einer der Gründe für den Erhalt der Sprache auch nach ihrem Aussterben als Alltagssprache war. Denn Hebräisch ist weltweit die einzige Sprache, die erfolgreich vor gut 120 Jahren als Alltags- und Muttersprache wiederbelebt wurde – nach rund 1700 Jahren! Heute ist sie Amtssprache in Israel.

Die heutigen hebräischen Schriftzeichen gingen aus der aramäischen Schrift hervor, die denselben Ursprung in der schon erwähnten Konsonantenschrift hatte, bevor sie etwa im 6. Jh. vorchristlicher Zeitrechnung zur typisch hebräischen Quadratschrift ausgestaltet wurde.

Schauen wir uns also dieses augenscheinlich ungewöhnliche Alphabet einmal an. Eigentlich ist es ein *Alephbeth*. Das hebräische Alphabet besteht aus 22 Buchstaben. Nach dem historischen Verbilderungsprinzip ist der Anlaut des bildhaften Namens des zugrundeliegende Zeichens immer mit dem Lautwert des Buchstabens identisch; z. B. *aleph* (Ochse) steht für *a*, *beth* (Haus) steht für *b* usw. Daher bietet sich hier eine bildhafte Verknüpfung zwischen dem Aussehen des Schriftzeichens und einem Ersatzwort für seinen Namen an.

Hebr. Zeichen	Name	Aussprache [IPA]	Bildhafte Verknüpfung
ש	*Schin*	[ʃ]	Das Zeichen erinnert an den oberen Teil einer Gabel, mit der ich ***SCH**in*kenstücke aufgespießt habe.
ל	*Lamed*	[l]	Das Zeichen erinnert mich an einen Stuhl oder einen Sitzenden. Wenn man nach einem Marsch „***La**hm* geworden ist", muss man sich hinsetzen.
ו	*Vav*	[o,u]	Wenn Sie mit der *Waffe* danebenschießen (das Zeichen erinnert an einen antiken, langen Revolver), machen Sie ***O**oo* oder ***U**uuh*.
ם	*Mem*	[m]	Dieses Zeichen sieht aus wie ein ***M**em*orykärtchen.

Und damit können Sie schon das unten stehende bekannte Wort lesen. !gnuthcA: Die hebräische Schrift wird von rechts nach links geschrieben). Außerdem verwendet sie fast keine Selbstlaute, daher fehlt nach dem ersten Zeichen der a-Laut zur Wortbildung.

שלום

Geheime Schrift

In einer Straßenbahn liest ein Musiker eine Partitur. Ein Staatsschützer hält das Notenblatt für Geheimschrift. Er verhaftet den Musiker unter Spionageverdacht, obwohl der ihm versichert, das sei eine Fuge von Johann Sebastian Bach. Der Verhaftete wird am nächsten Tag einem Kommissar vorgeführt, der ihn anschreit: „Also raus mit der Sprache! Sie können's ruhig zugeben, Bach hat schon gestanden!"

Aussprache: Wie Sie Ihren Akzent reduzieren

Wenn wir eine Sprache lernen, möchten wir, dass man uns in dem betreffenden Land auch versteht und dass auch wir die Einheimischen verstehen können. Nichts ist motivierender und beglückender im Fremdsprachenlernen, als wenn man sich zum ersten Mal mit einem Muttersprachler verständigen kann.

Während meiner Studienzeit hatte ich eine koreanische Kommilitonin, die so unsagbar schlecht „deutsch" sprach, dass kein Deutscher verstand, was sie sagen wollte. Da wir einige Male zusammen probten und ich mich so langsam in ihr abenteuerliches Deutschgebröckel einhörte, fungierte ich dann häufig anderen gegenüber als „Dolmetscherin" ihrer deutschähnlichen Sprache in verständliches Deutsch. Dies ist zwar ein extremes Beispiel, aber wir alle haben schon Menschen anderer Nationalitäten erlebt, deren deutsche Wörter wir akustisch und damit ihre Aussagen inhaltlich nicht verstanden haben. Andererseits staunen wir manchmal auch, wenn wir jemanden Deutsch sprechen hören und uns erst nach einigen Sätzen bewusst wird, dass derjenige wohl kein Deutscher ist. Wie aber erreicht man es, eine Fremdsprache nicht mit „a terrible German accent" zu sprechen?

Um es vorwegzusagen: Richtig akzentfrei wird man eine Fremdsprache als Erwachsener nicht mehr zu sprechen lernen. In der Sprachforschung weiß man heute – auch durch Beobachtungen an Zuwanderern –, dass beim Erlernen einer Fremdsprache nach Abschluss der Pubertät immer ein Akzent bleibt. Die Fähigkeiten, die ein Kleinkind zum Erlernen und Koordinieren der Laute besitzt, bilden sich mit den Jahren zurück. Das Gehirn des Erwachsenen ist in der Koordinierung der Laute unwiderruflich geprägt durch die muttersprachliche Erfahrung. Nun ja, trösten wir uns damit, dass ein kleiner Akzent durchaus Charme hat. So geht es uns als erwachsene Fremdsprachenlerner um das möglichst akzentarme Sprechen.

Das akzentarme Sprechen hat neben dem Besser-verstanden-Werden noch einen zweiten wichtigen Effekt: Je „richtiger" Sie sprechen, umso besser verstehen Sie selbst Native Speakers, also Muttersprachler. Vielleicht kennen Sie die Situation: Sie schauen einen fremdsprachigen Film und verstehen viele Sätze nicht. Sie verstehen aber alles, wenn Sie die ebenfalls fremdsprachigen Untertitel einschalten, weil Sie die Wörter dann erst wiedererkennen. In erster Linie hat dies mit dem Sprechtempo sowie den Wortzusammenziehungen der Native Speakers zu tun. Auch wir sprechen teilweise nicht so, wie wir schreiben. „Gibbsemirmaßalz?" entschlüsselt das Gehirn des deutschen Muttersprachlers problemlos als „Gibst du mir mal das Salz?". Aber abgesehen davon verstehen wir oft viele gehörten Wörter nicht, weil wir sie etwas abweichend auszusprechen gelernt haben und sie akustisch genauso im Ohr haben. Daher können wir manche Wörter auch nur schlecht – und schon gar nicht im schnellen Tempo – wiedererkennen.

Tipps zur (fast) perfekten Aussprache

Es klingt simpel, aber das Wichtigste ist, die Vokabel von Anfang an richtig aussprechen zu lernen, mit der genauen Lautung und richtigen Betonung, und die bessere Aussprache nicht auf „später" zu verschieben. Ein nachträgliches Verändern eingeübter und verinnerlichter Ausspracheungenauigkeiten ist sehr schwierig, daher lohnt es, sich gleich anfangs mehr Mühe zu geben. Doch fangen wir vorne an.

1. Sich mit dem Schlüsselwort an die richtige Aussprache erinnern

Die erste Frage und Sorge, die im Zusammenhang mit der Schlüsselwortmethode auftaucht, ist die, ob man sich durch das Schlüsselwort nicht die falsche Aussprache einprägt. Die Frage ist berechtigt und die Antwort lautet ganz klar: Nein! Sogar das Gegenteil ist der Fall: Das Schlüsselwort hilft sogar, sich an die richtige Aussprache zu erinnern.

Beispiel: Das englische Wort für *Handfläche* ist *palm* [PAHM]. Stellen wir uns nun die PAMpelmuse in der Handfläche vor, werden wir nicht mehr in Versuchung geraten, das Wort falsch PÄLM auszusprechen. Im Englischen beschreibt man das Schlüsselwort sehr treffend als „acoustic link", das zwischen Vokabel und Übersetzung geschaltet wird.

Selbst wenn das Schlüsselwort (BIER) kleine Abweichungen von der Aussprache [PIER] beinhaltet, werden Sie feststellen, dass es Sie als Lautbrücke dennoch zur richtige Aussprache leitet. Mit der kreativen Methode nutzen wir nicht ausschließlich das künstliche Gedächtnis, auch unser natürliches Gedächtnis ist noch auf Sendung.

Zudem wissen Sie, dass es sich bei den Schlüsselwörtern um deutsche *Ähnlichkeits*wörter handelt, die selten haargenau so ausgesprochen werden wie die Vokabeln. Das hat auch Ihr Gedächtnis so gespeichert und hat somit beim Assoziationsbild *Birne im BIERglas* sofort die englische Aussprache [PIER] für *pear* parat.

Je weiter entfernt allerdings ein Schlüsselwort von der Aussprache ist (vgl. Schlüssel Nr. 14: keine Perfektion), umso wichtiger wird das aktive Aussprechen der fremden Vokabel beim Einprägen.

Schlüsselwort, richtige Vokabelaussprache und Bedeutung sind alle miteinander verkoppelt und Ihr Gehirn kann entweder über das Schlüsselwort, also die Lautbrücke, oder auf direktem Wege auf die Vokabel zugreifen. Nach kurzer Zeit verschwindet das Schlüsselwort ohnehin im Hintergrund und ist nur auf *Stand-by*.

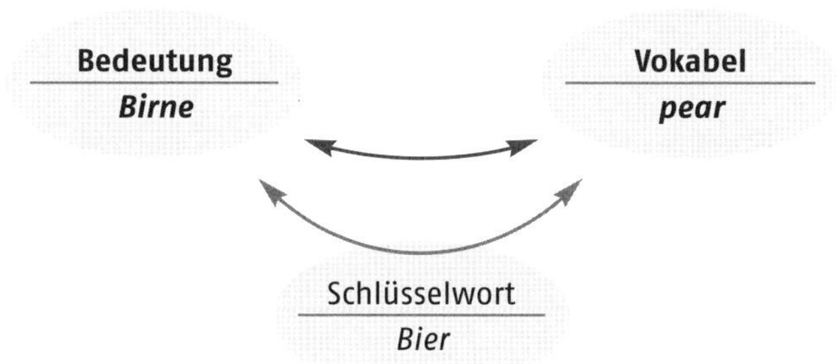

Ausschlaggebend für die richtige Aussprache ist vielmehr, dass Sie die Vokabel beim Einprägen aktiv (nicht nur in Gedanken) aussprechen und dabei den genauen Laut der Vokabel treffen.

2. Die Grundregeln der fremden Aussprache beachten

Wie auch im Kapitel Rechtschreibung dargelegt, ist es hilfreich, sich mit den grundsätzlichen Regeln der Aussprache in Bezug auf das Schriftbild der Fremdsprache vertraut zu machen. So haben Sie schon eine Richtung, die Sie vor typisch deutschen Aussprachefehlern bewahrt.

Wie ebenfalls dort dargelegt, ist die Schreibweise kein zuverlässiger Guide für die Aussprache. Zum einen gibt es in jeder Sprache Unregelmäßigkeiten von Schriftbild und Aussprache – allen voran im Englischen. Sie können oftmals nicht von der Schreibweise auf die Aussprache schließen, z. B. *full* [FULL], aber *fun* [FANN] oder *bug* [BAG], aber *bugle* [BJUGL]. Aber nicht nur aus diesem Grunde reicht die Schreibweise als Guide für die richtige Aussprache nicht aus.

3. Das Bewusstsein für feine Lautunterschiede schärfen

Die einzelne Sprache kennt in der Regel viel mehr Sprachlaute als geschriebene Vokale. Selbst ein einzelner a-Laut hat diverse Färbungen. Das Englische beispielsweise kennt in der Schrift 5 Grundvokale, jedoch 21 Vokallaute. Hier liegt einer der Gründe für den typisch (deutschen) Akzent. Oftmals ist wenig Bewusstsein für die feinen Lautunterschiede entwickelt worden und ein gleich geschriebener Vokal wird nur ungefähr richtig ausgesprochen.

Sprechen Sie die folgenden Wörter aus und hören Sie sich den Buchstaben *a* dabei genau an. Hören Sie die Färbung (hell, dunkel) und die Vokallänge. Beobachten Sie die Bewegungen Ihres Kiefers, und nehmen Sie die feinen Unterschiede von Zunge und Lippen beim Sprechen wahr.

Ball – Bach – Bad – (Rock-)Band – Chance (nasaliert)

Wir haben hier 5 völlig verschiedene Laute für ein und denselben Buchstaben. Man kann also auch aus diesem Grunde vom Schriftbild nur grob auf das Klangbild schließen.

4. Erst hören, dann sprechen

Am besten ist es daher, sich die Aussprache neuer Wörter zunächst anzuhören, *bevor* Sie diese lernen. Erst hören, dann sprechen. Das Gleiche gilt für Phrasen. Imitation ist der beste Weg zur akzentarmen Aussprache. Sie benötigen dazu Ihren (am besten muttersprachlichen) Fremdsprachenlehrer oder den digitalen Aussprachecoach. Wenn Sie keinen Kurs mehr besuchen oder multimedialen Sprachenkurs benutzen, gibt es im Internet mittlerweile zahlreiche Aussprachetools, die einfach zu bedienen sind. Sehr aufschlussreich ist es auch, seine eigene Aussprache einmal aufzunehmen. Was man da so hört ...

Um die richtige Aussprache der Vokabel *boca – Mund* abzuspeichern, sehen Sie also im Geiste den Ziegen*bock*, der Ihnen über den Mund schleckt, und sprechen dabei BOKKA. Üben Sie so lange, bis Sie die Lautung des *o* genau treffen. Dies geht nun mal am besten aktiv und nicht nur in Gedanken.

Das Internationale Phonetische Alphabet, die internationale Lautschrift IPA, ist eine sehr wertvolle Ergänzung dazu, setzt aber genaue und im Tempo anwendbare Kenntnis darüber voraus.

5. Die Internationale Lautschrift IPA beherrschen

Die sehr differenzierte internationale Lautschrift IPA ist insbesondere beim Wiederholen und Kontrollieren eine wertvolle Hilfe sowie bei neuen Wörtern, die Sie nur dem Wörterbuch entnehmen. Denn der Fremdsprachenlehrer ist nur einmal in der Woche zur Stelle und das Sprachprogramm enthält nicht jedes gesuchte Wort oder steht vielleicht nicht in jeder Situation zur Verfügung.

Aus eigenen Umfragen in meinen Seminaren ging hervor, dass die meisten Sprachenlerner das IPA, das unter anderem in Wörterbüchern, Lehrbüchern und mobilen Übersetzern (die in Taschenrechneroptik) verwendet wird, wenn überhaupt nur ungefähr lesen können, womit es folglich völlig wertlos wird. Da es über bildhafte Assoziationen erfreulich schnell zu lernen ist, sei hier näher darauf eingegangen.

Die von der International Phonetical Association entwickelte Lautschrift umfasst ca. 130 Zeichen, um die Laute aller Sprachen inklusive Knack- und Schmatzlaute darzustellen. Die Anzahl der Laute und somit auch die Anzahl der Lautzeichen einer einzelnen Sprache ist natürlich wesentlich überschaubarer. Es gibt immer eine Schnittmenge von Lauten, die in der Ausgangssprache (z. B. Deutsch) und der Zielsprache gleich sind. Bei den Konsonanten herrscht größere Übereinstimmung. Die Lautzeichen geben an, wie und wo in der Mundhöhle die Laute gebildet werden. Manche Laute kommen nur in bestimmten Sprachen vor und haben kein deutsches Äquivalent, sie müssen daher ganz neu gelernt werden.

Das IPA hilft, neben Ihrem akustischen Aussprachecoach, ein Bewusstsein für die Lautbildung und ein Gefühl und Gehör für die feinen Unterschiede zu entwickeln. Es verschafft einem ebenso eine bessere Übersicht über die neuen Laute der Fremdsprache. Es lohnt sich auf jeden Fall, diese international verwendete Schrift zu lernen und gut zu beherrschen.

Falls Sie das vorangegangene Kapitel über die Schriftzeichen ausgelassen haben, weil es für Sie nicht relevant ist, möchte ich Sie darauf hinweisen, dass sich dort eine IPA-Tabelle in Kombination mit einer mnemotechnischen Bildtabelle befindet. Sie enthält den Grundstock der wichtigsten Zeichen für die gängigen Fremdsprachen, den Sie jederzeit erweitern können. Und wie hoch ist der Lernaufwand? Der Schweizer Philologe *Frederick Bodmer* stellt in seinem aufschlussreichen Werk „Sprachen der Welt" alleine für das Lernen seiner Auswahl konsonantischer Zeichen die Prognose: „... wenige Stunden Übung dürften genügen, um sie zu erlernen." Lehnen Sie sich entspannt zurück und freuen Sie sich. Mit den Bildverknüpfungen schaffen Sie das in wenigen Minuten – mit einer noch etwas umfangreicheren Zeichenauswahl. Probieren Sie es aus. Dann machen Sie mit den Vokalzeichen weiter.

Drei IPA-Praxisübungen

1. Wörterbücher führen eine IPA-Tabelle unter Berücksichtigung der Besonderheiten, die für die Wiedergabe der speziellen Fremdsprache charakteristisch sind. Eine gute Tabelle gibt Hinweise, was sich wie und wo bei der Lautbildung im Mundraum ändert.

Eine sehr effektive Übung ist es, sich anhand dieser Tabelle mit den vom Deutschen abweichenden Lauten der Zielsprache zu beschäftigen und diese erst einmal für sich ohne Wörter zu üben.

2. Kontrollieren Sie auch ein paar „alte“ Vokabeln anhand der Lautschrift. Seien Sie nicht zufrieden, wenn Ihre Aussprache nur an das Original erinnert.

Als ich vor ein paar Jahren anlässlich eines kurzen Aufenthalts in Athen die Akropolis aufsuchte, sprach mich ein Tourist an: „Can you please make a picture from me?!“ Und ich antwortete spontan: „Ach, sind Sie auch aus Deutschland? Klar, mach ich.“ Daraufhin schaute er mich etwas betroffen an und meinte: „Oh, hört man das so sehr?“

Nun ja, es klang irgendwie vertraut, deutsch eben. Transkribiert man einen englischen Satz mit typisch deutschem Akzent, sieht man schon am phonetischen Code die abweichenden Lautwerte, mit denen gesprochen wird:

kæn	ju:	pli:z	meɪk	ə	ˈpɪktʃə(r)	frɒm	mi:?
kɛn	ju	plis	me:k	a	ˈpɪktʃer	fʀom	mi?

Mit Humor bleibt alles besser im Gedächtnis. Damit sich der Satz nicht gleich falsch bei Ihnen einprägt: Im Englischen heißt es richtig *„Can you please take a picture of me?“*.

3. Das Faszinierende am IPA ist, dass Sie mit dem Beherrschen dieser Lautschrift auch in jeder Ihnen unbekannten Sprache dieser Welt ohne weiteres Grundwissen und Aussprachetrainer die Wörter und Phrasen Ihres Sprachführers so verständlich aussprechen können, dass man Sie in dem fremden Land versteht. So müssen Sie auf Reisen nicht sprachlos bleiben, wo die Bevölkerung kein Englisch versteht. Ein paar Brocken in der Landessprache können vielerorts wahre Türöffner sein.

Wenn Sie das IPA jetzt so beherrschen, dass Sie nicht mehr in der Tabelle nachschlagen müssen, können Sie die folgenden fremden Wörter gut verständlich aussprechen (die Silbe nach ' wird betont):

norw.	grå	[gro:]	grau
norw.	kikke	[çikə]	schauen
frz.	gueule	[gœl]	Maul
rz.	bouger	[bu'ʒe]	sich bewegen
gr.	Καλημέρα	[kali'mɛra]	Guten Morgen
gr.	ΚαληνύΧτα	[kali'nixta]	Gute Nacht
gr.	Θαυμάσιο!	[θav'masjɔ]	Wunderbar!

6. Auf die Betonung achten

Gerade dem Deutschen ähnliche Wörter werden gerne deutsch betont und verpassen uns damit einen stärkeren deutschen Akzent in der Fremdsprache, als es manch ungenauer Laut tut.

Zwei Beispiele aus dem Englischen:
(Hinweis: „_" markiert die Betonungen)

Senator – senator [SSENNETE]
Ökonomie – economy [IKANNEMI]

Betonung hat eine so starke Bedeutung für das Verständnis, dass wir mit falschen Betonungen für Muttersprachler mitunter gar nicht zu verstehen sind und es leicht zu Missverständnissen kommt. Uns geht es genauso: Auf die Frage nach *Rollladen* schauen wir im Gefrierschrank statt am Fenster nach. Und ein *Fahrrad* wird so schnell zum *Verrat*.

7. Fremdsprachliche Satzmelodie und Rhythmen imitieren

Nun haben wir uns mit der Aussprache einzelner Vokabeln beschäftigt. Zum akzentarmen Sprechen gehört aber noch etwas anderes als Lautung und Betonung der einzelnen Phoneme oder Silben: die Melodiekurve und der Rhythmus des ganzen Satzes, die einer Sprache ihren typischen

Charakter verleihen. Der Rhythmus entsteht durch die Betonungen. Wenn wir beispielsweise einen englischen Satz sprechen, der ausschließlich aus einsilbigen Wörtern besteht, die also in sich alle gleich betont sind: „*Let's meet at the bus stop at five o'clock*", gibt es dennoch ein Betonungsmuster im Satzfluss. Sie können also die einzelnen Wörter in ihrer Lautung perfekt aussprechen und klingen trotzdem extrem deutsch, weil Sie Ihren Satz melodisch und rhythmisch deutsch sprechen. Anders herum können Sie Ihre Aussprache mit dem Wissen darum enorm verbessern und dem Native Speaker einen großen Schritt näher kommen.

Dies gibt Ihnen kein phonetisches Alphabet und kein Aussprachetrainer einzelner Wörter wieder. Betonungsmuster und Satzmelodie lernen Sie nur durch das Hören und Imitieren ganzer Sätze. Und natürlich durch das Wissen um die üblichen Betonungsmuster der Fremdsprache. Neben einem Aufenthalt im betreffenden Land ist da das Mittel der Wahl der möglichst muttersprachliche Fremdsprachenlehrer, das elektronische Sprachprogramm mit Dialogen, Audio-CDs, der fremdsprachige Film oder einfach das Gespräch mit Muttersprachlern.

Über Chinesen ist bekannt, dass sie kein r sprechen können.

In einer ländlichen Bahnstation klingelt das Telefon.
„Auf dem Bahndamm liegt ein Gleis!"
Der Beamte lacht und erwidert: „Das gehört da auch hin, das muss so sein."
„Nein, nein! Auf dem Bahndamm liegt ein Gleis!!!"
„Jaja, das hat schon seine Richtigkeit." Und damit beendet er das Gespräch. Ein paar Minuten später klingelt das Telefon erneut:„Jetzt haben sie ihn ü b e l f a h l e n, den alten Mann."

Rechtschreibung: Wie Sie sich die richtige Schreibweise einprägen

Falls Sie sich bei den Erfolgs-Checks des Trainingsprogramms nicht nur mündlich abgefragt, sondern die Wörter tatsächlich aufgeschrieben haben, sind sicherlich manchmal kuriose Schreibweisen dabei herausgekommen – weil Sie die betreffende Sprache nicht lernen. Es ist etwa er gleiche Effekt, als wenn Sie nur dem Hören nach versuchen würden, Wörter einer fremden Sprache aufzuschreiben. Lassen Sie sich daher bezüglich der Rechtschreibung bitte nicht von den Übungsvokabeln dieses Buches verunsichern, die aus 15 verschiedenen Sprachen stammen, in denen Sie vermutlich über keine Kenntnisse verfügen.

Grundsätzlich aber sollten wir uns die Rechtschreibung bei Fremdsprachen, die wir lernen, gleich mit einprägen und nicht auf später verschieben. Prinzipiell ist die Sorge, dass es *aufgrund des Schlüsselworts* zum falschen Einprägen der Schreibweise kommen könnte, unbegründet. Warum das so ist, verdeutlichen die folgenden Beispiele:

Wenn wir uns die Aussprache [BUHD] der englischen Vokabel für *Kofferraum* einprägen, bringt uns schon die Aussprache theoretisch auf eine falsche Schreibweise. Nicht mehr und nicht weniger tut diesbezüglich das klangähnliche Ersatzwort *Bude*. Da die Schreibweise einer Vokabel generell von der Aussprache abweicht, müssen wir die Schreibweise *boot* also zusätzlich lernen bzw. die generellen Regeln der englischen Schreibweise.

Zum anderen wissen wir, Schlüsselwörter sind *Ähnlichkeits*wörter und meist kein perfekter Ersatz. Da unser Gehirn mit dem Schlüsselwort auch die richtige Vokabel abspeichert, übersetzen wir folglich die finnische *Mücke* richtig mit *hyttynen* und nicht mit der Schlüsselwort-Assoziation *hüttedünen*. Bleibt die Frage, ob das Wort sich nun *hüttünen*, *hytynen* oder *hyttynen* schrieb.

Die richtige Schreibweise wird bei Vokabeln der Fremdsprache, die wir tatsächlich lernen, oftmals schon automatisch beim ersten Einprägen mit abgespeichert. Die Gründe für Unsicherheiten in der Schreibweise sind *unabhängig* vom Einprägen über das Schlüsselwort vorhanden und haben andere Ursachen.

Tipps zur korrekten Orthografie

1. Sprachtypische Grundregeln der Schreibweise kennen

Wenn wir eine Fremdsprache lernen und die wichtigsten Grundregeln der Aussprache und Schreibweise dieser Sprache beherrschen, klären sich zwar nicht alle, jedoch viele Fragen der Orthografie von selbst. Das Schlüsselwort hat in der Regel keinen negativen Einfluss auf das Einprägen der Schreibweise, da Aussprache (von der sich das Schlüsselwort ableitet) und Schriftbild (Deutsch gelesen) ohnedies auseinanderklaffen. Die Rechtschreibung hängt zunächst einmal von unserem Wissen um die sprachtypischen Grundregeln ab. Zur Illustration seien hier zwei Beispiele aus dem Französischen aufgeführt.

Koffer – valise [WALIES]
Ein ***Wal*** kommt mit seinem Riesen-**Koffer** zur Gepäckaufgabe.

Eine Französisch lernende Seminarteilnehmerin befürchtete, dass der *Wal* sie zur falsche Schreibweise mit *w* verführen würde. Zwar bin ich selbst bei diesem Assoziationsbild auch ohne Bewusstmachung irgendwelcher Regeln noch nie dem Reflex erlegen, *valise* mit *w* zu denken bzw. zu schreiben. Die Erfahrung aber, dass unser Gehirn automatisch zwischen Schlüsselwort und Vokabel unterscheidet und richtig abspeichert, muss jeder für sich machen. Darüber hinaus ergibt sich die Schreibweise in diesem Fall von selbst, da es im Französischen ohnehin kein *w* gibt (außer einer Handvoll importierter Trendwörter) und ein gesprochenes *w* immer ein geschriebenes *v* ist. Ein zweites Beispiel:

Haarspray – laque [LAK]
Sie sprühen sich **Haarspray** ins Haar, aber es kommt farbiger ***Lack*** heraus.

Im Französischen wird ein gesprochenes *k* am Wortende *que* geschrieben und somit ist die Schreibweise trotz des genau gleich lautenden Schlüsselworts *Lack* auch hier sofort klar.

Solche Grundregeln finden sich in anderen Sprachen mit anderen Buchstaben oder Silben.

Beispielsweise schreibt sich ein im Deutschen gesprochenes tsch [tʃ]
im Spanischen *ch*,
im Polnischen *cz*,
im Ungarischen *cs*
und im Kroatischen *č*.

Oftmals jedoch lässt sich die Schreibweise einer Vokabel auch unter Kenntnis der wichtigsten Aussprache- und Schreibregeln nicht einfach ableiten. Das Italienische weist von allen europäischen Sprachen noch die regelmäßigste Rechtschreibung auf. Das Englische hingegen ist bekannt für sein orthografisches Chaos. Man vergleiche nur Wörter wie [WENT] → *went* mit [WENS(DEI)] → *Wednes(day)* oder [DET] → **deb**t mit [DEBIT] → **deb**it oder [DEIBJU] → **deb**ut. Die Gründe für die Unregelmäßigkeiten der englischen Orthografie sind in der geschichtlichen Entwicklung dieser Sprache zu finden, würden hier jedoch zu weit vom Thema wegführen. Und dann gibt es da noch die für uns generell schlecht eingängigen Schreibweisen mancher Sprachen, wie beispielsweise bei unseren kroatischen Zungenbrechern *tvrd*, *crkva* oder *stidljiva*.

2. Rezept für das Einprägen spezieller Schreibweisen: schreiben – imaginär schreiben – verknüpfen

Bei unplausiblem Zusammenhang zwischen Laut und Schrift oder prinzipiell schwer eingängiger Orthografie hilft folgendes Rezept. Man könnte es auch betiteln: „Tippst du noch oder schreibst du schon?"

a) Eigenhändig schreiben

Zunächst schreiben Sie das Wort, z. B. *crkva*, eigenhändig auf ein Vokabelkärtchen oder, falls Sie einen elektronischen Vokabeltrainer verwenden, einen Schmierzettel. Das handschriftliche Schreiben der Vokabel ist ohnehin ein wichtiger Schritt zum Einprägen – nicht nur, weil Schriftbild und Aussprache divergieren.

Die Hintergründe des Handschriftlichen

Zu der These, dass analog Geschriebenes generell deutlich besser im Gedächtnis haften bleibt als digital Getipptes, gibt es bislang keine wissenschaftlichen Studien. Jedoch seien ein paar interessante Einzelstellungnahmen angeführt.

Manche Redner, wie z. B. der Lauf- und Gesundheitsexperte *Dr. Ulrich Strunz* es über sich selbst berichtet, schreiben aus diesem Grund ihre Manuskripte erst mit dem guten alten Stift, bevor sie diese eintippen. Dass sie ihre Gedanken dann um ca. 25 % besser im Kopf haben (vgl. Strunz 2005, Das Mentalprogramm), sind persönliche Erfahrungswerte, die zur zeitweiligen Rückbesinnung auf die analoge Verarbeitung führen.

Auch der Vorsitzende des Berufsverbandes deutscher Graphologen und Schriftpsychologe *Dr. Helmut Ploog* weist auf Erfahrungswerte dazu hin, dass sich Lerninhalte besser einprägen, wenn man sie von Hand aufschreibt (persönliche schriftl. Mitteilung an Autorin 2013).

Neurowissenschaftliche Untersuchungen an Schulkindern in Bezug auf das Lesenlernen zeigten, dass das Formen von Buchstaben mit dem Stift zusätzliche Gedächtnisspuren anlegt, die bei der Wahrnehmung von Buchstaben aktiviert werden. Dies geschieht jedoch nicht bei der Eingabe über die Tastatur, da die Tippbewegungen in keinerlei Beziehung zur Buchstabenform stehen (vgl. Spitzer, Geist & Gehirn, Nervenheilkunde 11/2012).

In China sind zurzeit die Leseprobleme größer als je zuvor. In einer alarmierenden Studie machen chinesische Forscher der Universität Hongkong eine neue computergestützte Lernmethode an Chinas Schulen dafür verantwortlich. Bei Untersuchungen in mehreren Großstädten ermittelten sie 30 bis 57 % schwer lesegestörte Kinder – im Vergleich zu 2 bis 8 % in früheren Jahren. Die Ergebnisse der Studie zeigen deutlich, dass die Kinder, die am häufigsten mit Computerhilfe gelernt hatten, überall am schlechtesten abschnitten (Frankfurter Rundschau online, Jan. 2013/Geist & Gehirn, Schattauer 3/1013).

Im Juni 2012 druckte die BILD-Zeitung in einer originellen Aktion ihre gesamte Seite 1 in Handschrift. Titel: „Alarm! Handschrift stirbt aus!" Dort ist zu lesen, dass jeder dritte Erwachsene, laut einer aktuellen englischen Umfrage, seit einem halben Jahr nichts mehr mit der Hand geschrieben hat. Die Zeitung zitiert *Prof. Dr. Spitzer*, den Ärztlichen Direktor der Psychiatrischen Universitätsklinik Ulm und Leiter des Transferzentrums für Neurowissenschaften und Lernen, der in seinen Schlussfolgerungen bezüglich des digitalen Medienkonsums zurzeit kontrovers diskutiert wird: „Durch die Bewegungen beim Schreiben werden zuerst die Buchstaben an sich, später aber auch das Geschriebene (Lernstoff) schneller und tiefer im Gedächtnis verankert als z. B. beim Tippen auf einer Tastatur."

Auch eine Studie aus Frankreich mit Erwachsenen, die das Schreiben fremder Schriftzeichen drei Wochen lang übten, ermittelte eine Überlegenheit der Handschreiber gegenüber den Tippern in der langzeitigen Gedächtnisleistung (2006, A comparison between handwriting and typing/Remembering characters).

Man wäre also gut beraten, das handschriftliche Schreiben trotz aller Annehmlichkeiten der Elektronik nicht ganz zu vernachlässigen, denn vermutlich rächt es sich mit schlechterer Speicherung und erhöhtem Aufwand in der Nacharbeit.

b) Die imaginäre Schrift – Schriftzug wiederholen

Bei der zweiten oder dritten Wiederholung (oder bei beiden) der Vokabel, also nach 2 bis 8 Tagen, überprüfen Sie die gelernte Vokabel noch einmal per Handschrift. Schreibmuffel wie ich stellen sich bei der Wiederholung die Schreibweise innerlich bewusst vor, indem sie das Wort imaginär an eine Wand, eine Tafel oder auf einen Zeichenblock schreiben und sie anhand des Originals kontrollieren.

c) Buchstabenbild verknüpfen

Sollte dann immer noch die eine oder andere Vokabel übrig bleiben, bei der sich die Rechtschreibfehler als hartnäckig erweisen, schauen Sie sich doch einmal das Kapitel „Ähnliche Wörter – kleine Unterschiede“ an. Dort ist eine Technik beschrieben, anhand derer Sie sich die minimalen Schreibunterschiede mancher Vokabeln zu deutschen Wörtern zuverlässig einprägen können. Diese Technik können Sie genauso auf Ihre anhänglichen Rechtschreibfehler übertragen und sie auf diese Weise ein für alle Mal loswerden. Kurz gesagt: Der richtige Buchstabe wird dort durch ein thematisch eingegrenztes Buchstabenbild mit dem Wort verknüpft.

7 Aus Wissenschaft und Forschung II

Nicht verwechseln:
SW = Keyword group bzw. SW-Gruppe
K = Control group bzw. Kontrollgruppe
C = Context group bzw. Kontextlerner

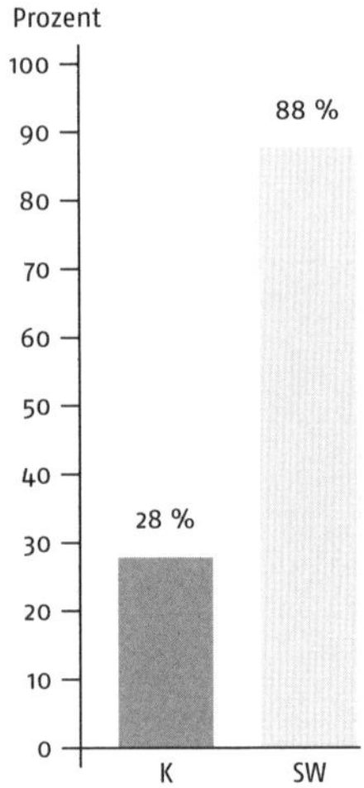

Internationale Studien zur Schlüsselwortmethode

Kaum eine andere Methode zum Fremdsprachenerwerb ist so intensiv und umfassend getestet worden wie die Schlüsselwortmethode. Auf dem englischsprachigen Sektor zählte man schon 1987 über 50 Studien, veröffentlicht in renommierten Wissenschaftsmagazinen, die die hohe Wirksameit der Schlüsselwortmethode belegen. Schauen wir uns zunächst die zwei Studien an, die diese Forschungswelle ins Rollen brachten. Vorausgeschickt sei, dass die Teilnehmer aller Studien nicht im Assoziieren und Visualisieren geübt waren. Man kann sich ausrechnen, dass die Versuchsreihen andernfalls noch bessere Resultate erzielt hätten. Die Teilnehmer der Schlüsselwort-Gruppen bekamen lediglich eine unterschiedlich konzipierte kurze Einweisung in die Methode, wobei die Schlüsselwörter in den Tests natürlich gestellt wurden. Die Kontrollgruppen lernten mit eigenen Methoden, meist einem traditionellen Repetieren der Wörterliste.

Studien bis 1980

Stanford-Studie 1974, Englisch → Spanisch
In den Studien der Lernpsychologen *Atkinson und Raugh* an der Stanford University, California 1974 wurde unter Laborbedingungen, meist am Computer, gelernt.

Die Teilnehmer waren 40 Studenten, die willkürlich zusammengestellt waren. Insgesamt wurden vier Tests mit unterschiedlichen Rahmenbedingungen durchgeführt, von denen der in der Grafik dargestellte Test die meiste Aufmerksamkeit erregte: Es wurden 120 spanische Vokabeln in drei Sets zu je 40 Vokabeln pro Tag gelernt. Der Gesamttest am 4. Tag ermittelte folgende Werte für die Schlüsselwort- und Kontrollgruppe, die in Abbildung 1 abzulesen sind.

Stanford-Studie II 1974, Englisch → Russisch

In einer zweiten Studien, ein paar Monate später, wurden 120 russische Vokabeln in drei Sets zu je 40 Vokabeln pro Tag gelernt. Die 52 Teilnehmer bekamen die Vokabeln bzw. Schlüsselwörter jeweils nur für einige Sekunden zu Gesicht. Neben den verschiedensten Parametern wurde auch die Menge der behaltenen Vokabeln jedes einzelnen Sets am 5. Tag sowie nach 6 Wochen ohne zwischenzeitliche Wiederholung ermittelt. Das Gesamtergebnis ist in der Grafik zusammengefasst.

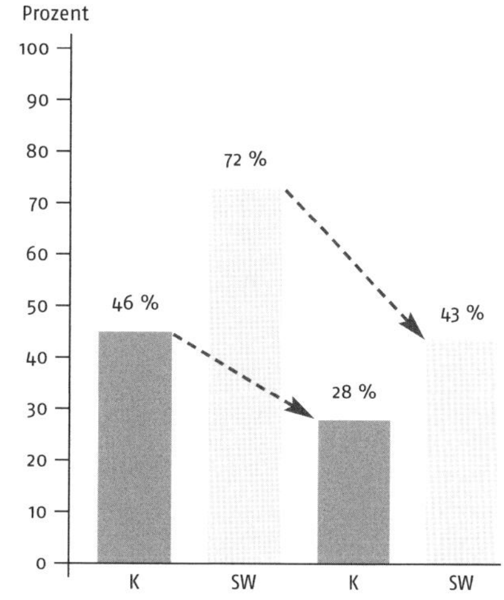

Eine deutliche Überlegenheit der SW-Gruppe ist offensichtlich. Dass die obere Kurve etwas tiefer verläuft als die der Spanisch-Studie, lässt sich damit erklären, dass russische Vokabeln generell für einen Englisch-Muttersprachler schwieriger zu lernen sind als spanische. Bei dieser überwiegend phonetischen Methode liegt eine besondere Herausforderung darin, mit englischen Schlüsselwörtern für eine dem Englischen phonetisch sehr entfernte Sprache zu hantieren. Diese Besonderheit legt auch Atkinson in seiner Beschreibung der Studie dar. Aber auch die Reduktion der Lernsekunden könnte eine Rolle gespielt haben, denn Assoziieren und Visualisieren benötigen erfahrungsgemäß ein gewisses Minimum an Zeit, um ihre Wirkung zu entfalten.

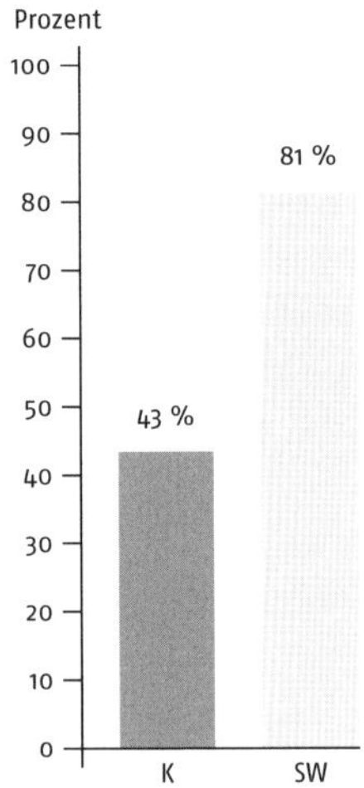

U.S.-Army-Studie 1980, Englisch → Koreanisch

Eine weitere interessante Studie liefert *Douglas Griffith* 1980 mit insgesamt 60 Angehörigen der U.S. Army am Research Institut der U.S. Army in Alexandria, Virginia. In dieser Studie wurde die Methode erstmals in Bezug auf drei Intelligenzlevels getestet, da Intelligenztests in der Army obligatorisch waren. In den Tests waren 15 koreanische Vokabeln zu lernen. Das Neue hierbei war, dass ohne Zeitdruck gelernt werden konnte. In der folgenden Grafik sind die Behaltensleistungen der Durchschnitts-Intelligenzgruppe dargestellt.

Beim Vergleich der benötigten Lernzeit stellte sich heraus, dass die Keyword-Gruppe nicht nur bessere Behaltensleistungen aufwies, sondern auch weniger Zeit zum Lernen benötigt hatte:
Keyword-Gruppe: 12'10 Min.
Kontrollgruppe: 14'41 Min.

Berechnungen verschiedener Parameter zur Ermittlung des Lerneffizienz-Quotienten kamen zu dem Ergebnis, dass die Lerneffizienz aller drei Keyword-Gruppen um 79 % höher als die der Kontrollgruppen war.

Alle Messungen bestätigen unsere Erfahrungen: Mit der Schlüsselwortmethode gelernte Vokabeln werden wesentlich länger behalten und in kürzerer Zeit gelernt. Aber der Prozess des Vergessens tritt auch hier ein, wenn keine Wiederholungen erfolgen – wenn auch in wesentlich geringerer Zahl und nach einer deutlich längeren Zeitspanne.

Weniger erfolgreiche Studien

Ich möchte Ihnen an dieser Stelle nicht vorenthalten, dass es auch Studien gibt, die keinen Vorteil der keyword method ermittelten. Da diese Studien im Ausland durchgeführt wurden und schon Jahrzehnte zurückliegen, ist es von hier aus leider nicht mehr nachzuvollziehen, wie die ausschlaggebenden Rahmenbedingungen dabei waren. Die abweichenden Ergebnisse könnten an folgenden Faktoren liegen: a) Die Qualität der angebotenen Schlüsselwörter (Bildhaftigkeit, Konkretheit). b) Die Qualität der Einführung durch den Studienleiter, von welcher der Erfolg des Assoziierens und Visualisierens mit abhängt. c) Die Intensität des Visualisierens in Verbindung mit dem Zeitdruck. Denn ob 10 oder 20 Sekunden zum selbstständigen Assoziieren und Visualisieren pro Vokabel zur Verfügung stehen, kann schon über Erfolg oder Misserfolg der Methode entscheiden. Für diese drei Vermutungen spricht, dass die Studien mit weniger erfolgreichen Ergebnissen zum Teil von denselben Studienleitern durchgeführt wurden. Aufgrund der nicht nachvollziehbaren Ergebnisse wurde eine Untersuchung von einem anderen Studienleiter nachgestellt und fiel bedeutend positiver aus.

Studien nach 2000

Aus den zahlreichen Studien jüngerer Zeit möchte ich hier zwei besonders interessante herausgreifen, die in entfernten Sprachkulturen durchgeführt wurden, um das Erlernen englischer Vokabeln zu testen. Durchführungsorte sind der Iran und Taiwan.

Taiwan-Studie 2010, Chinesisch → Englisch

Die mehrtägige Studie wurde von *Chen* und *Hsiao* unter Studenten, die chinesische Muttersprachler und sehr fortgeschrittene Englischlerner waren, unter einem sehr hohen Vorbereitungsaufwand bezüglich der Gruppengleichheit durchgeführt. Erwähnenswert ist außerdem, dass die 15 Testvokabeln dem Business-Spezialwortschatz entnommen waren. Die SW-Gruppe erhielt neben den Schlüsselwörtern auch vorgefertigte Assoziationen und die Kontrollgruppe einen Beispielsatz zur jeweiligen Vokabel. Die überzeugenden Endergebnisse des unmittelbar anschließenden Abschlusstests sind in der Grafik ersichtlich.

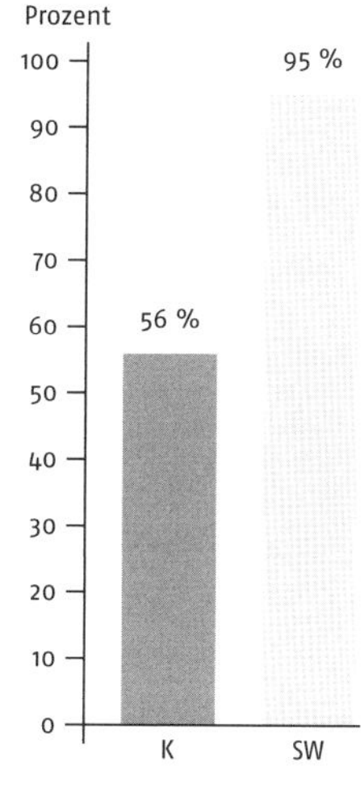

Etwas sehr Interessantes aber passierte neben der eigentlichen Studie: Nach dem Test sollten die Probanden einige weitere Vokabeln lernen. In der schriftlichen Befragung zu den verwendeten Methoden wurde offensichtlich, dass, obwohl die Teilnehmer der Keyword-Gruppe den immensen Vorteil der Methode deutlich erfahren hatte, die meisten zum Pauken zurückgekehrt waren.

Dies bestätigt die Erfahrung, dass für den zwar informierten, jedoch unerfahrenen Anwender eine kurze Anleitung und vorgegebene Beispiele nicht ausreichen, selbstständig Schlüsselwörter finden und Bildassoziationen herstellen zu können. Viel Talent oder ein systematisches Training (wie Sie es gerade absolvieren) ist notwendig, um diese Methode selbstständig und erfolgreich anwenden zu können.

Iran-Studie 2012, Persisch (Farsi) → Englisch

Eine der meines Erachtens aufschlussreichsten Studien kommt aus dem Iran. Im Iran gab es in den letzten drei Jahren mehrere Untersuchungen zur Schlüsselwortmethode. Die hier beschriebene Studie wurde durch *Arezoo Ashoori* am Kish Language Institute of Teheran mit 65 Schülerinnen im Alter von 13 bis 17 Jahren und im ersten Lernjahr Englisch geleitet. Das Projekt beinhaltet den Vergleich dreier unterschiedlicher Lernmethoden in drei Lerngruppen:

- die keyword group (SW)
- die context group (Lernen im Textzusammenhang) (C)
- die wordlist group (WL)

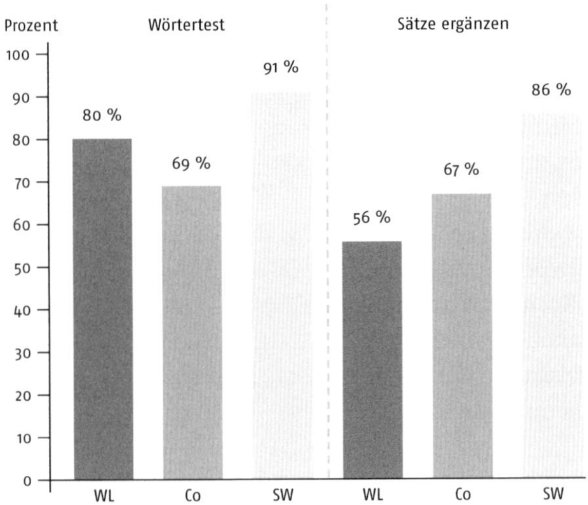

Gelernt wurden 20 englische Vokabeln. Der Merktest erfolgte nicht unmittelbar, sondern nach einer Woche. Zudem wurde in zwei Formen abgefragt:

a) als Ergänzen des Wortpaares Englisch – Farsi,
b) als Ergänzen des Wortes in einem englischen Satz.

Mit dem zweiten Test wurde also eine Sprechsituation nachgestellt, in der man nach einem bestimmten Wort sucht.

Die Abbildung macht die Überlegenheit der SW-Gruppe in beiden Abrufsituationen deutlich. Selbst das Lernen im Kontext kommt an diese Ergebnisse nicht heran.

Hauptkritik: Separiertes Vokabellernen

Der Vorwurf des Lernens separierter Vokabeln ohne Textzusammenhang ist das häufigste Argument der Skeptiker gegen den Gebrauch der Schlüsselwortmethode. Das besonders Spannende an der Iran-Studie ist gerade der Vergleich zwischen *Context*- und *Keyword*-Lernern. In dieser Untersuchung zeigte sich nun sehr deutlich, dass das separierte Vokabellernen durch die Schlüsselwortmethode keinen negativen Einfluss auf die Anwendungsqualität der gelernten Wörter hat. Denn hier wurde nicht nur die Überlegenheit der Lernmethode anhand der Menge der eingeprägten Wörter ermittelt, sondern auch ihre Überlegenheit im praktischen Einsatz der gelernten Wörter in Satzzusammenhängen!

Darüber hinaus lässt sich die Schlüsselwortmethode gut mit anderen Lernmethoden wie mit dem Kontextlernen kombinieren. Beispielsweise habe ich zum Verständnis der englischsprachigen Studien (Kontext) einiges Fachvokabular nachgeschlagen und mit der Schlüsselwortmethode gelernt, zu ein paar dieser Vokabeln zusätzlich einen kurzen Beispielsatz notiert. Die Vokabeln waren zwar dem Kontext entnommen, dennoch wollte ich die Vokabeln nicht nur erahnend verstehen und vor allem später im aktiven Wortschatz besitzen. Dafür scheint mir ein einmaliges Lernen über Bildassoziation der schnellste und effektivste Weg.

Eigene Versuche und Tests

Zum Abschluss seien hier einige Ergebnisse verschiedener Selbsttest in grafischer Form dokumentiert, da sie auch für mich sehr aufschlussreich waren. Da es sich in allen Studien um im Assoziieren ungeübte Testkandidaten handelte, hat mich der Vergleich in Bezug auf einen erfahrenen Anwender interessiert. Meine Ergebnisse sind natürlich sehr individuell. Zudem wurde in allen bisherigen Studien die „leichtere“ Richtung von Fremdsprache nach Muttersprache abgefragt. In diesen drei Versuchen habe ich von Deutsch in die Zielsprache hin abgefragt. Die jeweils getesteten Parameter sind kurz aufgeführt.

1. Getestet: Adjektive/abstrakte Wörter
Da immer wieder zu lesen ist, die Schlüsselwortmethode sei nur für Substantive und Verben geeignet, habe ich hier ausschließlich Adjektive getestet: 12 Adjektive Suaheli. Abruftest von Deutsch nach Suaheli

2. Getestet: Tempolernen versus ausführliches Visualisieren
Je 15 dänische Vokabeln: 9 Substantive, 4 Verben, 2 Adjektive

12 Adjektive
Deutsch → Suaheli

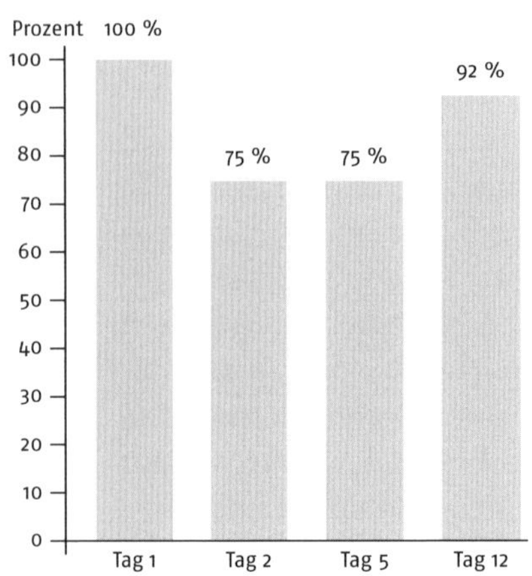

2 Sek. ⟷ 10 Sek. Visualisieren
Deutsch → Dänisch

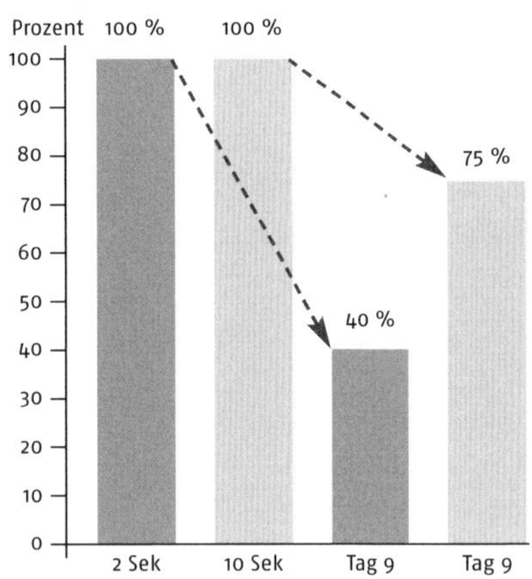

- Das erste Päckchen dänischer Vokabeln wurde unter Tempo gelernt und jedes Vokabelbild nur einen Augenblick visualisiert. Dies ist der Ablauf, wenn man beispielsweise temporeiche 150 Vokabeln in einer Stunde lernen würde.
  Die Gesamtlernzeit für Schlüsselwörter-Finden, Assoziieren und Visualisieren betrug ca. 3 Minuten, bis alle 15 fehlerfrei wiedergegeben werden konnten.

- Das zweite Päckchen wurde erst nach komplettem Abschluss des ersten Versuches gelernt, wobei auf 5 bis 10 Sekunden Visualisierungszeit geachtet wurde.
  Die Grafik beinhaltet das Gesamtergebnis für das Abfragen in beide Richtungen, also jeweils 30 Vokabelantworten pro Päckchen.

3. Getestet: Pauken versus Schlüsselwortmethode
Je 15 gemischte italienische Vokabeln:
8 Substantive, davon 2 Abstrakta,
4 Verben, 3 Adjektive

1. Tag: 15 Vokabeln A paukend gelernt
2. Tag: erster Abruftest A
3. Tag: 15 Vokabeln B mit der SW-Methode gelernt
4. Tag: erster Abruftest B
8. Tag: zweiter Abruftest A (nach 7 Tagen)
10. Tag: zweiter Abruftest B (nach 7 Tagen)

Die Lernzeit für die paukend gelernten Vokabeln inklusive aller Abfragezeiten fiel um 31 % höher aus.

Pauken ⟷ Bildassoziation
Deutsch ⟶ Italienisch

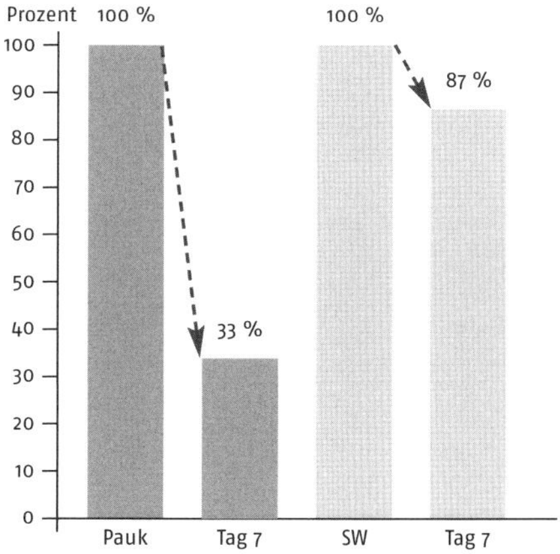

Wer hat's erfunden?

Sicherlich ist Ihnen inzwischen schon ein paarmal die Frage durch den Kopf gegangen, woher diese geniale Methode stammt, Vokabeln über phonetische Ersatzwörter und Bildassoziationen zu lernen, und wer sie erfunden hat. Dann kommen Sie einmal mit auf die Spurensuche.

Auf den Spuren der Schlüsselwortmethode

Ist über die Entwicklungsgeschichte der Mnemotechnik mittlerweile eine Menge erforscht und sind zahlreiche wissenschaftliche Arbeiten verfasst worden, so gleicht die Suche nach historischem Material und Hinweisen zur Schlüsselwortmethode hingegen einer Detektivarbeit. Einzelne Fragmente oder Hinweise sind nur spärlich gesät und zum Teil verstreut im Ausland. Dennoch lässt sich schon aus diesen Puzzleteilchen eine interessante Entwicklungsgeschichte zusammensetzen.

Abgesehen davon, dass im 21. Jh. die Schlüsselwortmethode in fast jedem Buch zum Gedächtnistraining und zahlreichen lernpsychologischen Publikationen kurz erklärt und meist mit ein paar Beispielen beschrieben wird (auch unter den Namen Ersatzwort-, Kennwort- oder Assoziationslern-Methode, mitunter auch eigenen Namenskonstrukten), gibt es hochinteressante frühere Veröffentlichungen. Gehen wir einmal rückwärts in die Geschichte.

20. Jahrhundert

In der zweiten Hälfte des 20. Jh. sind es in Deutschland vor allem zwei Gedächtnistrainer, die in ihren Büchern und Vorträgen das Vokabellernen über Ersatzwörter und Bildassoziationen vorstellen. 1987 erscheint eine Publikation von *Roland Geisselhart* mit Schwerpunkt Vokabellernen und ca. 50 vom Autor vorgegebenen Vokabelassoziationen. *Günther Beyer* beschreibt die Methode 1971 mit mehreren Assoziationsbeispielen, 1974 dann mit ca. 70 Vokabeln und jeweils vorgegebenen Schlüsselwörtern zum Selbstassoziieren.

Etwa zur gleichen Zeit, 1974, führen die Lernpsychologen *Prof. Richard Atkinson* und *Michael Raugh* in den USA Studien durch, die große Aufmerksamkeit auch in den Wissenschaftsmagazinen hervorrufen und eine Welle weiterer Studien und Forschungen nach sich ziehen. Ebenso entwickelt Atkinson daraufhin ein computergestütztes Lernprogramm. Im Rahmen dieser Studien wird der Methode auch der Name *keyword method* verliehen.

Als daraus resultierende Entwicklung möchte ich an dieser Stelle nur noch die Arbeit des Briten *Dr. Michael Gruneberg* erwähnen. Angeregt durch die amerikanischen Studien führt er selbst unterschiedlichste Testreihen zur Wirksamkeit der Schlüsselwortmethode durch und veröffentlicht 1986/87 seine eigene Buchreihe unter dem Namen *Linkword language:* Kleine Sprachkurse mit ca. 300 thematisch sortierten Vokabeln und vom Autor vorgegebenen Assoziationen, die zudem in kurze Sätze integriert und von ein paar Grammatikregeln begleitet werden. 1995 erscheinen die Übersetzungen *Linkword Englisch* und *Französisch* kurzzeitig auf dem deutschen Markt. Grunebergs Veröffentlichungen geben allerdings keine weitere Anleitung zur eigenständigen Anwendung der Methode.

Etwa 20 Jahre vor diesen Entwicklungen erregt der – nach eigenen Worten – weltführende Gedächtniskünstler und Bühnenmagier *Harry* Lorayne Aufsehen, indem er die modernisierten Mnemotechniken und allerlei Bühnentricks in seinem Buch *How to develop a Super-Power Memory* 1957 erläutert. Enthalten ist auch die Schlüsselwortmethode unter dem Namen *Substitut System* mit 12 Assoziationsbeispielen. Mit diesem Buch hat Lorayne wohl den Grundstein für so manchen Gedächtnistrainer der Folgejahre gelegt. Im gleichen Jahr erscheint die deutschen Übersetzung auf dem deutschen Markt.

Wenn Ihre Entrüstung darüber nun schon recht groß sein sollte, dass Sie trotzdem in den letzten 30 Jahren weder in der Schule noch in Ausbildung, Studium oder später im Leben von dieser Methode gehört haben, die Ihnen das Vokabellernen so immens hätte erleichtern können, sollten Sie jetzt vielleicht besser nicht weiterlesen.

19. Jahrhundert

Publik wurde die Methode schon vor über 150 Jahren durch den britischen Theologen *Rev. John Henry Bacon*. In England existiert ein Dokument aus dem Jahre 1862, in dem Bacon einen Weg beschreibt, sich Vokabeln über Assoziationen zu merken, den er *phonetic link method* nennt.

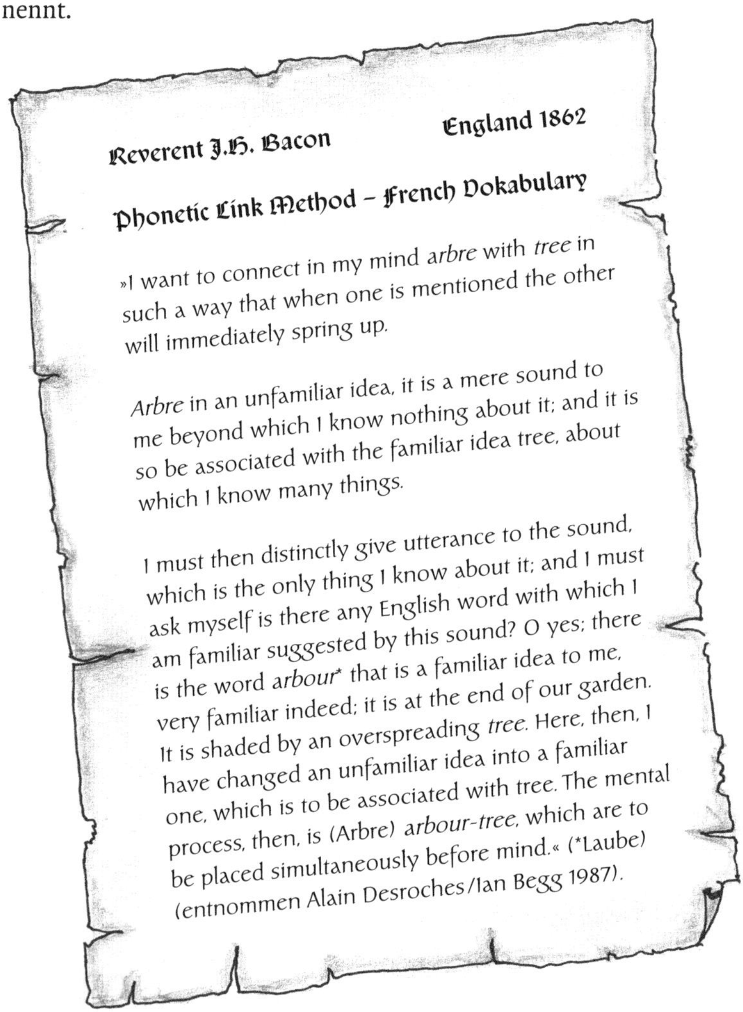

Reverent J.H. Bacon England 1862

Phonetic Link Method – French Vokabulary

»I want to connect in my mind *arbre* with *tree* in such a way that when one is mentioned the other will immediately spring up.

Arbre in an unfamiliar idea, it is a mere sound to me beyond which I know nothing about it; and it is so be associated with the familiar idea tree, about which I know many things.

I must then distinctly give utterance to the sound, which is the only thing I know about it; and I must ask myself is there any English word with which I am familiar suggested by this sound? O yes; there is the word *arbour** that is a familiar idea to me, very familiar indeed; it is at the end of our garden. It is shaded by an overspreading *tree*. Here, then, I have changed an unfamiliar idea into a familiar one, which is to be associated with tree. The mental process, then, is (Arbre) *arbour-tree*, which are to be placed simultaneously before mind.« (*Laube) (entnommen Alain Desroches/Ian Begg 1987).

Etwa 15 Jahre früher, 1847, veröffentlicht der Däne *Dr. Carl Otto-Reventlow* ein eigenes mnemonisches Verfahren zum Erlernen von Vokabeln, welches er *Substitution* (Austausch) nennt. Als ich Einblick in dieses historische Werk nehmen durfte, war ich fasziniert – von den seitenlangen Vokabellisten in griechischer und lateinischer Sprache, deren Bearbeitungen von über 600 Vokabeln spannend zu lesen sind, wie auch von der Tatsache, wie nah sein System der Schlüsselwortmethode ist. Erstaunlich sind auch die beigefügten begeisterten Dankesschreiben zahlreicher Schuldirektoren und Zeitungsberichte. Von öffentlichen Proben, in denen Reventlow 10- bis 13-jährigen Schülern in einer Viertelstunde 40 bis 50 Vokabeln verschiedenster Sprachen beibringt, wird mehrfach berichtet.

Reventlow substituiert die Vokabel ganz oder teilweise durch ein ähnlich lautendes Wort aus einer bekannten Sprache und nutzt es als Anhaltspunkt für die Verbindung mit ihrer Bedeutung. Dabei zielt er nicht auf mentale Bilder ab, sondern auf mehr oder weniger natürliche, logische Wortassoziationen. Beispiele (lat.):

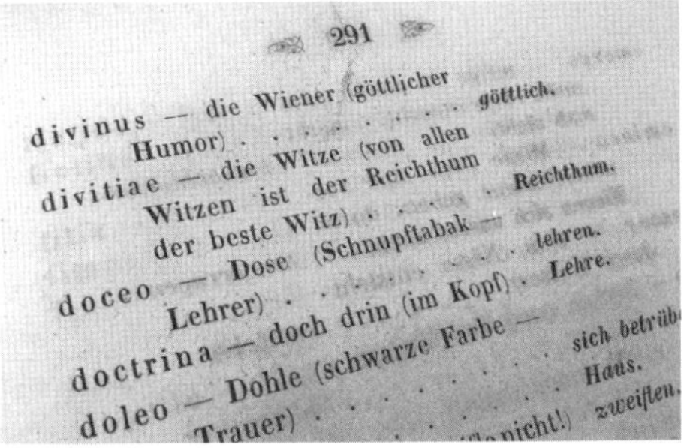
291
divinus — die Wiener (göttlicher Humor) . . . . göttlich.
divitiae — die Witze (von allen Witzen ist der Reichthum der beste Witz) . . . . Reichthum.
doceo — Dose (Schnupftabak — Lehrer) . . . . . . lehren.
doctrina — doch drin (im Kopf) . Lehre.
doleo — Dohle (schwarze Farbe — Trauer) . . . . . . sich betrüb

divinus – die Wiener → göttlicher Humor → **göttlich**
bacca – Bach → an den Bächen wachsen Beeren → **Beere**
dico – dick → mit Worten dick thun → **sagen**
calidus – kahl → die Sonne brennt den Kahlen stärker auf den Kopf → **warm**

Die Assoziationen sind weder bewusst lustig noch merkwürdig, selbst wenn sie einen vereinzelt schmunzeln lassen. Um den Unterschied zur Schlüsselwortmethode zu verdeutlichen, seien hier ein paar Ihnen vertraute Beispiele des Einführungskapitels nach diesem Verfahren bearbeitet:

boca – Ziegenbock → dicke Lippen → **Mund**
hyttynen – tynen – Dünen → am Wasser → viele **Mücken**
hundi – Rassehund → ist teuer → bezahlen mit **Scheck**

Die Methode erinnert stark an die schon von Aristoteles (384 v. Chr.) entdeckte und entwickelte Assoziationslehre, die mitunter etwas umständlich anmutet, sobald mehrere Verbindungsglieder nötig sind. Ein Beispiel Reventlows aus der Botanik:

Astrantia major – falsche Meisterwurz
strantia → Strand → See → Steuermann → **Meister**

Beide Methoden, die Reventlow'sche Substitution und die Schlüsselwortmethode, überschneiden sich und sind in einzelnen Vokabelbeispielen sogar nahezu gleich.

18. Jahrhundert

Ein interessanter Hinweis auf das Vokabellernen über Schlüsselwörter findet sich weitere 140 Jahre früher in einem Werk des Deutschen *Johann Heinrich Döbel*. Döbel weist in seinem Werk *Collegium Mnemonicum* (1707) darauf hin, wie er sich fremde Wörter merkt:

„Die unbekannten Wörter werden behalten (I.) Wenn man in der Sprache / die bekannt ist / ein gar gleiches oder mehrentheils gleiches Wort suchet; e.g. wenn ich das Französische Wort **L'air** oder **die Luft** behalten wollte / nehme ich an statt dessen das Teutsche Wort ***Leer*** und hefte es an **Aaron** [...] auff folgende Weise: Aaron künstelt ein güldenes Kalb und setzet es in ein ***leer*** Gefäß. [...]
Das Polnische Wort **Rencaf** ist getheilet in ***rein*** [...] und ***Kaff*** [...]. Aaron künstelt ein güldenes Kalb [...] er setztet es in ***rein Kaff***." (Anm.: Mit **Rencaf** ist vermutlich **rękaw** [RÄNKAF] – Ärmel gemeint.)

Was in der Verknüpfung jedoch gänzlich fehlt, ist die Bedeutung der Vokabel, denn die Ersatzwörter werden hier mit einem Ort verknüpft (Aarons goldenes Kalb = eine biblische Szene und ein imaginärer Ort seiner „Döbelschen Stuben").

Das Beispiel zeigt, dass Döbel mit den Techniken des gleich folgenden Mnemotechnikers bestens vertraut war, die er in seinem bereits zitierten Werk verteidigte „*wegen der mächtigen Hülffe vors Gedächtniß*".

Im 17. Jahrhundert

entwickelt der deutsche Theologe, Pädagoge und Professor *Johannes Buno* aus der Mnemotechnik seine sogenannte „emblematische Lehrmethode“, bei der mittels Fabeln, Buchstaben und Bildermnemonik das Gedächtnis der Lernenden verschiedenster Fachgebiete (Latein, Recht, Geschichte usw.) unterstützt werden soll. 1651 veröffentlicht er seine *Neue lateinische Grammatica* auf Basis dieser Methode. Neben vielen visualisierbaren Fabeln zu grammatischen Inhalten und Gruppen von Vokabeln konstruiert er auch zahlreiche mnemotechnische Bilder, durch die sich die Grammatik nebst Vokabular visualisieren und leichter einprägen lässt.

Laut einer Forschungsarbeit von *Barbara Kuhn* stellt Buno die damit erzielbaren Erfolge öffentlich unter Beweis, indem er beispielsweise mit der *Grammatica* Schülern innerhalb von zwei Monaten neben dem theoretischen Wissen auch über 2000 Vokabeln beibringt (= ca. 30 Vokabeln täglich) und dies, wie ein Zeitgenosse betont, mit „Lust/Liebe und Frewdigkeit“ (vgl. Kuhn 1993).

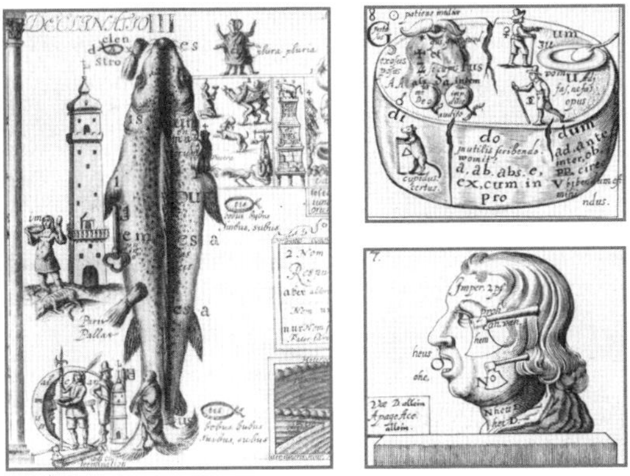

Abb. 1 – 3: Johannes Buno, Neue Lateinische Grammatica: in Fabeln und Bildern den eüßerlichen Sinnen vorgestellet / und also eingerichtet / daß durch solches Mittel dieselbe / benebens etlich tausend darinnen enthaltenen Vocabulis, in kurtzer Zeit mit der Schüler Lust und Ergetzung kan erlernet werden. (Danzig 1651)
Abdruck der Fotografien mit freundlicher Genehmigung des Deutschen Instituts für Internationale Pädagogische Forschung, Berlin

Trotz seines Erfolges bringen ihm seine „falschen" Bilder und ungewöhnlichen Verknüpfungsmethoden von Bild und Wortlaut (z. B. Der *Hennoch* erhält Flügel und flieht *hin hoch* in den Himmel) viel Kritik seiner Fachkollegen ein, die nur Bilder mit reiner Abbildungsfunktion in der Pädagogik nutzen. Jedoch geben selbst Kritiker zu, dass durch das Herumblättern und Lesen der Erklärungen etlicher närrischer Bilder diese so ins Gedächtnis gedruckt wurden, dass sie darunter litten, diese mehrere Tage nicht mehr loswerden zu können (vgl. Monats-Gespräche 1688, Chr. Thomasius).

Mittelalter

Auch die Mnemotechniker vorangegangener Jahrhunderte, insbesondere aber die des 17. Jh., basteln an Varianten der ursprünglichen Loci-Methode und an neuen Systemen herum, benutzen Körperteile des Menschen als Merkstellen, nutzen Tiernamen für Buchstaben, kreieren Alphabet- und Zahlensymbole, Zifferncodes und entwickeln phonetische Silbenmethoden, um auch abstrakte Inhalte verbildern zu können. Vieles setzte sich nicht durch, manches hingegen ist in den Grundzügen bis heute in Gebrauch. Doch wer war nun der erste Experimentator, der die Ersatz- oder Silbenwörter an die Bedeutung des fremden Wortes hängte?

Fremdsprachen in Mittelalter und Antike

Zweifelsohne ist die Schlüsselwortmethode jünger als die ursprüngliche Mnemotechnik. Aber auch wenn die Tradition des neuzeitlichen Fremdsprachenunterrichts (Nationalsprachen) erst im 19. Jh. einsetzte, war Latein neben seiner Funktion als Kirchensprache ebenso Verkehrs- und Wissenschaftssprache an den im 13. Jh. aufkommenden Universitäten der Bildungselite. Latein hatte für die Verständigung damals ähnliche Funktion wie heute Englisch. In ganz Europa wurden die Vorlesungen bis ins 19. Jh. hinein in lateinischer Sprache abgehalten. Die höhere Gesellschaft beschäftigte sich seit dem 14. Jh. mit dem Französischen und die Kaufleute hatten ab etwa dem 13. Jh. aufgrund der wachsenden Handelsbeziehungen mit fremden Sprachen zu tun. Auch für die gebildeten römischen Schichten bis ins frühe Mittelalter hinein nimmt man

Zweisprachigkeit (Latein und Griechisch) an. Bedarf nach einer Methode zur Unterstützung des Gedächtnisses beim Fremdsprachelernen war somit schon immer vorhanden.

Nicht alles Wissen über die Gedächtniskunst wurde in Büchern oder Traktaten veröffentlicht. Manches wurde nur mündlich weitergegeben. Ein Beispiel dafür ist *L. Schenkel* (16. Jh.), der durch begeisternde öffentliche Schaustellungen seiner Gedächtnisfähigkeit bekannt wurde und Publikationen herausbrachte, in denen er bewusst nicht alles Wissen preisgab, um diese Geheimnisse in privaten Sitzungen vermitteln zu können. Andererseits sind auch zahlreiche alte Aufzeichnungen in allen Wissensgebieten verloren gegangen oder wurden bei Eroberungen vernichtet.

Nach dem Untergang Roms und dem Zerfall des Weströmischen Reiches spielten die aufkommenden Klöster eine entscheidende Rolle beim Erhalt des Wissens um die Mnmeotechniken und ihre Weiterentwicklung. Bis ins frühe Mittelalter hinein waren ihre Gelehrten und das Mönchtum eine der wenigen Bevölkerungsgruppen, die des Schreibens mächtig waren und Bildung innerhalb der Klosterschulen vermittelten, bevor Ritterakademien, Fürsten- und Bürgerschulen in den Städten entstanden. Lesen und schreiben lernen fand dort größtenteils über das Abschreiben alter Handschriften statt. Vielleicht wird aus diesen Beständen noch der ein oder andere Schatz zutage kommen, welcher der Öffentlichkeit bislang nicht zugänglich war.

Antike

Nun machen wir einen großen Zeitsprung ins Jahr um 500 v. Chr. Aus dieser Zeit gibt es eine interessante Quelle zur phonetischen Ersatzwortmethode. Spätestens seit *Frances A. Yates* bedeutendem *„Gedächtnis und Erinnern“* 1966 ist bekannt, dass ein anonymer griechischer Verfasser der *Dialexeis* in dieser Schrift vorschlägt, sich einen fremden Namen zu merken, indem man ihn in Teilstücken auf das setze, was man schon wisse.

Dialexeis **500 v. Chr.**

»Z. B. du sollst den Namen Χρύσιππος * (Chrysippos) lernen. So setze ihn auf Χρυσός * (Gold) und Ἵππός (Pferd). Oder Πυριλάμπος (Pyrilámpos)* zu setzen auf Πύρ (Feuer) und Λάμπειν (leuchten).«

In Umschrift:
Chrysippos = **chrys**sos (Gold) und (h)**ippos** (Pferd)
Pyrilámpos = **Pýr** (Feuer) und **lámpo** (leuchten)

Auch in der Schriftentwicklung der alten Ägypter sind zahlreiche mnemotechnische Ansätze zu erkennen, insbesondere aber der Entwicklungsschritt, die phonetischen Anlaute oder ganze Silben als Bildsymbole in die Hieroglyphen zu integrieren und zu neuen Wörtern zu kombinieren. Da die ägyptischen Schriften und ihre Inhalte bis heute nur teilweise entschlüsselt sind, ist die Forschung noch lange nicht am Ende.

In der 2500 Jahre alten Technik der Griechen, sich fremde oder abstrakte Wörter mit lautähnlichen Ersatzwörtern zu merken, finden wir also den ersten Schritt der Schlüsselwortmethode. Wann und von wem nun dieser kleine zweite Schritt, die Ersatzwörter unmittelbar an die Bedeutung der Vokabel zu koppeln, vollzogen wurde, ist ein noch ungelöster Fall in der Geschichte der Mnemotechnik.

* Die Verwechselung der griechischen Buchstaben σ (= s) und o (= o) bei Yates in den ersten beiden Wörtern ist wahrscheinlich auf einen Druckfehler zurückzuführen und wurde hier korrigiert. Die Übersetzung des Originalwortes Πυριλάμπος als *Glühwurm* erscheint zweifelhaft und wurde daher in deutscher Umschrift wiedergegeben.

Wie es weitergeht

Bleiben sie jetzt unbedingt dran! Lenken Sie den Blick auf das, was Sie schon alles verbildern und sich leichter merken können, und nicht auf die Versuche, bei denen es noch etwas klemmt. Die Schlüsselwortmethode ist ein sehr wirkungsvolles Werkzeug, das sich nicht abnutzt, sondern mit Gebrauch immer besser wird! Nach längerem Nichtgebrauch allerdings geht dieses Instrument manchmal vorübergehend etwas klamm, bis es wieder geschmeidig läuft. Das sollten Sie wissen, falls Sie nach einer doch eingetretenen längeren Pause etwas Anlaufschwierigkeiten haben sollten.

Vielen ist es eine Hilfe, sich Gedanken darüber zu machen, was man genau erreichen möchte und wie man vorgehen könnte. Darum ist hier für Ihre Gedanken Platz. Was und vor allem wie möchten Sie es erreichen? Ein ganz kleines, aber realistisches Ziel, um Wortschatz und Verbilderungsfähigkeit zu pflegen, wäre zum Beispiel, einfach jeden Tag regelmäßig wenigstens eine (oder wöchentlich fünf) Vokabeln zu verbildern. So kann eine gute Gewohnheit ohne großen Zeiteinsatz daraus werden und Ihnen die Schlüsselwortmethode bald in Fleisch und Blut übergehen. Was wäre der erste organisatorische Schritt? Zum Beispiel das Wörterbuch auf den Schreibtisch bereitlegen und einen Stapel Kärtchen kaufen oder Zettel schnippeln.

Mein langfristiges Ziel ______________________________

____

____

Kleinere Etappenziele / bis wann ______________________

____

____

____

Der erste organisatorische Schritt ____________________

____

____

Vielleicht hängen Sie es sich über Ihren Schreibtisch, damit Sie es immer vor Augen haben.

Auch wenn ein Buch mit seiner begrenzten Kapazität nicht alle Fragen restlos klären kann, hoffe ich, dass es Ihnen eine Menge Anregungen für Ihr Sprachelernen vermitteln konnte.

Ich wünsche Ihnen für Ihr Sprachelernen viel Erfolg und allzeit gute Motivation!

PS: Schreiben Sie mir doch mal, welche Erfolge sich bei Ihnen eingestellt haben.

Meine Assoziationsideen zu den Vokabeln im „Abschluss-Examen“

insegnare – unterrichten

Stellen Sie sich vor, wie beim **Unterrichten** der Lehrer immer an seine Pension denkt „***in 10 Jahren*** …“

Oder beim **Unterrichten** wird eine ganze Show ***inszeniert.***

scopo – Zweck, Ziel

Ihr **Ziel** kleben Sie sich an den ***Kopp,*** damit Sie es nicht vergessen.

Mit dem ***Skorpio***n verfolgen Sie das **Ziel**, keine Hotelkosten zu bezahlen.

maestro – (Grundschul-) Lehrer

Der **Grundschullehrer** ist ein verhinderter ***Maestro*** (Dirigent) und dirigiert die Grundschulklasse.

professore – Lehrer ab 6. Klasse

Der Universitäts***professor*** wird als **Lehrer einer 6. Klasse** strafversetzt.

scolaro/a – Schüler/in

Sie sehen alle **Schüler** ***Cola*** trinken.

spiegare – erklären

Der Lehrer **erklärt** die Funktion eines ***Spieg***els.

chiaro – klar

Das Wort könnte man sich in Analogie zu unserem „**klaro**“ auch ableiten.

Oder Sie putzen die Brille, um **klare** Durchsicht zu haben, sehen aber nur noch ***Karo***.

lezione – Unterrichtsstunde

In der **Unterrichtsstunde** werden ***Lätz***chen verteilt.

motivare – motivieren

Hier gibt es nichts zu lernen.

Wenn Sie sich mit der Trauben-Technik merken möchten, dass beide Wörter gleich sind, stellen Sie sich vor, wie der ***Pizzabäcker*** *(mein Bild für Italien) angefeuert und* ***motiviert*** *wird. Die Technik zum traubenartigen Sammeln gleicher Wörter wird in Kapitel „Ähnliche Wörter“ erläutert.*

imparare – lernen

Alle **lernen** ***im Par***k.

Oder beim **Lernen** sitzen alle ***im Paar*** über dem Lernstoff.

Danksagung

Um das Verständnis des Buches zu verbessern, haben einige Familienangehörige, Freunde und Bekannte Texte vorab gelesen bzw. als Testkandidaten das 10-Tage-Programm durchgearbeitet und so mit ihren Feedbacks zum Gelingen des Buches wesentlich beigetragen.

Danke

meinem Vater für das Gegenlesen aller Kapitel als Erstleser und die hilfreichen Hinweise,

meiner Mutter für alle Leseeindrücke und Unterstützung,

Dr. Maria del Pilar Andrino Garcia für das fachkompetente Gegenlesen des Kapitels über die Gehirnforschung,

Sylvia Stach für das engagierte Testen des 10-Tage-Programms und die Pannenhilfe am Computer,

den Studentinnen Karin Dietz und *Stefanie Schiffer* sowie der *Schülerin Lisa Dietz* (16) für das Testen und die nützlichen Feedbacks zum Trainingsprogramm,

Anja Hilgarth für ihr Engagement,

meinen Seminarteilnehmern, deren Fragen und Kommentare Gedankengrundlage für so manche konzeptionellen Schritte waren!

Literatur und Quellen

Trainingsprogramm zur Schlüsselwortmethode

Vokabeln und ihre (nicht immer übereinstimmende) Aussprache sind ca. 50 Wörterbüchern und Sprachführern folgender Verlage entnommen: Langenscheidt, Pons, Hueber, Marco Polo, Lonely Planet Publications, Kauderwelsch/Reise Know-How Verlag, Dorling Kindersley

Gehirnforschung, Vokabeln nie mehr vergessen

Croisile, Bernard Hrsg.(2011) *Unser Gedächtnis*, Wissenschaftliche Buchgesellschaft

Leitner, Sebastian (1972/1995) *So lernt man lernen*, Herder/Spektrum

Myers, Davis (2005) *Psychologie*, Springer Medizin-Verlag

Spitzer, Manfred (1996) *Geist im Netz*, Spektrum Akademischer Verlag

Spitzer, Manfred (2002) *Lernen – Gehirnforschung und die Schule des Lebens*, Spektrum

Spitzer, Manfred (2012) *Digitale Demenz*, Droemer

Strunz, Ulrich (2005) *Das Mentalprogramm*, heyne

Wer hat's erfunden? – Spurensuche

Bannasch, Bettina (2007) *Zwischen Jakobsleiter und Eselsbrücke*, V&R Unipress

Beyer, Günter/Jura Vyto (1971) *Gedächtnisschulung*, Heider

Beyer, Günter (1974) *Gedächtnis- und Konzentrationstraining*, Econ

Geisselhart, Roland R. (1989), *Vokabeln lernen wie im Schlaf*, Delphin

Gruneberg, Michael (1987) *Linkword – French by Association*, Passport Books

Gruneberg, Michael (1987) *Linkword – German by Association*, Corgi Books

Kuhn, Barbara (1993) *Gedächtniskunst im Unterricht*, iudicum

Lorayne, Harry (1957) *Wie man ein Super-Gedächtnis entwickelt*, ERI

Lorayne; Lucas (1974) *The Memory Book*, Ballantine Books, Random House
Sperber, Horst G. (1989) *Mnemotechniken im Fremdsprachenerwerb*, indicum
Yates, Frances A. (1966) *Gedächtnis und Erinnern/Mnemonik von Aristoteles bis Shakespeare*, VCH Acta Humaniora (1991)

Wer hat's erfunden? – Historische Werke

J.H. Bacon (1862) *The Science of Memory* in: Desrochers, Alain; Begg, Ian (1987) *A Theoretical Account of Encoding and Retrieval Processes in the Use of Imagery-Based Mnmeonic Techniques*, Springer
Otto-Reventlow, Carl (1847) *Parktisches Lehrbuch der Mnmeotechnik*, J.G. Cotta'scher Verlag, Stuttgart und Tübingen
Döbel, Johann Heinrich (1707) *Collegium Mnmeonicum*, Heyll und Liebezeit, Hamburg
Buno, Johannes (1651) *Neue Lateinische Grammatica in Fabeln und Bildern*, Hünefeld, Dantzig

Schriftsysteme, Rechtschreibung

Bodmer, Frederick (1997) *Die Sprachen der Welt*, Parkland Verlag
Haarmann, Harald (2009) *Geschichte der Schrift*, Beck

Studien zur Schlüsselwortmethode

Atkinson, Richard C.; Raugh, Michael R. (1974) *A Mnemonic Method for the acquisition of a second-language vocabulary*, Kalifornien
Atkinson, Richard C.; Raugh, Michael R. (1974) *An application of the mnemonic keyword method to the acquisition of a Russian vocabulary*, Kalifornien
Griffith, Douglas (1980) *The Keyword Method of Vocabulary Acquisition*, Virginia
Chen, I-Ju; Hsiao, Hui-Jing (2010) *The Effect of Keyword Method on ESP Vocabulary Learning*, Taiwan
Ashoori Tootkaboni, Arezoo (2012) *Effects of Keyword, Context and Wordlist on Long-Term Vocabulary Recall*, Iran / Journal of Theory and Practice in Education 2012/8

Über die Autorin

Sabine Krueger ist Expertin für Gedächtnistraining und Sprachenlernen. In ihren Vorträgen, Seminaren und Schulungen gibt sie ihre Faszination für verblüffende Merktechniken weiter und versetzt die Teilnehmer regelmäßig in Begeisterung über ungeahnte eigene Fähigkeiten und ihren „Biocomputer Gedächtnis".

Ob es um das Sprachenlernen geht oder um berufliche Herausforderungen wie das abrufsichere Einprägen von Verhandlungsargumenten, Fakten, Namen oder einer freien Rede: Sabine Kruegers Schulungskonzepte und Techniken sind effektiv, leicht erlernbar und sofort anwendbar. Ihr Seminar- und Vortragsstil ist informativ, unterhaltsam und motivierend.

Als Referentin und Trainerin schult sie Mitarbeiter und Führungskräfte von Unternehmen verschiedenster Branchen (aus Wirtschaft und Politik bis Funk und Fernsehen), an Akademien und Weiterbildungsinstitutionen und bringt damit jahrelange Erfahrung zu den Bedürfnissen und Erwartungen unterschiedlichster Bereiche mit.

Ihre Kreativität setzt Sabine Krueger in der Weiterentwicklung bewährter Gedächtnistechniken ein sowie der praktischen Übertragung auf fachspezifische Themen und innovative Schulungskonzepte, wie aktuell in ihrem erfolgreichen Trainingsprogramm zum Sprachenlernen. Dabei kombiniert die ausgebildete Gedächtnistrainerin die Erkenntnisse der Gehirnforschung und Gedächtnispsychologie mit den vermittelten Mnemotechniken und vermittelt dadurch ein grundsätzliches Verständnis für die Mechanismen des Erinnerns und mentaler Leistungsfähigkeit.

Wertvolle Erfahrungen und Impulse verdankt sie nicht zuletzt ihrem Studium zur Diplom-Instrumental-Pädagogin und Pianistin und ihrer Lehrtätigkeit als Dozentin an der Folkwang Musikschule Essen. Sie ist Mitglied der German Speakers Association (GSA). Zahlreiche Weiterbildungen und Zertifizierungen im Bereich Mentaltechniken runden ihr Profil ab.

Vorträge und Seminare:

„Die besten Gedächtnistechniken für den beruflichen Erfolg"
„Sprachen leichter lernen"

Informieren Sie sich auf **www.sabine-krueger.info.**

Veranstalter- und Teilnehmerstimmen:

„... die Teilnehmer/-innen waren von Ihrer Art der Vermittlung begeistert."

„Hat Spaß gemacht und mich sehr motiviert!"

„Tolles, abwechslungsreiches Seminar. Verblüffend waren die Selbstversuche zur persönlichen Lernfähigkeit: Die eigene Gedächtniskapazität ist größer als vermutet!"

„... bisher hat mich kein Seminar so angesprochen wie das heutige! Ich fühle mich frisch motiviert."